ADMINISTRAR VIA CULTURA

Luiz Roberto Alves

ADMINISTRAR VIA CULTURA

revolução educativo-cultural na ex-pauliceia desvairada

1935 – 1938

alameda

Grafia atualizada segundo o Acordo Ortográfico da Língua Portuguesa de 1990, que entrou em vigor no Brasil em 2009.

Edição: Haroldo Ceravolo Sereza & Joana Monteleone
Projeto gráfico, diagramação e capa: Amanda Martinez e Sá
Assistente acadêmica: Tamara Santos
Revisão: Alexandra Colontini
Imagem da capa: Arquivo IEB-USP

CIP-BRASIL. CATALOGAÇÃO NA PUBLICAÇÃO
SINDICATO NACIONAL DOS EDITORES DE LIVROS, RJ

A48a

Alves, Luiz Roberto
Administrar via cultura: revolução educativo-cultural na ex-pauliceia desvairada (1935 – 1938) / Luiz Roberto Alves. - 1. ed. - São paulo : Alameda, 2022.
290 p. ; 21 cm.

Inclui bibliografia e índice
ISBN 978-65-5966-110-7

1. Andrade, Mario de, 1893-1945. 2. Administração municipal - São Paulo (SP) - História. 3. São Paulo (SP) - Departamento de Cultura - História. I. Título..

22-77704 CDD: 352.14098161
CDU: 352(815.6)

ALAMEDA CASA EDITORIAL
Rua Treze de Maio, 353 – Bela Vista
CEP: 01327-000 – São Paulo – SP
Tel.: (11) 3012-2403
www.alamedaeditorial.com.br

CIDSP172-1.jpg /Arquivo IEB-USP

1922 (1945) – 2022 (2045): intervalos para conhecer o fazer cultural como razão apaixonada nas alternâncias de muitas sombras e alguma luz

Para
Gilda Rocha de Mello e Souza
e Antonio Candido

Telê Ancona Lopez

Peço passagem para também dedicar meu trabalho às mestras e ao mestre que me abriram trilhas boas e belas para o múltiplo e uno Mário de Andrade, aqui – administrador de mudança. Aprendi muito, mas entendi logo que Mário e sua gente modernista seguem livres a questionar o Brasil e sua vasta desigualdade.

Sumário

> A política é como a perfuração lenta de tábuas duras. Exige tanto paixão como perspectiva. Certamente, toda a experiência histórica confirma a verdade – que o homem não teria alcançado o possível se repetidas vezes não tivesse tentado o impossível. [...] Somente quem tem a vocação da política terá certeza de não desmoronar quando o mundo, do seu ponto de vista, for demasiado estúpido ou demasiado mesquinho para o que ele lhe deseja oferecer. Somente quem, frente a tudo isso, pode dizer 'Apesar de tudo!' tem a vocação para a política.

A ação política no processo administrativo aqui estudado perfaz uma totalidade na vida paulistana, a despeito da limitação temporal. Os intercâmbios de mensagens entre Paulo Duarte e Mário, várias vezes objeto de análise, se movem por aí, quando política se realiza como fiel *serviço ao público,* serviço à gente comum da pequena metrópole e outras cidades paulistas sob intercâmbio de saberes.

Repita-se, agora sob outra ótica, que esta obra não usa o termo política pública para nele *encaixar* aquela prática administrativa dos anos de 1930. A razão é simples: somente após a Constituição de 1988, que cria sentidos para os Conselhos de Participação e cunha fortemente o termo que vinha de poucas décadas atrás, políticas públicas e políticas sociais, tivemos abundância de estudos na área e até mesmo governos especialmente dedicados à construção de arranjos regionais, consórcios intermunicipais e outros processos de administração local-regional. Se Fábio Prado e Mário souberam criar e desenvolver um especial serviço público ao bem-comum via cultura, não importa denominar tal ação de política pública, pois num ponto aquela experiência não obedeceu ao proposto na Constituição de 1988, a saber: a preparação do projeto com a presença contínua e produtiva da gente paulistana, *pari passu*. O trabalho participativo da população, jovens, crianças, adultos, enfim populares, entre 1935 e 1938, dá-se depois da instituição do DCR.

Essa totalidade cultural paulistana anunciada pela fala de Mário no aniversário de São Paulo de 1937 (RAM, nº 47, p. 271-274)[4] não deixaria de ser o próprio anúncio da cidade plural, já não mais identificada pelo desequilíbrio de "apenas partir ou apenas chegar". Em seu lugar, por via da "cultura do espírito" já presente, instalada pelo DCR, São Paulo passa a ser a cidade do intercâmbio, da troca, da generosidade do ir e vir. São Paulo, "fonte total que pretende ser uma das reservas mais totalizantes do país". Então, uma totalidade em movimento, cavalo de batalha deste texto.

Desmarcam-se os rótulos, ao menos naquela leitura transformadora e inclusiva. Certa identidade para com isso ou aquilo avança para identificações, na esperança de que não seja uma "gloríola no presente, sinão uma fecundidade futura". A cidade do ir e vir comporta o nacional e o internacional, o popular e o erudito, a ordem burocrática e seus desvios e avanços; enfim, a totalidade, que não é mítica, nem sagrada; é serviço público. Se houver contradições nos lances desse processo, que haja. Enquanto gestou e geriu, o líder e sua equipe pensaram em São Paulo como realidade viva e já consciente de sua "maravilhosa predestinação".

---

4 Este trabalho citará algumas vezes a *Revista do Arquivo Municipal* (RAM), que foi editada na administração Mário de Andrade pelo DCR. Os exemplares aqui consultados se encontram no arquivo da Secretaria Municipal de Cultura, Prefeitura do Município de São Paulo.

Apesar de tudo!
Até quando a metamorfose se impõe:

> É a cidade... É a emaranhada forma
> Humana corrupta da vida que muge e se aplaude.
> E se aclama e se falsifica e se esconde. E deslumbra "

Apesar de tudo!:

> [...] Ô força!
> Incêndio de amor estrondante, enchente magnânima
> que me inunda,
> Me alarma e me destroça, inerme por sentir-me
> Demagogicamente tão só!
> (*A Meditação sobre o Tietê* (1944-1945))

Se a solidão é algo demagógica, o resto é felicidade.

Introdução

> "Um homem preocupado, não com a verdade, mas com a busca, com o saber. Há uma frase dele muito curiosa, uma exclamação, por assim dizer: 'Saber, saber, saber'. E saber para ele era procurar a verdade, mas não para encontrá-la; era um trajeto".
>
> (Gilda de Mello e Souza sobre Mário de Andrade)[1]

A portaria que nomeou Mário de Andrade para o cargo de diretor (número 1094, 30.05.1935) teve base no artigo 7º do *Acto* 861,[2] que organizou o Departamento de Cultura e Recreação do município de São Paulo. O poeta pagou ao ato burocrático de nomeação duzentos e cinquenta mil réis de emolumentos, mais uma taxa adicional de 10%. Três anos depois, em 10 de maio de 1938 é demitido, imediatamente em seguida à posse de Francisco Prestes Maia. Para concluir a brincadeira burocrática, o pesquisador não encontrou vestígio da devolução do numerário de entrada ao quadro de servidores municipais.

1 Consta na obra de Marcos Antonio de Moraes *Orgulho de jamais aconselhar*. A epistolografia de Mário de Andrade, p. 207.

2 Os actos 861 e 862 são citados no correr dos capítulos deste livro.

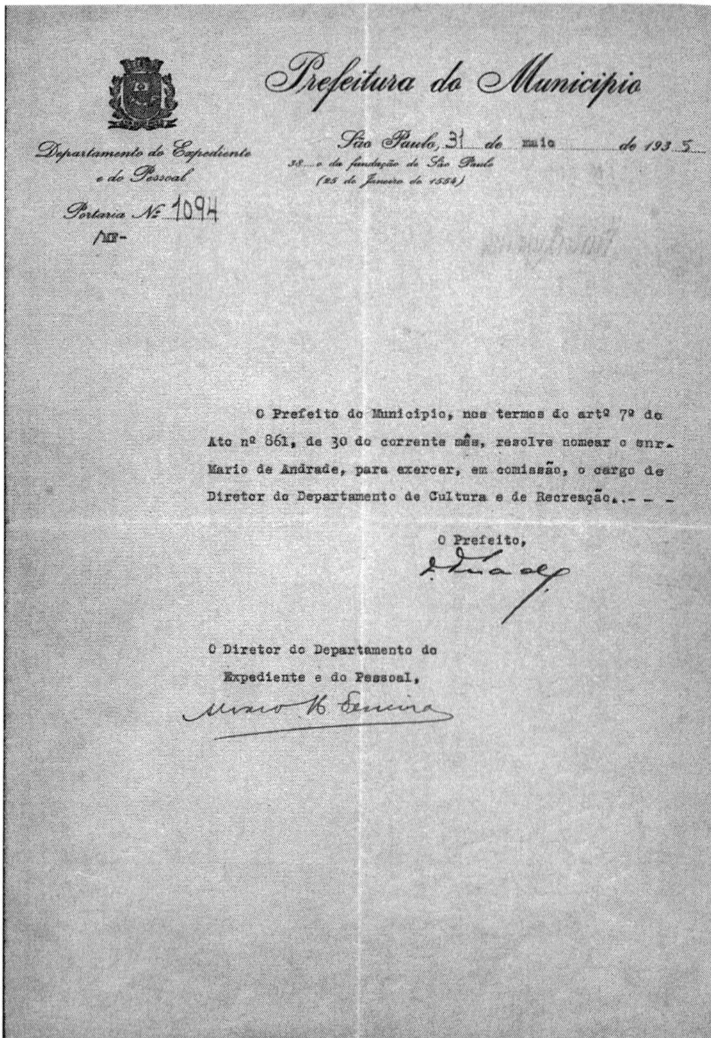

Prefeitura do Municipio

Departamento do Expediente e do Pessoal

São Paulo, 31 de maio de 1935

38... o da fundação de São Paulo (25 de Janeiro de 1554)

Portaria Nº 1094

/MF-

O Prefeito do Municipio, nos termos do artº 7º do Ato nº 861, de 30 do corrente mês, resolve nomear o snr. Mario de Andrade, para exercer, em comissão, o cargo de Diretor do Departamento de Cultura e de Recreação.- - -

O Prefeito,

O Diretor do Departamento do Expediente e do Pessoal,

Arquivo IEB-USP

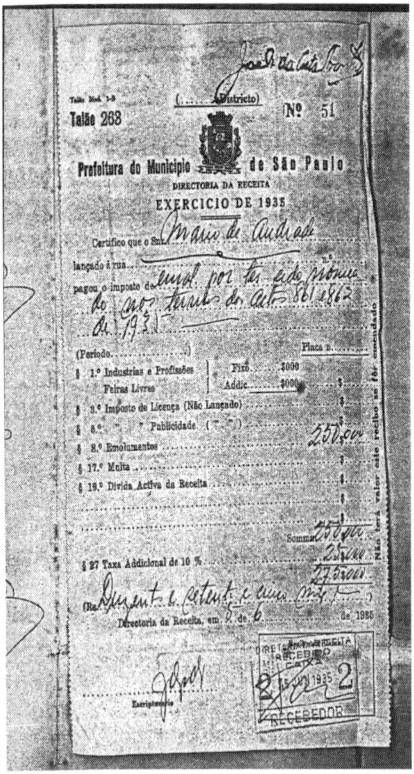
Talão 268

(...... Districto)

Nº 51

Prefeitura do Municipio de São Paulo

DIRECTORIA DA RECEITA

EXERCICIO DE 1935

Certifico que o Snr. Mario de Andrade

lançado á rua ... n.º

pagou o imposto de

(Periodo ...)

Placa n. ...

§ 1.º Industrias e Profissões — Feiras Livres — Fixo $000 — Addic. $000

§ 3.º Imposto de Licença (Não Lançado)

§ 6.º " " Publicidade (" ") 250$000

§ 8.º Emolumentos

§ 17.º Multa

§ 19.º Divida Activa da Receita

Somma 250$000

§ 27 Taxa Addicional de 10 % 25$000

275$000

Directoria da Receita, em 5 de 6 de 1935

Escripturario

RECEBEDOR

Não terá valor este recibo se fôr emendado

Arquivo IEB-USP

Estudar o trabalho de Mário de Andrade como administrador público paulistano implica reconhecer uma ausência. Ausência que conhece a presença ativa e constante do intelectual no interior do movimento modernista e sua morte em 1945, como sujeito de vasta correspondência, poeta, músico, professor, romancista, pesquisador e crítico de arte.

Aí a ausência se reverte. Em 2022 lembra-se o estouro e a libertação de 1922. No entanto, aquele ano é curto para o aprendizado dos intelectuais-administradores que serão apresentados nesta obra e que, liderados por Mário, constroem um momento incomparável da administração da cultura educativa no Brasil. A administração transcende tanto pelo que se fez de concreto na pequena metrópole dos bandeirantes e operários quanto pelo que se forjava nessa *práxis* 1935-1938 a favor de um Brasil liberado pela força da cultura e da educação. Abortado pelo Estado Novo, que afasta Armando de Salles Oliveira e Fábio Prado, bem como escorraça parte significativa dos intelectuais "futuristas", fica, forte e vibrante, o testemunho do tempo sombrio, repleto, como se vê nesta obra, de significados para as gestões culturais e de educação do futuro. Antonio Candido tinha razão.

Tratemos, no entanto, do Mário múltiplo. Para fazer um recorte, pense-se no epistológrafo. Sobre esse mister, pode-se afirmar que ele tem sido sistematicamente estudado, a par da contínua publicação de sua correspondência, especialmente por obra dos trabalhos nos arquivos a ele dedicados. De fato, todo o trabalho crítico sobre a vasta obra se beneficia dos arquivos, quer, por exemplo, para citar poucos, os da Prefeitura de São Paulo e do Estado, quer da Biblioteca Brasiliana-Mindlin e do Instituto de Estudos Brasileiros. O que dizer do Mário poeta e prosador senão que cada um de nós que o leu e com ele trabalhou na escola pública brasileira continua a batalhar por essa criação inconfundível que, por fortuna, tem tido mãos carinhosas e trabalho do mais alto nível acadêmico no movimento de passagem do engenho e da arte do líder do Movimento Modernista para a posteridade.

O mundo da correspondência parece infinito. De um lado, desde *Correspondente Contumaz*, 1925-1944, até *Testemunha Ocular* (Recordações) (2011), de Rubens Borba de Moraes, seu companheiro de trabalho no DCR de São Paulo, jorram memórias e estudos sobre a farta correspondência.

Mais densa, a obra de Marcos Antonio de Moraes (2007) mostra a experiência do desassossego dessa escritura de cartas e deixa claro seu lugar e seus sentidos como criação que desvela pensamentos e experiências. Nessa trilha, afora os excertos insertos nas histórias e guias de literatura brasileira, Borba de Moraes (2011), o parceiro no Departamento, apresenta dezenas de obras exclusivas sobre a epistolografia mariodeandradiana. A escritura, o estudo e a divulgação dessa face do polígrafo incluem um amplo trabalho intelectual, citados neste trabalho segundo exigência da análise documental.

A criação em torno da obra monumental não para. Em 2018 Rodrigues lança a relação epistolográfica entre Mário e o Doutor Alceu Amoroso Lima. O professor mineiro abre sua obra com a citação de Antonio Candido, formulada em 1946: "A sua correspondência encherá volumes e será porventura o maior monumento do gênero, em língua portuguesa: terá devotos fervorosos e apenas ela permitirá uma vista completa da sua obra e do seu espírito" (p. 9)

Distintamente, a *Ocupação Mário de Andrade*, disposta em junho-julho de 2013 em um dos centros culturais da capital paulista,[3] revela uma matéria-prima para o estudo, a sistematização e talvez alguns achados preciosos. Trabalhados nesta análise, entre tantos outros e outras, compõem o quadro dos que refletem sobre Mário o amigo Paulo Duarte, os críticos Antonio Candido e Gilda de Mello e Souza, a amiga e companheira de trabalho Oneyda Alvarenga e críticos como Joan Dassin, a par de dissertações e teses em distintas universidades, como a de Carlos

3 Itaú Cultural. Em seguida se realizou no Centro Cultural São Paulo.

Sandroni. Por distintas abordagens, buscaram interpretar a ação do intelectual como diretor de cultura e recreação.

Em 2015, Carlos Augusto Calil e Flávio Rodrigo Penteado construíram uma obra extensa e utilíssima, que dispõe os materiais da guarda e das referências mariodeandradianas, disponíveis nos arquivos do Estado, da Prefeitura de São Paulo e do IEB-USP. Essa obra, lançada simbolicamente no Centro Cultural São Paulo, tanto é necessária para os administradores contemporâneos quanto para críticos e estudiosos do gênio modernista. Por seu lado, este livro significa um novo lance no xadrez histórico que Mário jogou e depois nos envolveu a todos e que revela ânimo, criação e amor-entrega. Necessariamente se liga à obra reconstituinte de Calil e Penteado, que pode ser resumida em diferentes momentos dos lances da administração pioneira da cultura paulistana entre 1935 e 1938. Num deles (p. 15) se lê:

> A leitura desse conjunto de documentos informa sobre concepções iluministas de difusão da alta cultura, projetos de pesquisa de campo, sociais ou culturais, valorização de manifestações culturais populares ou eruditas, sem perder o sentido lúdico da experiência vital, 'dando ao *farniente* uma orientação cultural'. Esse sentido profundo da cultura, entranhada no hábito cotidiano, no espaço de circulação dos cidadãos, nos seus modos de sobrevivência e de participação social, é que caracterizou o gesto político de Mário de Andrade".

A atitude de partir da boa matéria burocrática e caminhar para a postura do administrador e sua equipe como indutores de ações planejadas de governo é o desafio. Este mostra que aquela administração do espaço público foi feita de um tecido material, que vai das anotações espontâneas aos projetos de trabalho e aos discursos elaborados, a par do trato do arcabouço legal que se teve de usar e enfrentar; enfim, tal administração, programada coletivamente por um grupo de intelectuais e marcada por sua teleologia, por um projeto brasileiro dos anos de 1930, é um feixe de signos e ícones do cotidiano administrativo capaz de operar organicidade de sentidos na construção de projetos, planos e programas, bem como sugerir, no mínimo, grande inquietude no fazer cultural e político da cidade de São Paulo na segunda metade da década seguinte ao Movimento Modernista.

Neste trabalho, as leituras necessárias do planejamento cultural-educativo e a produção de intensa comunicação social não são entendidas como comumente, isto é, ferramentas das organizações e instituições. Ao contrário, são constituintes de sentidos e tendências, pois, como se verá, a linguagem do *Ato 861*, de criação do DCR, já é instituinte da ação cultural e por isso o grupo intelectual que dá suporte à administração do equipamento público paulistano trabalhou antes, e intensamente. Deste modo, os documentos disponíveis de Mário e sua equipe, a par da correspondência com Duarte e demais amigos e confidentes, são meios (valores de mediação) capazes de produzir uma efetiva rede comunicativa. Portanto, essa construção de um processo temporal de comunicação será o *chão* do trabalho metodológico, pois, ao apresentar aquelas ações de governo, faz ver a relação entre a experiência da equipe que dirigiu a cultura paulistana nos anos de 1930 e experiências posteriores, em razão, por certo, da força daquela instituição liderada por Mário. Essa memória do *Ato 861* (cópia do original na sequência) sinaliza o respeito aos textos documentais trabalhados como valor central neste trabalho. Eni Orlandi (2008, p. 12) esclarece tanto a circulação dos sentidos textuais quanto sua revelação social:

> Embora o texto se apresente, para o analista, como uma unidade imaginária, enquanto manifestação material concreta do discurso ele se oferece como um excelente observatório do funcionamento do simbólico. Posso assim pensar a função analítica desta análise como lugar do analista trabalhar, na organização (imaginária), a ordem (real) do discurso, atingindo os processos, a memória, a ideologia, pela sua forma imaginária atestada no texto.

Destarte, o chamado em 1935 do prefeito Fábio Prado para que o poeta dirigisse o DCR do município de São Paulo abre novos espaços para o trabalho científico. Os lugares ainda vazios de estudos sobre o trabalho específico do grupo administrador do DCR exigem dois movimentos críticos: o respeito a uma matéria do campo da administração da cultura à disposição nas instituições citadas e um esforço para pensar aquela administração como tentativa de iniciar uma concepção inédita de serviço a favor dos bens comuns da *Pauliceia,* via cultura. Mais importante para caracterizar o trabalho administrativo é que ali se deu um serviço matricial integrado, pois incluiu áreas imanentes como educação, lazer, alimentação infantil, higiene, patrimônio, memória popular, música, recreação e esportes. Fica evidente, para um início de reflexão, a força e os sentidos da cultura para aquele grupo administrador.

Quer a metodologia de análise dos textos, quer a revelação do processo de comunicação social que move aquela administração pública, ambas destacam a existência de um trabalho instituinte a partir do projeto posto nos *Actos* 861 e 862 do Prefeito Fábio Prado, cujo núcleo assim foi disposto:[4]

> Estimular e desenvolver todas as iniciativas destinadas a favorecer o movimento educacional, artístico e cultural;

4 Nos documentos transcritos, optamos por manter a grafia original.

> b) promover e organizar espetáculos de arte e cooperar em um conjunto systematico de medidas, para o desenvolvimento da arte dramática, e, em geral, da musica, do canto, do theatro e do cinema; c) pôr ao alcance de todos, pelos serviços de uma estação rádio-diffusora palestras e cursos populares de organização literária e científica, cursos e conferencias universitárias, sessões literárias e artísticas, enfim, tudo o que possa contribuir para o aperfeiçoamento e extensão da cultura; d) crear e organizar bibliotecas públicas, de forma a contribuir efficazmente para a diffusão da cultura em todas as camadas da população; e) organizar, installar e dirigir parques infantis, campos de athletismo, piscinas e estádio da cidade de São Paulo para certames esportivos nacionaes e internacionais; f) fiscalizar todas as instituições recreativas e os divertimentos públicos de caracter permanente ou transitório que forem estabelecidos no município; g) recolher, colleccionar, restaurar e publicar documentos antigos, material e dados históricos e sociaes, que facilitem as pesquizas e estudos sobre a historia da cidade de São Paulo, suas instituições e organizações, em todos os dominios da actividade.
>
> (*Revista do Arquivo Municipal*. São Paulo: Prefeitura Municipal. Publicação do Departamento do Expediente e do Pessoal, ano I, vol. XII, 1935).

Embora o documento que se mostra adiante seja central na administração pública dirigida por Mário de Andrade, pois engendra várias ações desta análise, há valores a serem imediatamente destacados. Antes de mais nada, as ideias de *movimento* e *totalidade*, que nascem nas conversações dos intelectuais que dão suporte ao DCR, compõem documentos da administração e buscam estabelecer um olhar para toda a cidade e todas as pessoas, o que projeta um processo de comunicação próprio ao texto e, por consequência, às atividades formadoras da administração pública. Vale destacar também que a ação governamental será movida pela pesquisa, que vai da etnográfica à realidade social das famílias operárias, bem como por intercâmbios de experiências com instituições culturais nacionais e internacionais, como se verá. O tripé *movimento social-comunicação-pesquisa* deseja se revelar no cotidiano das atividades, de modo a direcionar todo o rosto público da administração de Fábio Prado pela cultura, em cujo campo semântico disposto nos Atos se incluem suas dimensões de educação e recreação, sistematizadoras preferenciais da formação de crianças e adolescentes.

Os intelectuais modernistas, portanto, não dispensaram valores fundamentais do movimento, nos anos de 1920 e, na oportunidade de servir a São Paulo no campo concreto da administração pública, projetam sobre o novo momento histórico os próprios sentidos do novo movimento, isto é, da ação que exige a dinâmica do coletivo e o conhecimento plural das culturas, que não podem existir sem uma rede de ações encarnada nos aparelhos públicos do governo, visto que os espaços privados eram visivelmente limitadores. Ademais, a contínua pesquisa da palavra e dos gestos do povo, empreendida por meio de *inquéritos*, encontra seu papel de nutrição para o movimento coletivo e para a revelação do real, de modo a criar o rosto pleno do projeto de administração pública de São Paulo em tempo sombrio e desafiador. Esse processo, de descoberta, promoção e inclusão cultural determina os objetivos deste trabalho: a) analisar os documentos que compõem, pela escolha do líder e sua equipe, o cotidiano da administração da instituição pública no período citado, considerando-os capazes de abrir conexões com os projetos do desdobramento modernista e seus alvos de inclusão cultural da população paulistana; b) buscar a melhor compreensão das mensagens no círculo comunicativo da administração dirigida por Mário; c) organizar as mensagens que circulam pela documentação como conjunto organizado de significações para o momento histórico sob Estado Novo, sem descuidar de tais fenômenos como construção (e eventual destruição) da equipe administradora à luz dos partidarismos e da cidade em processo de fazer-se metrópole; enfim, d) oferecer explicações sobre a possibilidade e a qualificação dessas significações encontradas gerarem uma tendência constitutiva de protopolítica educativo-cultural capaz de projetar-se para outras e novas experiências culturais urbanas e, em consequência, suscitar o estabelecimento de conceitos de administração pública em tempos de fortes contradições políticas.

Ao longo desta análise, páginas da biblioteca Mário de Andrade, IEB-USP e da Revista do Arquivo Municipal (RAM) apoiarão a escritura na demonstração das atitudes e disposições administrativas do poeta-administrador e sua equipe. No excerto na página seguinte, um rascunho, há espaço para reclamar que certo órgão de imprensa não detalhara as diversas atividades da programação. Nesse afã, não somente se detalha a amplitude do trabalho musical do Departamento como são feitos comentários que fixam alguns juízos de valor ao trabalho em movimento. Não mais que uma memória, mas que se organiza como texto de um departamento que combina o narrar, o descrever e o argumentar como exigências programáticas de sua linguagem. Posto no passado, dos últimos dias do ano para o Natal, refere-se a uma programação, ora posta em dúvida, ora com ênfase na grandeza de um autor e mesmo pela esquiva de fazer juízo de valor sobre um ato de colaboração de uma organização de apoio.

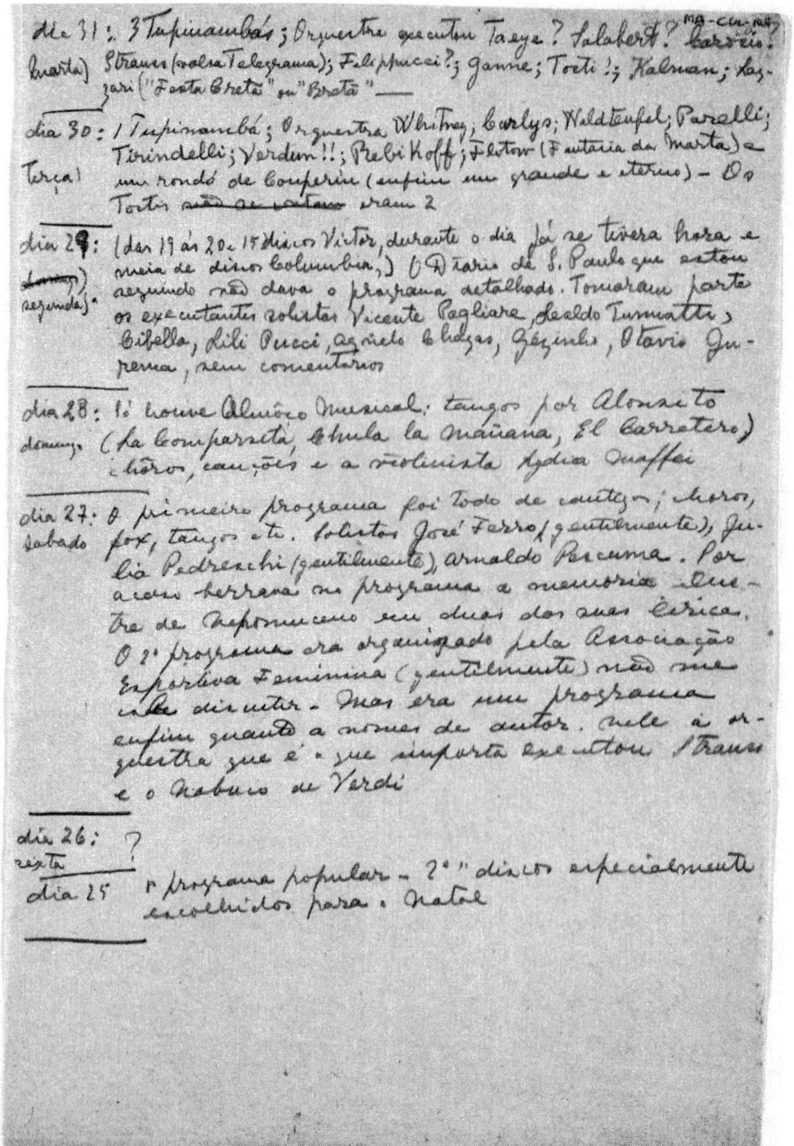

dia 31: 3 Tupinambás; Orquestra executou Taeye? Salabert? Carosio! [illegible]
(quarta) Strauss (valsa Telegrama); Filippucci?; Ganne; Tosti!; Kalman; Lazzari ("Festa Preta" ou "Preta" —

dia 30: 1 Tupinambá; Orquestra Whitney; Carlys; Waldteufel; Paralli;
(Terça) Tirindelli; Verdun!!; Rebikoff; Flotow (Fantasia da Martha) e um rondó de Couperin (enfim um grande e eterno) — Os Tostis ~~não se cantam~~ eram 2

dia 29: (das 19 às 20 e 15 discos Victor, durante o dia já se tivera hora e meia de discos Columbia.) O Diario de S. Paulo que estou
(segunda) seguindo não dava o programa detalhado. Tomaram parte os executantes solistas Vicente Pagliare, Geraldo Turmatti, Cibella, Lili Pucci, Agnelo Chagas, Gézinho, Otavio Gurgema, sem comentarios

dia 28: Só houve Almoço Musical: tangos por Alonsito
domingo (La Comparsita, Chula la Mañana, El Carretero) choros, canções e a violinista Lydia Maffei

dia 27: O primeiro programa foi todo de cantigas; choros,
sabado fox, tangos etc. Solistas José Ferro (gentilmente), Julia Pedreschi (gentilmente), Arnaldo Pescuma. Por acaso berrava no programa a memoria ilustre de Nepomuceno em duas das suas Lírica. O 2º programa era organizado pela Associação Esportiva Feminina (gentilmente) não me cabe discutir. Mas era um programa enfim quanto a nomes de autor. Nele a orquestra que é o que importa executou Strauss e o Nabuco de Verdi

dia 26: ?
sexta

dia 25 1º programa popular — 2º "discos especialmente escolhidos para o Natal

Arquivo IEB-USP

O que caracteriza esse feixe linguístico documental, do excerto a textos de maior expansão discursiva, é a transformação de cada enunciado burocrático recebido em escritura relevante, sua submissão ao rigor analítico da recepção até que o documento sinalize sua validade a serviço do interesse público. Daí o demorado acabamento dos enunciados, tanto pelas revisões textuais quanto pelas intermináveis referências que o diretor do DCR e o grupo de suporte – intelectuais em seus intermináveis encontros fazem via missivas, fenômeno que provoca o alargamento do *corpus* e abre para o trabalho analítico.

Assim, a burocracia, a lembrar Weber, por vezes não é um empecilho, mas a racionalização do trabalho administrativo, que não somente supera o mandonismo como se realiza como fonte da boa administração. Decorre, pois, que muitos pontos dessa construção do organismo público de cultura desenrolam significações bem além do dado, do fato. Transformam-se em fenômenos da reflexão sobre a *práxis*, isto é, a teoria vivenciada por uma consciência amadurecida do/no cotidiano.

Para o autor, tal caracterização dos textos, ainda que simples rabiscos, descarta a atitude de parafrasear. Muito além disso. Como se verá, há um acúmulo simbólico no apuro crítico de cada mensagem guardada por Mário para a posteridade. As atitudes dos administradores são, de fato, as criadoras de sentidos que permitirão as sínteses do modo de ser daquela administração.

Se tal modo-de-fazer não atinge a totalidade dos enunciados criados e expostos pelo diretor e sua equipe de trabalho, aponta para ela e pode dimensionar melhor o significado dessa prática intelectual em tempo de dupla face, uma animação, ou *comoção*, desdobrada do Modernismo, e o confronto com um governo central autoritário.

No documento que segue, Mário recebe preciosas contribuições para um dos momentos fundamentais de sua agenda como diretor, o *Congresso de Língua Nacional Cantada.* Essa disposição para a pesquisa, sua recolha e seu compartilhamento público, fundamentou o "modo de organizar" de todo o departamento e produziu referências para sua comunicação com muitas instituições nacionais e internacionais da cultura.

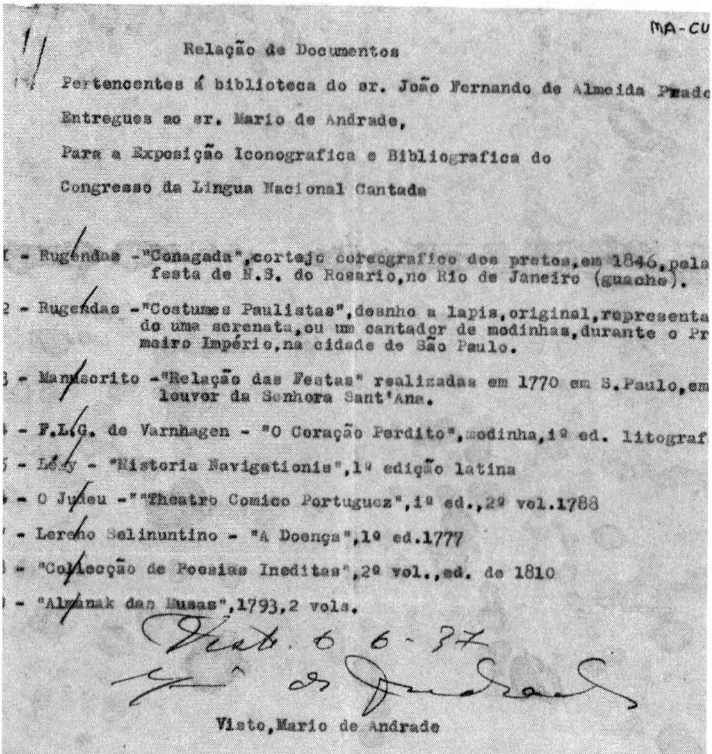

MA-CU

Relação de Documentos

Pertencentes á biblioteca do sr. João Fernando de Almeida Prado

Entregues ao sr. Mario de Andrade,

Para a Exposição Iconografica e Bibliografica do

Congresso da Lingua Nacional Cantada

1 - Rugendas -"Conagada", cortejo coreografico dos pretos, em 1846, pela festa de N.S. do Rosario, no Rio de Janeiro (guache).

2 - Rugendas -"Costumes Paulistas", desnho a lapis, original, representado uma serenata, ou um cantador de modinhas, durante o Primeiro Império, na cidade de São Paulo.

3 - Manuscrito -"Relação das Festas" realizadas em 1770 em S. Paulo, em louvor da Senhora Sant'Ana.

4 - F.L.G. de Varnhagen - "O Coração Perdito", modinha, 1ª ed. litograf

5 - Léry - "Historia Navigationis", 1ª edição latina

6 - O Judeu -""Theatro Comico Portuguez", 1ª ed., 2º vol. 1788

7 - Lereno Selinuntino - "A Doença", 1ª ed. 1777

8 - "Collecção de Poesias Ineditas", 2º vol., ed. de 1810

9 - "Almanak das Musas", 1793, 2 vols.

Visto. 6-6-37

Mario de Andrade

Visto, Mario de Andrade

Arquivo IEB-USP

A respeito do projeto de Mário de Andrade, equipe e coletivo intelectual de apoio, cabe uma nota de Pedro Monteiro (2012,

p. 108) a propósito de uma carta de Mário a Sérgio Buarque de Holanda com data de 8 de março de 1941. Ali tem-se a migração do poeta-administrador entre Rio de Janeiro e São Paulo, posterior à sua demissão do DCR pelo "prefeito vesgo" Prestes Maia[5] (segundo carta a Rodrigo Mello Franco de Andrade), o que leva Mário ao já citado desapontamento. A nota aduz:

> Os anos à frente daquela pasta lhe propiciaram experimentar, no plano das políticas públicas, o ideal de um mergulho sistemático na cultura popular e nacional: fora o tempo da criação da Discoteca Nacional (dirigida por Oneyda Alvarenga), dos parques infantis, das bibliotecas ambulantes, do projeto do SPHAN (Serviço do Patrimônio Histórico e Artístico Nacional) e das missões folclóricas enviadas ao Norte e Nordeste.

O presente estudo do administrador se realiza, primordialmente, sobre textos muito distintos de sua epistolografia e de sua poética e exige o reconhecimento de um gênero e suas significações. São, para resumir, documentos de caráter organizacional, que têm um valor em si, mas não negarão relações produtivas com debates intelectuais do grupo-suporte (DUARTE, 1971) e um conjunto de cartas trocadas entre diversos correspondentes. Tal gênero organizacional – ainda que bilhetes e anotações – espera achados sobre suas significações nos atos de construir uma administração que pensava São Paulo ao mesmo tempo em que visualizava o Brasil, o que também ajuda a compreender o rigor no tratamento de tudo o que agrega significação aos diversos setores do Departamento. A combinação dos estudos de lin-

5 Portaria 2.240, 10/05/1938. Nos meses seguintes começa a migração de Mário para o Rio de Janeiro.

guagem com administração pública não exclui qualquer texto; ao contrário, exige que se parta deles, seja um farrapo, seja um grande discurso.

Tal atitude não exclui intercâmbios de significações entre as obsessões do líder modernista, dispostas em toda a obra, e o seu rico material guardado e disponível para o pesquisador futuro. A área de Teoria Literária e Literatura Comparada já nos ensinara sobre a mundivivência do criador, da criadora, cruzamentos, interfaces e conexões.

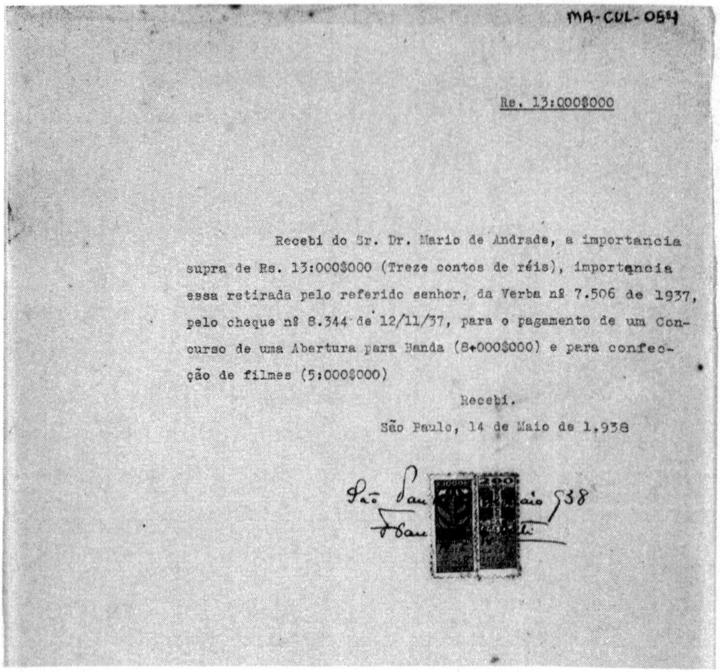
MA-CUL-054

Rs. 13:000$000

Recebi do Sr. Dr. Mario de Andrade, a importancia supra de Rs. 13:000$000 (Treze contos de réis), importancia essa retirada pelo referido senhor, da Verba nº 7.506 de 1937, pelo cheque nº 8.344 de 12/11/37, para o pagamento de um Concurso de uma Abertura para Banda (8+000$000) e para confecção de filmes (5:000$000)

Recebi.

São Paulo, 14 de Maio de 1.938

Arquivo IEB-USP

Cada detalhe da administração é tratado de modo meticuloso. Nas bibliotecas e arquivos consultados, sucedem-se documentos burocráticos que sugerem uma atitude intelectual diante da coisa pública em construção. Revela-se em todo o acervo uma atitude de transparência acima da burocracia necessária ao serviço público, pois sugere uma profissão de fé no que se faz, dentro da qual uma das armas é o ato meticuloso sobre o documento que equipara recibos cotidianos a dados de pesquisa etnográfica, a guarda de nomes e fatos como parte de um projeto maior de empenho pela cidadania ativa de cada um que escreveu algo, negociou alguma coisa, produziu uma música, sugeriu ou doou extratos da memória em seu processo de transformação em acervo cultural. No limite dessa ação, também cabe a hipótese de que a administração pública daquele tempo animado/sombrio é fator de destruição do afã dos intelectuais engajados no conhecimento das culturas brasileiras e sua transformação em imenso projeto educacional, pois funda-se numa tentativa de superação das hegemonias que disputam os troféus do poder e que também se digladiam em torno dos símbolos culturais.

Pelo sim, pelo não, o intelectual que liderou aquela administração portava conceitos e razões sobre si, seus amigos e seu tempo, que não se limitaram a 1935-1938:

> Dos intelectuais do meu tempo para os da geração moça de agora, há uma rápida e voluntária descida em busca da sociedade humana. Da coletividade humana. Seria melhor decerto que eu não escrevesse "sociedade" nem "coletividade" e me alastrasse para metáforas de "colmeia" humana pra não confundirem o que estou falando com as sociologias em moda. Moda de que não têm a culpa os homens de valor que, sem querer, a provocaram. Todas as ciências são igualmente úteis: o terrível é o alumbramento "fora de mim não há salvação" com

> que as elites intelectuais se arrebanham assanhadas dentro de uma ciência que seja mais consentânea dos problemas do tempo, pra fingirem que estão "participando". E a ciência vira moda. Mas então ela perde o seu destino artesanal primeiro, é um ópio. Em vez de lembrar ela faz esquecer. Dos intelectuais do meu tempo aos da geração de agora, há uma enérgica ascensão em busca da coletividade humana.
>
> São Paulo, 9 de agosto de 1943
>
> Prefácio a *Trabalhos de Nosso Tempo*, de Otavio de Freitas Junior. Rio de Janeiro: Casa do Estudante do Brasil, 1943: p. 14-15

O prefácio lembra o Mário missivista e crítico, muitas vezes duríssimo. Por certo, a análise da administração de que participou não revela essa leitura de 1943, quer pelos atos do administrador e sua equipe durante três anos, quer pelas avaliações que ele e o grupo fizeram. Mas esses são pontos desta análise sobre o rico material.

Cabe, ainda à guisa de uma introdução que inclui a força da teoria orientadora, ir de Smircich e Weber a três autores especialmente necessários ao pensamento crítico sobre a administração cultural.

Ao lado de Smircich, Edgar Schein (2006) complementa o circuito da análise cultural das organizações e instituições. Sua posição ressalta as interações que a abordagem cultural induz, isto é, o conjunto dos artefatos, fenômenos e elementos com que se depara o crítico sugere uma dinâmica de técnicas, artes e atitudes construtora de significações para aquela matéria visível, mas não claramente compreensível. Com efeito, na medida em que os objetos são postos adequadamente nos campos do saber a que pertencem, o técnico, o estético e o atitudinal, o enfoque cultural salta para outro nível de significação, que é o espaço dos valores.

Artefatos e elementos valem, são, vigem. Trabalhados pela análise, tudo o que vale na instituição e na organização difunde princípios explicadores e indutores do complexo cultural delas, tais como as relações com o ambiente social e natural, o entendimento do tempo-espaço, a natureza do humano no trabalho e suas relações interpessoais. Os valores e os princípios encontrados na análise dos artefatos e materiais não serão indistintos na organização ou instituição, mas sua presença estabelece gradações segundo o acúmulo cultural e político ali desenvolvido. Acrescente-se que nem todos os princípios, bem como os valores, são conscientes na instituição; a despeito disso, se tornam visíveis nas tomadas de decisão da liderança e de sua capacidade comunicativa junto aos grupos de base com que estão conectados. A rigor, a teoria desenvolvida por Schein é um processo comunicacional, mediador da dinâmica social da cultura, até porque os níveis pelos quais se move o fazer cultural, dos artefatos aos princípios indutores da ação e da consciência institucional, não têm obstáculos ao seu movimento, exceção feita à ausência da capacidade analítica.

Em consequência dessas relações e conexões vigentes na cultura institucional, Schein (p. 332) pode afirmar: "Não existe tal coisa como uma cultura sem que um grupo a 'possua'. A cultura é encarnada em grupos, pelo que o grupo que cria uma cultura deve ser sempre claramente identificado".[6]

---

6 "Il n'existe pas de culture sans q'un group en soit 'proprietaire'. La culture est incarnée dans des groups, d'où il s'ensuit que le groupe créateur d'une culture doit toujours être identifié clairement".

O tema que move, como objeto e como metodologia, este trabalho, ganha reforço na ampla leitura de Raymond Williams (1992). A construção de uma sociologia da cultura não impede e, ao contrário, estimula o sociólogo a pensar a cultura como um sistema de significações, cujo tecido é composto por linguagem, processos de comunicação, história e fenômenos característicos dos grupos, instituições e sociedades. A partir de uma proximidade com Smircich, essa ideia de sistema de significações, portanto de rede de signos, leva o crítico britânico a diversas práticas significantes na sociedade, as quais o desafiam a ver sentidos amplos e restritos, processos globais e locais, textos e contextos em que se dão as significações. Como pensou Smircich (*op. cit.*) com a *teia de significações* num espaço de trabalho organizacional criativo, Williams sugere que o estudo de instituições, práticas e obras significativas provê inteligência para pensar nas relações que tais significações têm para com outras instituições e práticas da sociedade. Leva, pois, ao trabalho comparado, capaz de alargar achados também significativos. As relações entre cultura e educação, administração da cidade e administração da cultura, bem como a transversalidade da cultura na pequena metrópole paulista, desenvolvidas neste trabalho, apoiam-se nesse pensamento. Em Williams, a cultura é uma organização social; daí uma grande teia de significações.

Decorre, pois, que Williams (p. 227) tem um momento feliz de síntese:

> [...] a partir da educação e do sufrágio universais, houve uma reconstituição da organização cultural, com alguns elementos residuais inequivocamente de classe, mas com a predominância definida em um nível essencialmente geral. Houve uma importante expansão de burocracias culturais

> e educacionais, por sobre os artistas e professores que são empregados por elas. Além disso, essas burocracias se entrelaçaram – não sem alguns conflitos localizados – com as burocracias políticas, econômicas e administrativas, de tal modo que, sem dúvida alguma, constituem um sistema organizativo, um sistema de significações realizado.

Roger Chartier (1990) tanto compõe o quadro teórico do pesquisador quanto sua metodologia de trabalho, pois enfatiza, desde a introdução, os pilares de seu texto: *representação, prática, apropriação*. Nele, há um "diálogo constante entre a confrontação com o documento e a exigência de elucidação metodológica" (p. 27). Segue-se, na teia de significações que o pesquisador se coloca nesta obra, o que Chartier entende como operações de sentido, resultantes de condições e processos muito concretos. Por isso, "as estruturas do mundo social não são um dado objetivo, tal como o não são as categorias intelectuais e psicológicas: todas elas são historicamente produzidas pelas práticas articuladas (políticas, sociais, discursivas) que constroem as suas figuras" (p. 27). Aqui buscam-se as figuras instituidoras dos sentidos da ação cultural tida e havida entre 1935 e 1938 em Piratininga, a partir das representações documentais e discursivas dispostas e desafiadoras a partir de um baú notável de textos. Esses, segundo Chartier, "não são depositados nos objectos, manuscritos ou impressos, que o suportam como em receptáculos, e não se inscrevem no leitor como o fariam em cera mole" (p. 27).

Há muitas articulações indispensáveis no interior do fenômeno concreto que se quer compreender.

I. A mediação do trabalho analítico

Quais escolhas metodológicas são sugeridas por aquela operação cultural ocorrida entre os atos administrativos de nomeação e organização do DCR em 1935 e a demissão em 1938 e que permitem chegar a valores sociopolíticos e éticos capazes de se comunicar com a contemporaneidade, isto é, dialogar com o seu futuro? Quais articulações de textos documentais e de administração da coisa pública permitem ver com alguma organicidade aquelas práticas? Como entendê-las como ações "de Estado", mas não alinhadas às forças políticas da sustentação governamental paulistana/paulista e muito menos com os mais conhecidos e alardeados discursos "culturais" do Estado Novo? Como o trabalho cultural de então pode revelar valores para a feitura do que mais tarde se chamou políticas culturais?

Um modo de fazer deve buscar respostas, pois a matéria aqui trabalhada mostra *antenas* de recepção e circulação de significados. A metodologia se enriquece pelas sugestões da documentação estudada.

Na introdução deste estudo já se anunciou a linha geral do modo de ler o material disposto. Convém, pois, reafirmar os caminhos de levantamento, sistematização, leitura de resultados e análise. Pensa-se, portanto, em Chartier (1990, p. 227), para quem há dois enfoques na leitura analítica dos textos documentais que envolvem Estado e Governo (assim como o Estado moderno substitui a oralidade pela escritura, o poeta-administrador e seus amigos também escrevem fartamente):

> uma morfológica, ligada às mudanças dos conceitos (soberania, autoridade, Estado etc.) e das figuras ou lugares-comuns que os explicitam. A outra, sintática, tendo por objetivo definir na sua especificidade as normas, as regularidades, as situações próprias de cada um dos conjuntos considerados.

Considera-se que criações fonográficas e imagéticas compõem e reforçam o desenvolvimento dos sentidos da obra. Daí que o autor-pesquisador assume uma posição de *corpus alargado* diante do material que tem em mãos para o trabalho morfológico e sintético proposto por Chartier. Já o corpus é entendido a partir das propostas metodológicas de Martin Bauer e George Gaskel (2002, p. 50-51). O conjunto de materiais disponível ganha relevância não pelo seu tamanho, mas pela sua representatividade, como escolha interessada do administrador para a sua guarda; trata-se da mesma atitude que Mário teve diante de suas cartas e bilhetes a correspondentes, assíduos ou ocasionais. Aplicados os enfoques de Chartier ao corpus, que é competente para representar um processo de comunicação entre a matéria, seus autores e o contexto político vivido, tem-se o plano analítico indispensável. Essa leitura informa a capacidade expressiva dos materiais buscados no cotidiano da administração, captada na morfologia de emissores, receptores e suas mediações, suas posturas e disposições como agentes de cultura. Do mesmo modo, o próprio levantamento do variado material expressa e constitui sentidos, o que informa um lugar de conhecimento para o trabalho crítico. Um processo de comunicação, que significa atitudes decisórias sobre a burocracia e o fazer político, revela um conhecimento daquela ação cultural. Por certo, encontrar um lugar epistemológico não implica, automaticamente, em criar o novo, produzir renovada ou transformadora contribuição. No entanto, estudos da arte e da sociedade brasileira nos mostraram o que Celso Favaretto (2002) denomina "início de uma afirmação nacional que reinventa sua origem como recusa àquela que a colonização engendrou",[1] como foi o próprio Modernismo. A busca de novas perspectivas sobre o serviço público no interior da burocracia, dentro de um processo de aceitações e negações (SILVERMAN, 1998, p. 87), a par da orientação para que o crítico fuja da obviedade no trabalho empírico (LOPES, 2010, p. 34) levam este autor a análises talvez profícuas no trabalho metodológico. Os enfoques propostos e o círculo comunicacional em que operam os sentidos buscados informarão os projetos, os objetivos e os valores daquela administração cultural. Eles levam a correlações entre a escritura do poeta, as práticas da equipe diretora e a recepção da administração paulistana, que produzem referências para a análise, fazem ver os atores daquele desdobramento do projeto modernista e como trabalham a realidade vivida, bem como estabelecem as significações fundamentais objetivadas nas muitíssimas conversações daqueles intelectuais.

Os textos documentais do administrador, que equivalem a seus discursos na organização da coisa pública, são fenômenos culturais, pois, enquanto se realizam como história de uma administração, representam-na e criam juízos sobre ela. A rigor,

---

1 "débuts d'une affirmation nationale qui réinvente son origine en refusant celle que la colonisation a engendrée".

todo esse processo comunicacional, relacional, busca fazer-se como atos de aproximação com o público, o que lembra a tríade autor-obra-público na dinâmica do mundo paulista/paulistano. Considerando que a linguagem e o discurso não são *nomenclaturas* da realidade, o que se tem é uma linguagem que fala das coisas, dos seres e da vida por meio dos discursos articulados e articuladores. Atitude similar ao trabalho de toda a equipe de Mário, envolvida em projeto capaz de articular a um só tempo o organismo estatal, a cultura e a gente a que servia. Tanto este estudo postula a negação de qualquer irrelevância para essa matéria cotidiana e suas relações de sentido, quanto diz da sensibilidade frente à *social research,* isto é, a análise desse conjunto de linguagens pode contribuir decisivamente para a consciência e o conhecimento da sociedade paulistana. A conclusão desta análise de David Silverman (1998, p. 96) agrega razão a este trabalho:

> [...] a pesquisa social pode contribuir para a comunidade justamente por insistir na relevância de suas próprias perspectivas de ciência social e recusar-se a limitar sua visão aos "problemas sociais" definidos de forma comum. Ao buscar guias rigorosos de pesquisa de base analítica, e por força de sua sensibilidade, podemos contribuir mais para a sociedade.[2]

As opções analíticas desenvolvidas por Eni Orlandi (2008) e Norman Fairclough (2008) têm, também, importância para

2 "[...] social research can contribute to the community precisely by insisting on the relevance of its own social science perspectives and refusing to limit its vision to commonsensicaly defined 'social problems'. By pursuing rigorous analytically based research guides by its own sensitivities, we can contribute most to society."

este trabalho, pois admitem novas escolhas. A primeira privilegia a formulação de uma atitude crítica que busca visibilizar o corpo (corpo humano, corpo desta análise) e a linguagem, que se enlaçam e se cruzam, mas muitas vezes são tornados socialmente invisíveis, segregados, a exigir inclusão social e manifestação de seus direitos. O pensamento de Orlandi (p. 12) não deixa margem a dúvidas:

> Quando pensamos o texto pensamos em sua materialidade (com sua forma, suas marcas e seus vestígios); como historicidade significante e significada (e não como "documento" ou "ilustração"); como parte da relação mais complexa e não coincidente entre memória/discurso/texto; como unidade de análise que mostra acentuadamente a importância de se ter à disposição um dispositivo analítico, compatível com a natureza dessa unidade [...] o que interessa são pontos no texto onde aflora a discursividade em seu real contraditório: incompleto, lugar de tensão entre o mesmo e o diferente, dispersão do sujeito e do sentido. É isto que se manifesta materialmente no texto e é aí que incide o olhar do analista.

Em Fairclough buscam-se as marcas mais fortemente ideologizadas dos textos (que também são discursos sobre a administração pública, como se mostrou), visto que "o discurso é uma prática, não apenas de representação do mundo, mas de significação do mundo, constituindo e construindo o mundo em significado" (p. 91). Foi o que se encontrou nas relações entre a representação do material pesquisado e sua relação comunicacional no interior e no exterior da administração pública, nos espaços de decisão. De fato, a importância do trabalho sobre os textos-documentos, que liga expressão, comunicação, significação e ato político, resulta no sentido da abordagem qualitativa. Agrega, no entanto, outras interlocuções metodológicas. Bauer e Gaskell (2002), John Creswell (2010) e Marcelo Vieira (2004) contribuem para definir o quadro analítico. Este pode ser valorizado pelas inflexões de Rosalind Gill (2002, p. 244-270) e Fran Tonkiss (1998, p. 245-250). A asserção de Tonkiss (p. 246) é muito bem recebida nesta busca de compreensão das relações entre textos, autores e sociedade:

> A linguagem é vista não apenas como um meio neutro de comunicação de informações, mas como um domínio no qual nosso conhecimento do mundo social é ativamente moldado. Qualquer pessoa que tenha estado em uma discussão com um debatedor experiente ou mesmo o contrário estará ciente da forma como a linguagem pode ser usada para forçar certas conclusões, para estabelecer certas alegações e para negar outras. A análise do discurso envolve uma perspectiva sobre a linguagem que projeta o fenômeno não como refletindo a realidade de forma transparente ou direta, mas como construindo e organizando essa realidade social para nós.[3]

O trabalho sobre documentos construtores de realidade social encontra validade, confiabilidade e aplicação no círculo hermenêutico que, além da sustentação teórica, encontra referências no mundo empírico e seus testemunhos, ou sua ação, e caminha

3 "Language is seen not simply as a neutral medium for communicating information, but as a domain in which our knowledge of the social world is actively shaped. Anyone who has been in a argument with a skilled or a slliper debater will be aware of the way that language can be used to compel certain conclusions, to establish certain claims and to deny others. Discourse analysis involves a perspective on language which sees this not as *reflecting* reality in a transparente or straighforward way, but as constructing and *organizing* that social reality for us."

para uma integralização de conhecimento capaz de projetar-se na história. O que não se distancia das referências de Gilda de Mello e Souza, em epígrafe, segundo as quais Mário propugnava pelo saber como projeto e não como fim. O próprio saber se realizaria como saber-servidor-público e não conhecimento restrito aos intelectuais construtores e servidores da administração. No entanto, esse discurso deve ser provado na análise documental.

Do mesmo modo, as teorias e práticas do discurso dialogarão com os textos que tratam, especificamente, da administração pública no próprio tempo aqui focado. Assim não fosse, a metodologia de trabalho perderia algo de historicidade. A despeito de raros, há textos próximos ao tempo da administração mario-deandradiana que permitem ao trabalho metodológico fazer dupla articulação. Trabalhados como objeto de análise textual, por serem textos, eles no entanto revelam sentidos nos quais uma administração pública da época poderia ter encontrado apoio teórico ou experiência de administração da coisa pública. São os casos dos trabalhos de Edgar Gladden (1949), Alberto Guerreiro Ramos (1950), John Pfiffner e Robert Presthus (1935) e Hélio Vianna (s.d.). A despeito de se constituírem, via de regra, em textos de caráter histórico, aqui e ali surgem achados recentes de teoria administrativa, quase sempre fortemente positivistas e funcionalistas. Cabe destacar, no entanto, que em Guerreiro Ramos a leitura já porta reflexão dialética, muito útil para mover a mesmice teórica derivada do positivismo. Esses textos, revistos e relidos nas últimas décadas, têm ajudado a compreender alguns pontos fora da reta republicana e da área de conhecimento ainda muito padronizada, a administração, privada ou pública.

Os resultados esperados deste trabalho querem manter coerência com essa perspectiva metodológica fundamentada nos documentos de trabalho e nas leituras teóricas da época. Essa matéria se localiza, necessariamente, num *ethos* problematizado: o líder criador, a equipe multidisciplinar brilhante numa administração incipiente sob regime autoritário na República. O problema, pois, consiste em buscar certa *hexis*, certa disposição, pessoal e coletiva, capaz de furar o cerco político e produzir significações transformadoras, quer na vida cotidiana da cidade, quer como projeção de um novo modo de gerir o bem-comum a despeito da pobreza conceitual no campo da administração pública. O *corpus* disponível promete, pois é recorte representativo. Na ação qualitativa do trabalho, os dados se organizam numa leitura cuja codificação tematiza a experiência expressada e ou comunicada, que caminha para o inter-relacionamento temático e a possível interpretação. Os seis passos de Creswell (*op. cit.* 219-224) sumarizam a operação que busca validação ao trabalho. Trata-se de organizar o material, lê-lo, codificá-lo na sua diferenciação, construir uma perspectiva total dele, destacar os mais significativos, descrevê-los, analisá-los e, talvez, interpretá-los em busca de qualidade do conjunto trabalhado e sua consequente validação. Se o trabalho qualitativo é, de fato, infinito, pensar como o Mário é bom conselho: importa muito o processo, o caminho, a busca do rigor e a alegria de sonhar com achados. Especialmente, distribuir o trabalho analítico por diversos pontos de todo o texto e não concentrá-lo somente em um ou outro capítulo.

II. Os textos geram a cultura

> [...] você vem, assim como quem faz pergunta de passagem, me perguntando como vou no Departamento, e imaginando que tenho bastante trabalho! Não é "bastante" Oneyda, nem mesmo é "muito", é formidável, é gigantesco, é absurdo, tomou minha vida completamente, integralmente, todinha! Desde uns dois dias do 5 de junho em que tomei posse nada, mas absolutamente nada mais fiz do que trabalhar, sonhar, respirar, conversar, viver Departamento. [...] Mas vem cá, Oneyda, pense um bocado no que é, com a burocracia nacional, ter de instalar um Departamento de enorme complexidade, em que, a bem dizer não havia nada feito! São quatro divisões, comportando nove seções diferentes, uma de teatros e cinemas, outra de rádio-escola, outra de divertimentos públicos, outra de parques infantis, outra de esportes, outra de bibliotecas, outra de bibliotecas populares ambulantes e uma infantil, outras de documentação histórica, e outra de documentação social!
>
> (Carta a Oneyda Alvarenga, 06.07.1935)

O texto para Oneyda e cartas referidas na sequência deste trabalho a vários missivistas dão conta da portaria publicada pelo prefeito em 1935. Uma primeira correlação texto-análise já sugere questões centrais da cultura institucional pretendida.

Como já se afirmou, as referências analíticas podem privilegiar documentos, mas não excluem excertos guardados pelo diretor do Departamento, visto que o comportamento analítico adere ao modo de leitura dele próprio, que é o de compreender-se numa totalidade dinâmica sobre a qual se aplicam atos de carinho e crítica a favor de valores caros à administração. Isso em cada ponto da atividade, como formalizado no ato de criação do Departamento, e então a espalhar-se pelo tempo e pelo espaço do trabalho coletivo.

Este momento do trabalho analítico oferece três documentos e busca produzir as referências que serão desenvolvidas no decorrer de todo o texto. O primeiro busca entender a atitude do prefeito Fábio da Silva Prado e sua abertura de caminho para a criação do Departamento de Cultura e Recreação. Ademais, apresenta o rosto de sua administração.

***

Inexistia em São Paulo um departamento de cultura e recreação, mas ele subjaz ao documento do alcaide, o *Acto 768*, de 10 de janeiro de 1935. Assim como os documentos escritos por Mário de Andrade são instituintes discursivos da ação (inclusive o *Acto 861*), este documento de Fábio da Silva Prado compõe o campo constitutivo da política de governo. Não se trata de somente corrigir, distribuir ou acoplar âmbitos da burocracia administrativa. Trata-se de preparar, decisivamente, sua constituição política. Um texto constituinte e instituinte, nos termos apresentados por Eni Orlandi e Norman Fairclough, visto que, ao compor uma nova estrutura de poder público, de pronto se organiza em vista de novo conjunto de ações. Por certo, esse fenômeno é claro na sequência de documentos sob análise.

Para ampliar o alcance de sua proposta, ele mantém um quadro do funcionalismo e abre muitas portas para o *novo* também pensado por Paulo Duarte, seu assessor, conforme vários momentos de seu intercâmbio de cartas com o poeta-administrador. Mário somente seria nomeado quatro meses depois e o seu convencimento por Duarte não foi um trabalho fácil.

Visto que aquele projeto de totalidade da ação cultural-educativa iria promover expectativas em razão do estabelecimento de novos projetos e propostas no *corpus* do aparelho de estado local, Prado o associa ao seu próprio interesse administrativo, fenômeno bastante discutido nas administrações municipais de ontem e de hoje. O conjunto de departamentos e divisões anteriores, em alto número e diversidade, é modificado, a fim de responder a nova rede de divisões e chefias. Efetivamente, passam a responder diretamente ao prefeito as diretorias de Viação e Obras, Higiene, Fazenda, Jurídico e Cultura. Não se tratava, nesse caso, de centralização, mas seu contrário. A melhor leitura que se pode fazer da mudança é que aquele capítulo se inscrevia num projeto de serviço público para tempos críticos e fortemente dinâmicos, via de regra sem solidez. No caso, tratava-se dos movimentos da política getulista e as difíceis relações entre o dirigente nacional e os políticos paulistas. A julgar pelas necessidades imediatas de recursos, espaços, decisões e "invenções" amiúde presentes nos textos do líder da administração cultural, Prado se prepara e se organiza para esse *novo* que não poderia esperar quase nada da velha burocracia. Meses e anos depois será revelada sua razão de ser na memória do desenlace da administração: o quadro de brevidade da ação, os riscos da política partidária e a sequência do poder autoritário, em que naufragam no ano de 1938 Armando, Prado, Mário e quase toda a equipe de intelectuais especialistas.

Estado tiverem feito dois dos cursos citados no paragrapho anterior.

Art. 10 — O governo municipal expedirá, dentro de tres mezes, o regulamento do presente Acto.

Art. 11 — Ficam abertos os creditos necessarios para a execução deste Acto até o limite maximo de cem contos de réis.

Art. 12 — O primeiro provimento dos cargos creados pelo presente Acto será feito livremente pelo Prefeito.

Art. 13 — Os vencimentos do pessoal do Serviço Municipal de Jogos e de Recreio serão os constantes da tabella annexa.

Art. 14 — Fica revogado em todos os seus termos, o Acto n. 590, de 26 de março de 1934, assim como as demais disposições em contrario.

Art. 15 — Este Acto entrará em vigor na data de sua publicação.

Prefeitura do Municipio de São Paulo, 9 de janeiro de 1935, 382.o da fundação de São Paulo.

O Prefeito,
Fabio da S. Prado.

O Director do Expediente,
Alvaro Martins Ferreira.

TABELLA DE VENCIMENTOS ANNUAES ANNEXA AO ACTO N. 767, DE 9 DE JANEIRO DE 1935:

Chefe do Serviço Municipal de Jogos e de Recreio	16:800$000
Administrador Geral .	12:000$000
Instructor ou instructora	6:000$000
Guarda Municipal	3:600$000

ACTO N. 768, DE 10 DE JANEIRO DE 1935

Reorganiza as Repartições da Prefeitura.

O Prefeito do Municipio de São Paulo, usando das attribuições que lhe são conferidas pelo paragrapho 4.o, do art. 11, do Decreto Federal n. 19.398, de 11 de novembro de 1930, e nos termos do disposto no n. III, do art. 13, da Constituição Federal de 16 de julho de 1934, e do parecer n. 2, emittido pelo Conselho Consultivo do Estado, em sessão de 3 do corrente mez,

Decreta:

Art. 1.o — Os serviços da Prefeitura passam a ser feitos pelos seguintes Departamentos directamente subordinados ao Prefeito:

1) — Departamento do Expediente e do Pessoal;
2) — Departamento de Obras e Viação;
3) — Departamento de Hygiene;
4) — Departamento da Fazenda;
5) — Departamento Juridico;
6) — Departamento de Cultura.

Art. 2.o — Cada Departamento será dirigido por um Director da immediata confiança do Prefeito e compor-se-á de tantas divisões quantas exigirem os respectivos serviços.

§ unico — As actuaes Directorias da Prefeitura passarão a ser, na nova organização, Divisões dos respectivos Departamentos.

Art. 3.o — O cargo de Director do Departamento será exercido em commissão, por um dos chefes de Divisão ou excepcionalmente por pessoa extranha ao funccionalismo, de competencia especializada.

Art. 4.o — Para o cargo de Director do Departamento do Expediente e do Pessoal será aproveitado o Director da Directoria do Expediente e Assentamentos de Empregados, cuja Directoria fica extincta.

§ unico — Quando se vagar, por qualquer motivo o cargo de Director do Departamento do Expediente e do Pessoal, o seu provimento será feito na fórma do art. 3.o deste Acto.

Art. 5.o — Os Directores de Departamento, quando extranhos ao funccionalismo, vencerão o ordenado mensal de 3:200$ (tres contos e duzentos mil réis) e quando funccionarios effectivos commissionados terão uma gratificação de .... 200$000 (duzentos mil réis) mensaes.

Art. 6.o — Os actos que devem organizar cada Departamento, fixarão as gratificações a que terão direito os respectivos funccionarios, quando desdobrado o expediente em dois periodos.

§ unico. — O periodo de expediente da manhã será reservado exclusivamente para trabalhos internos, sendo as partes attendidas apenas no periodo da tarde.

Art. 7.º — Os cargos do quadro de cada Departamento serão providos mediante o aproveitamento dos actuaes funccionarios effectivos ou contractados de accôrdo com as respectivas categorias.

§ 1.º — Quando o aproveitamento importar em promoção do funccionario esta se fará por merecimento a criterio do Prefeito.

§ 2.º — Para a Chefia de Divisões novas porventura criadas onde se façam mistér elementos especializados o seu primeiro provimento poderá dar-se por livre escolha do Prefeito.

Art. 8.º — Fica estabelecido o quadro supplementar do funccionalismo municipal no qual serão incluidos os funccionarios effectivos ou contractados não aproveitados na fórma do artigo anterior.

§ 1.º — Os funccionarios pertencentes a este quadro continuarão com os mesmos vencimentos, sujeitos ao actual regime de um só periodo de expediente, e ficarão addidos ás diversas repartições da Prefeitura, de accôrdo com as necessidades do serviço.

§ 2.º — As vagas que se verificarem no quadro supplementar não serão sob qualquer pretexto preenchidas.

Art. 9.º — Os funccionarios do quadro supplementar, serão aproveitados no preenchimento das vagas e no provimento dos novos cargos do quadro principal do funccionalismo, respeitadas as categorias e obedecendo exclusivamente o criterio do merecimento.

Art. 10.º — As classificações por merecimento serão feitas pela Commissão Municipal de Serviço Civil, na fórma do Codigo do Funccionalismo Municipal, desprezado o factor tempo de serviço.

Art. 11.º — Ficam fazendo parte do quadro principal como effectivos, todos os contractados aproveitados no quadro de cada Departamento, desde que os respectivos cargos não sejam posto de carreira do funccionalismo municipal, caso em que a effectivação do referido funccionario só se dará mediante approvação em concurso de provas ou titulos.

§ unico. — Não sendo approvado no concurso a que se sujeitar, poderá o alludido funccionario inscrever-se em concursos subsequentes até obter approvação, não perdendo o seu lugar no quadro fixo do Departamento, mas não podendo ser effectivado emquanto não satisfizer aquella exigencia.

Art. 12.º — Os funccionarios poderão ser transferidos pelo Prefeito de um para outro Departamento, desde que o exija a conveniencia do serviço.

Art. 13.º — A execução do disposto neste Acto, far-se-á parcialmente mediante expedição de Actos especiaes dando organização a cada Departamento.

Art. 14.º — Este Acto entrará em vigor na data da sua publicação, revogadas as disposições em contrario.

Prefeitura do Municipio de São Paulo, 10 de janeiro de 1935, 381.º da fundação de São Paulo.

O Prefeito
Fabio da S. Prado.

O Director do Expediente
Alvaro Martins Ferreira.

ACTO N.º 769, DE 11 DE JANEIRO DE 1935

Modifica o Acto n.º 656, de 14 de julho de 1934, pelo qual foi concedida aposentadoria ao sr. José Daloia.

O Prefeito do Municipio de São Paulo, usando das attribuições que lhe são conferidas pelo paragrapho 4.º do artigo 11 do Decreto Federal n.º 19.398 de 11 de novembro de 1930 e considerando que, com a revogação do Acto nº 366, de 7 de julho de 1932, que deu interpretação ao de n.º 740, de 4 de maio do mesmo anno, ao sr. José Daloia, ajudante de campo da Directoria de Obras e Viação, aposentado pelo Acto n.º 656, de 14 de julho de 1934, assiste o direito ao accrescimo de mais um anno no seu tempo de serviço,

Revista do Arquivo Municipal, vol. 9, p. 160-161.

O governo de risco e de ansiedade abre todas as brechas para uma unidade paralela do funcionalismo: os cargos de confiança. A Constituição de 1934 estabelece em seu artigo 156 a investidura inicial na carreira de funcionário público por concurso de provas e títulos, marco republicano diante de todas as formas de mandonismo anterior. No entanto, a investidura se referia a carreiras do funcionalismo.

O que Fábio Prado apresenta em seu documento é um conjunto aberto para pessoas estranhas à carreira, mas especializadas. Mantidas as carreiras, ampliavam-se os lugares para a construção de novas divisões e chefias, que viriam a ser decisivas para o DCR, mas provavelmente também para as outras quatro diretorias. No que toca às necessidades do DCR junto ao jurídico, à higiene, aos transportes e ao jurídico, as conexões se revelaram indispensáveis. Se o hábito anterior levava sempre aos privilégios e muitas vezes ao nepotismo e às sinecuras, Prado preparava seu governo para o serviço público extra-carreiras. Confiava, pois, nos seus auxiliares diretos. O *Acto 861*, trabalhado em vários pontos desta obra, evidencia a boa-nova redigida a várias mãos. Mário e Paulo Duarte demonstram conhecer muito bem os textos.

O próximo texto ressalta o Mário múltiplo, diretor, crítico, poeta e estudioso de administração pública. Nele estão as marcas fundas dessa prática.

O DEPARTAMENTO DE CULTURA DE SÃO PAULO

O que caracteriza a atual administração da Prefeitura de São Paulo é uma infatigavel atividade remodeladora.

Efetivamente desde que no inicio do governo do Sr. Armando de Salles Oliveira, o Sr. Fabio Prado assumiu a direção dos negocios da Prefeitura da capital começou a desenvolver um programa de largas realizações progressistas em todos os setores administrativos.

Começou por etabelecer normas novas aos serviços, descentralizando muitos deles, que ali em questões insignificantes estavam subordinados diretamente ao gabinete do Prefeito.

A burocracia complicava e entorpecia a maquina administrativa. Reconhecida a dolorosa verdade dessa situação o Prefeito Fabio Prado tratou de encontrar o remedio adequado.

E fe-lo, estudando com os chefes de serviços os meios de imprimir aos seus trabalhos um maior rendimento.

Reduziu a seis os departamentos sujeitos diretamente ao seu gabinete e dirigidos por funcionarios de sua confiança, demissiveis ad-nutum. São os departamento do Expediente, da Fazenda, de Cultura, de Obras e Serviços, Juridico e de Higiene.

Essa simplificação permitiu ao Dr. Fabio Prado um controle mais constante e direto sobre a parte essencial dos serviços publicos deixando os problemas secundarios entregues á alçada dos chefes segundo as necessidades.

Antes havia dés diretorias, uma intendencia, uma inspetoria, duas procuradorias, afóra outras secções extravagantemente isoladas, como a do alistamento militar e a do teatro municipal.

Depois de melhor organizada a entrosagem dos serviços, pôude o prefeito coordenar o seu plano de ação construtora, tanto no campo material dos melhoramentos urbanos, como no campo social, em que tanta projeção tem sido o seu governo. As leis de caracter social, entre as quais podem ser destacadas as dos trabalhos dos motoristas, dos engraxates e vendedores de jornais, a da semana ingleza dos empregados no comercio, a fiscalização dos serviços domesticos, a assistencia gratuita do funcionalismo municipal e o problema da habilitação barata, foram pontos imediatamente visados pelo Prefeito Fabio Prado.

Embora a que mais facilmente o povo louve e admire em sua administração sejam os serviços materiais destinados a melhorar a circulação urbana, obras como as novas avenidas e novos viadutos — força é convir que a grande beleza da administração do Prefeito Fabio Prado reside nos aspectos sociais da sua atividade entre as quais ressalta pela sua importancia e significação o Departamento Municipal de Cultura.

Ele constitue a mais formosa expressão do exito do atual governo municipal de São Paulo. Só a sua realização bastaria para consagrar a benemerencia de um governo.

E' um complexo de serviços incumbidos a quatro divisões distintas: a expansão cultural, constante de serviços de teatros, cinemas, etc.; a radio-escola. Bibliotéca, compreendendo a Brasiliana, a bibliotéca infantil, a circulante, e as bibliotécas populares; a divisão de educação e recreio, com as secções de parques infantis, campos de atletismo, estadio e piscina; divertimentos publicos e finalmente a divisão de documentação historica e social com as suas subdivisões especializadas.

Tudo isto está em funcionamento e causa a admiração de quantos visitam agora São Paulo, cujo progresso vertiginoso é um justo orgulho de todo o Brasil não tanto pelo seu aspecto material, mas como demonstração do valor moral e do civismo da sua gente.

E o atual prefeito de São Paulo é bem uma expressão genuina da fibra paulista.

Entre os que se encantaram com os rumos novos do trabalho da Prefeitura de São Paulo, o Professor Afranio Peixoto foi dos que mais aplaudira me louvaram a obra já realizada em São Paulo. E escrevendo a um amigo da imprensa paulista, que lhe solicitara á respeito uma entrevista para a qual não tivéra tempo em sua visita a São Paulo, o eminente mestre, o homem de letras, mandou-lhe em carta as suas impressões.

Esta carta que adiante transcrevemos é a palavra de uma autoridade consagrada e dá bem a impressão de uma obra profundamente brasileira e profundamente humana que está sendo tão brilhantemente executada na capital paulista.

Eis os trechos mais importantes das impressões sobre o Departamento de Cultura do municipio de São Paulo, escritos pelo ilustre academico Afranio Peixoto:

"Minha admiração pela Norte-America e pela Republica Argentina corre parelha com a que a cultura de S. Paulo me inspira, além do que a historia e o civismo nacional me impõem... Depois de tantos e sinceros louvores a sua Universidade, suas Faculdades de Medicina, de Direito e Higiene, seus hospitais e suas cli- Biologico e de Butantan e de Juquerí, de Medicina Legal e de Igiene, seus hospitais e suas clinicas, seus laboratorios e escolas técnicas e profissionais, seus grupos escolares, tudo, tudo sem par no Brasil, acrescentei agora o entusiasmo pelo Departamento de Cultura

Compreendo bem que alguns emperrados, ou oposicionistas discutam: é sua função. — E' bom, mas é feito pelo adversario. Não me importa, a mim, a politica. Mas é inegavel que outras municipalidades imitam a de São Paulo e, breve, todo o Brasil. Estarão confundidos, os adversarios de má fé, ou mesmo os amigos atrazadões.

Não escreverei nomes nem adjetivos. Falarei de fatos e de obras. E' admiravel! O Departamento de Cultura de São Paulo é uma novidade, mesmo em São Paulo, sempre tão na dianteira do Brasil. Mas não é novidade nos Estados Unidos e em alguns países, principalmente os nórdicos, da Europa Vejamos o detalhe.

Tem a expressão cultural, que compreende teatros, cinemas, salas de concerto, e a radio-escola.

Utilidades e diversões, em outra parte sem direção, confusas e ineficientes, são aqui dirigidas culturalmente. A educação popular é uma das diretivas. A radio-escola é um centro de difusão, de arte e informação cultural. A discotéca é um encanto, de organização de riqueza musical e folclorica, pelas suas 2 0000 capas catalogadas, que se pódem ouvir — Beethoven todo, ao alcance do ouvido, como, nas bibliotécas, todo Shakespeare, á vontade da leitura. —por prazer ou informação.

Estes discos estão ao serviço dos programas artisticos, a difundir: arte tradicional e arte moderna. Além dito, a parte original de produção, com a sua orquestra e seus cantores, gravação exhibição, repito, arte classica e regional. O museu da musica, do canto, da palavra sonora. Universidade do son

As bibliotécas infantis e populares honram a bibliotéca municipal, que é honra de São Paulo. Os olhos se me encheram de emoção e a alma de esperança, vendo, no predio da rua Major Sertorio, as crianças, uns pirralhos de 6 a 12 anos, sérios, atentos, curiosos, que iam ao fichario e partiam á estante, tomado o livro, e abancados á mesa de estudo. Gravuras, contos infantis, viagens, Julio Verne ou Monteiro Lobato, heroismo, aventuras, mecanica, ciencias naturais. E não só os meninos do bairro de Vila Buarque senão de todos os tentaculos de São Paulo. Uma diretora, cuja fé é uma lampada votiva, continuamente acesa a seu dever que é seu prazer e seu sacerdocio
E os jornais dos parques, os jornais das bibliotécas? Documentos de ternura e de psicologia.

As bibliotécas ambulantes são auto-caminhões dispostos em estantes, parados num jardim, bancos em roda, e os leitores, adultos e menores, todos ledores... são eles que reclamam os livros, suas preferencias ou necessidades, que lhes são trazidos. "Livros, livros a mãos cheias.. e mande o povo pensar" lembra o nosso Castro Alves. Como o automovel se desloca a outra praça ou jardim, já os "habitués" reclamam e a autoridade sabia pretende fazer parques-bibliotécas. Só agora se descobre que o povo tem fome e sêde de leitura e o Brasil o mantem na funesta dieta São Paulo lhe serve a nutrição intelectual que a requer

Na Bibliotéca Municipal estão as salas repletas, e repletas as estantes. Por bem pouco se adquiriu a coleção Felix Pacheco, que, detalhada, daria tres tantos o seu custo. Que livros raros e que manuscritos preciosos! A "brasiliana "le São Paulo vence as outras todas do país. Vi lá um livro, unico, que não existe em parte alguma. Um registro de batismo do Brasil, pelo nome, já em 1502 vale, só ele, um tesouro. E' a "Terra S. Crucis brasiliae situs ac descriptio" impressa em Veneza — Nicolo Zopino e Vicenzo Compagno, MCCCCCII. A Nacional, os Institutos Historicos, todas as coleções do mundo, o Maggs e o Brockhaus, todos, tudo se vai moer, de inveja. .

Mas o meu entusiasmo reservo-o aos parques infantis Novidade? Para o Brasil, talvez, São Paulo, como devia ser, os inicia, como Suecia, Dinamarca, Inglaterra, Norte America lhe ensinaram. Pois quem não conhece os "playgrounds"? Os atrazados não suspeitam sequer. Pois tenham vergonha disso. Abram qualquer enciclopédia social. Segundo a de Seligman e Johnson, edição de 1934, havia, só em 1.010 cidades americanas, 13.324 áreas ou parques infantis, com 25 508 diretores ou condutores oficiais e 9 704 voluntarios e oficiosos serventuarios. Essa criançada errante pelas ruas, praças, ao vicio, á perversão, ao jogo, ás observações precoces malsans, são aspiradas pelos "playgrounds", onde as atividades divertidas dos brincos, das piscinas, das marchas, com passagem pelo gabinete do dentista, o consultoro do medco, a sala de merenda com o copo de lete, dão saude, ordem, socialização, o que é o outro nome, complexivo, de educação . Nestes parques ha flamas votivas tambem de entusiasmo. No da Lapa vi uma moça, toda espirito, que se consumia, ardendo, no seu devotamento, a causa do povo

Esses parques são escolas "leigas", ao ar livre. Herbert Spencer, que louvava a escola "buissonniére", a aula filiada no caminho, ficaria encantado se visse todas as escolas feitas parques infantis, de saude, alegria, convivencia, socialização, educação numa palavra. outra escola, no caminho da aula filada. Ninguem escaparia á educação. Uma maravilha de parques infantis de São Paulo! E não vi um, vi todos, da Lapa, do Ipiranga, do Pedro II.

Ahanhã, o Estadio Municipal. O sport levará á força, á saude, á disciplina, á destreza e se orientará para o ensino e a convivencia, o que será a sociedade na ordem. O dar de si o mais possivel, mas no "fair play" Tenho pena de não poder alcançar o São Paulo que se prepara. Tais paulistas serão, no Sul, os americanos do Norte. E penso, complexivamente: comunismo se combate com obras sociais e não com policia

Saio deste encanto e deste sonho realizado, e realizando-se volvo no passado, á documentação historica e social. Uma revista, que recolhe o melhor da colaboração cultural; uma oficina de paleografia, reparação e decifração de documentos, salvos das injurias do tempo, para a memoria da Historia. Que prodigios de mimo, de técnica, de interpretação! Aqui é que Michelet teria razão de dizer: a historia é uma resurreição.

Desde o documento.

Mas não é tudo: os economistas, os sociologos, os politicos (nada têm de comm com os da "politicalha" diria o Ruy " têm o seu quinhão. Observadores e investigadores percorrem São Palo. A planta cadastral, que se faz não é o cadastro morto das casas mudas e vasias. Não. E' o nivel de vida, "living standard" que se levanta, nas estatisticas e nos graficos. E se fica vendo São Paulo vivo, a cidade tentacular que se estende da serra ao sertão, por todos os quadrantes, na sua germinação, seu frondecimento, sua floração, seu desenvolvimento. Os problemas de trafico no papel, em cinco minutos. O dos mercados. A distribuição da energia. Os do urbanismo. Os jardins que faltam. Os parques para as fabricas. As escolas a locar. A linha norte-sul das classes abastadas. Alí os sirios, aqui os portugueses. Italiano por toda a parte, e não apenas no Braz. E se compreende e se providencia. E' a consciencia social que se adqui-

266 REVISTA DO ARQUIVO MUNICIPAL

quaresma até o Natal. . e fontes, re... O prazer, a necessidade, o dever, que se dirigem. Não á bestunta mas com a ciencia, como o estudo, é que se resolvem os problemas sérios da vida. Da vida dos outros, largados por aí ao Deus dará das municipalidades e nações ignorantes, que só tem inéptamente o fisco e os desperdicios. . São Paulo já tem no seu Departamento de Cultura uma oficina de saude, de socialização, de educação, de conhecimento, para prever, prover, dirigir, alcançar. São Paulo é uma grande cidade americana, americana-do-norte. Hoje criticam os atrazadões; amanhã mestra de cultura, de urbanismo, de humanismo (nos dois sentidos, todos os sentidos..) as outras cidades do continente e do país a imitarão. "Non ducor, duco"

Percorrendo a cidade quo sua Prefeitura revolve, alinha, calça, distende em avenidas, furando tuneis, traçando o futuro, com a consciencia, e a solução adequada pelo estudo; percorrendo viveiros desse mestre-jardineiro-paizagista-urbanista, Oliveira Filho — que nos fez os jardins do Rio, sob Antonio Prado — e que faz os de São Paulo, sob Fabio Prado; percorrendo com a vista embevecida e a alma enamorada as alamedas e avenidas, acacias chovendo ouro, jacarandás pingando violetas nos passeios, alecrins de Campinas ou tibugineas que imitam, em rosa, o em grande, os manacás, com suas côres variegadas estendendo a piscinas, palmeiras, flores, muitas flores pelo chão, nos potes baixos, como em Paris. ; vendo entre homens afanados que vão a "business", mulheres elegantes que vão ás compras, as crianças fortes que vão á escola, ou aos "playgrounds" — uma grande esperança me fez bater o coração.. O Brasil, graças a São Paulo, será todo assim, amanhã.

Os irmãos injustos talvez maldigam, e mesmo ás vezes, vendam, a José. Mas José, "quand même", os levará, a toda a familia, á prosperidade, á fama, á gloria . Com o exemplo. O Brasil todo será exaltado. São Paulo começa, na dianteira, caminho da terra futura da promissão. Exemplo da emulação, limitação, sugestão. (Perdoai-lhes, senhor São Paulo, eles não sabem o que "fazer").

Por isso, ao caír de uma tardo morena, saindo de um parque fervilhante de crianças e de futuro, não me contive, e fiz escandalosa confidencia a uma moça jornalista, ao lado do meu embevecimento.

— "Eu não dizia, mas sentia que São Paulo me consolava do Brasil Agora vendo o seu Departamento de Cultura, proclamo que tenho orgulho de São Paulo "

A palavra de um mestre do tal quilate é um julgamento que honra a administração atual da Prefeitura de São Paulo.

Revista do Arquivo Municipal, vol. 30, 1936.

Mário de Andrade, segundo o texto, se dispõe a demonstrar sua compreensão de cultura, pensar a cultura institucional do governo Fábio Prado e destacar o que Antonio Candido chamara a *revolução na rotina da administração*. Para tanto, tem o apoio decisivo de Afranio Peixoto, que nesse tempo visitou o DCR e acompanhou parte de suas atividades.[1]

Há uma nova atitude cultural na administração como um todo e o DCR é sua ponta de lança. A atitude provê conexões entre as partes do texto em estudo. Começa por apresentar a racionalidade impressa por Prado a partir da organização burocrática que encontrou, isto é, dez divisões de serviço público a prestar contas diretamente ao dirigente municipal. Ato contínuo, ele altera o organograma e garante ao seu lado divisões assumidas por gente de sua confiança. O narrador, depois desse destaque, mostra as significações dessa administração no cotidiano do DCR, espécie de exemplo do novo organograma de serviços públicos de São Paulo. No entanto, esse movimento não é abrupto no discurso do diretor. De fato, ele precisa marcar, antes, um fato novo na ação modernizadora de Prado, que é a inclusão preferencial dos serviços sociais ao projeto global de desenvolvimento urbano, o que equivale a dizer que o prefeito lança ao debate uma tese institucional ainda polemizada no século XXI: a garantia de um efetivo desenvolvimento da

---

1 Afranio Peixoto foi eleito à Academia Brasileira de Letras em 1910 no posto de Euclides da Cunha, recém-assassinado. Fez carreira de médico, escritor e dirigente de universidade. No momento da visita ao departamento dirigido por Mário ele constava como um dos demitidos da Universidade do Distrito Federal por suposta associação à chamada Intentona Comunista, 1935. Anísio Teixeira, pioneiro da educação nova, inspirador da universidade, também fora demitido de suas funções públicas na mesma ocasião.

cidade a partir dos componentes administrativos que revelam necessidades e desejos da população, vistos ou entrevistos na educação, na cultura, na higiene e na limpeza urbana, na assistência a migrantes, servidores e imigrantes.

Está posta, pois, a discussão dos alvos políticos do governo, em cuja resposta Prado revela o ponto central da sua cultura institucional. Na cidade que cresce e incha, organizar serviços de motoristas, jornaleiros e engraxates, equacionar uma seção de amparo ao funcionalismo, aproximar a ação cultural-educativa de seu gabinete e fiscalizar serviços domésticos é sinal inequívoco de boa e inovadora cultura institucional. E essa se faz forma e conteúdo na criação e no desenvolvimento do DCR, conforme demonstração de dados e fatos em sequência.

Os imensos gastos com o Carnaval não compõem prioridades. Tal postura merece detalhes. Daí o texto enviado ao prefeito em "936 – janeiro – 17", componente do Fundo-IEB.

PREFEITURA DO MUNICIPIO DE SÃO PAULO

Papel p/ informação, rubricado como Folha n.º dois. 2. do processo

n.º ______, de 19___, ___/___/___ (a) ______

Sr. Prefeito

Esta Diretoria passa ás mãos de V.Excia. este pedido de 400:000$000 (quatrocentos contos de réis), feito pela Comissão de Divertimentos Públicos, para os gastos com o Carnaval.

Em principio, esta Diretoria nada têm a opor a esse pedido, pois incontestavelmente os festejos carnavalescos, si já o ano passado deram grande lucro ao comércio paulistano, e atrairam numerosa multidão de turistas a esta cidade, bem orientados como vão êste ano pela Comissão de Divertimentos Publicos, trarão provavelmente, (este ano) maior beneficio financeiro e turistico á nossa comunidade urbana. Sente-se porém, esta Diretoria, bastante inquieta com tamanhos gastos, caso eles corram pela verba já outorgada ao Departamento de Cultura. Já demos 150:000$000 (cento e cincoenta contos de réis) para os festejos carnavalescos, o que somado ao pedido atual sóbe a 550:000$000 (quinhentos e cincoenta contos de réis). Ora o Departamento de Cultura tem para o exercicio do ano, uma quota livre de apenas mil contos. Desfalcado, assim de inicio, de 550:000$000 (quinhentos e cincoenta contos de réis), o Departamento conservará apenas 450:000$000 (quatrocentos e cincoenta contos de réis), para os outros onze meses do ano, para suas iniciativas excepcionais. Isso não póde deixar de inquietar muito esta Diretoria, que além de certos gastos tradicionais como subvenção á temporada lirica oficial, tem pela frente o ano do centenario de Carlos Gomes, por exemplo!... Os festejos carnavalescos, afóra uma ou outra rara manifestação (e ainda assim mesmo discutivel...) positivamente não são de ordem cultural. Beneficiam êles ao turismo e principalmente ao comércio local. Em principio esta Diretoria, nada têm a opor ao pedido, mas apresenta á consideração de V.Excia. estas observações, imaginando a possibilidade dos Rs. 400:000$000 (quatrocentos dontos de réis) pedidos, corre_ rem por conta de outra verba, que não e do Departamento de Cultura. Em caso contrário, o Departamento, ver-se-á terrivelmente prejudicado, em suas iniciativas futuras.

936 - janeiro - 17.

SEGUE, juntado n'esta data, papel ou informação documento, rubricado sob folha ___ n.° ___.

Em ___/___/___.

(a)___

O diretor argumenta que provavelmente o gasto atrairá turistas e que haverá benefício financeiro e turístico ao município. No entanto, o diretor está incomodado. Já dera aos festejos cento e cinquenta mil réis que, somados a esses quatrocentos vão a quinhentos e cinquenta mil. Ocorre que quase nenhum recurso sobrará para muitas outras ações importantes, como "a temporada lírica, o centenário de Carlos Gomes etc." Mostra que seu orçamento é de somente mil contos de réis (e já está gastando quinhentos e cinquenta mil somente com carnaval!). O diretor radicaliza o argumento: para ele, carnaval (fora uma ou outra manifestação) não é de ordem cultural e somente beneficia o turismo e o comércio. Daí, sugere que tais recursos venham de outra verba que não a da cultura.

A morfologia e a sintaxe referidas na escritura do texto de Mário se organizam em torno do substantivo *gastos*. No meio da argumentação oficial, o diretor acrescenta o adjetivo "imensos" e o conjunto qualificativo "imensos gastos" se opõe à modéstia orçamentária da administração. Ao final, propõe que tais imensos gastos sejam revertidos. Outra linha de argumentação, que se inicia no segundo parágrafo, avulta os sentidos dos festejos carnavalescos, mas não para a cultura e sim para o comércio. Os novos argumentos amplificam os primeiros e aumentam a densidade comunicacional. Comparados os "imensos gastos" – que o plural faz aumentar – com o que Mário entende ser cultura: a obra de Carlos Gomes e a temporada lírica, o diretor opõe políticas de cultura a finanças utilitárias. Nesse ponto estabelece uma referência para a sua administração, o trabalho educativo, pois a música à qual o povo jamais teve acesso é mais importante do que os "imensos gastos" a se canalizarem para o comércio paulistano. E assim, burocraticamente ("Em princípio esta Diretoria nada tem a opor ao pedido, mas apresenta à consideração de V. Excia...") sugere outra linha de financiamento. E arremata, dramático: "Caso contrário, o Departamento ver-se-á terrivelmente prejudicado em suas iniciativas futuras".

A materialidade desta análise, ou discurso, não deixa margem a dúvidas: as prioridades do departamento não somente se estabelecem no interior da burocracia, mas evidenciam uma atitude no todo da administração e da cidade. O DCR é um lugar de oposição política, quer nas escolhas de técnicos e especialistas em temas da cultura e da educação, quer nos atos de inversão de prioridades capazes de granjear adversários e inimigos nos campos privado e partidário. Os "imensos gastos" com carnaval não têm pertinência cultural; são de outra natureza. O carnaval é certamente fenômeno comercial, mas discutível como valor de cultura no pensamento daquele grupo administrador. Com vistas a um serviço público da cultura em construção, não pode ser prioritário. A temporada lírica e a obra de Carlos Gomes são da natureza da ação cultural: projeto de popularização da cultura e intento de apropriação coletiva dos bens pelo patrimônio e sua fruição pública, principalmente entre crianças e jovens. Carnaval é bem público de consumo circunstancial. Não deve ser política de estado, especialmente para quem tem mil contos de réis para todo o ano de 1936 nos campos já propostos pelo *Acto 861*: música, ônibus-biblioteca, recreação infantil, pesquisa etnográfica, teatro (!). Mencione-se que o diretor não revela o conjunto das ações; prefere somente duas de caráter imediato e amplamente públicas, adequadas aos olhos do administrador. O recorte estratégico ainda considera que nos onze meses do ano terá ações excepcionais e, o mais importante, revelado ao fim, há um plano de trabalho sólido a cumprir. Entregar metade do orçamento ao carnaval inviabilizaria pesquisas já pensadas, com o apoio de Ruth Dreyfus (Lévi-Strauss) e ações culturais junto às crianças dos jardins, prioritárias na comparação com a temporada lírica citada. O carnaval recebe, pois, filtros políticos na tomada de decisões do administrador e termina em categoria muito inferior de opções.

Observe-se que o autor preferiu a escritura ao prefeito, que marca, burocratiza, define posição oficial. Postura de Estado e de escritor. Clarifica também um tema constante da administração pública: as opções de administração da *polis*, as necessárias decisões sobre demandas. Há prioridades. E há riscos futuros! Há, também, outra oposição textual: lucros para o comércio versus manutenção da cultura. O processo é inconciliável. Não se pode negar que Mário está a colocar um tema futuro, que perturba e incomoda milhares de administradores de cultura todo ano, em todo o país: os gastos com o carnaval. De um lado, o apelo populista, farto e contínuo no correr da República. De outro, o volume de recursos. Enfim, a derivação comercial como resultado. No meio, a imagem de processos de corrupção, privilégios e clientelismo. O serviço público posto em xeque. Pelo sim, pelo não – em face das decisões futuras do administrador –, o texto lido quer marcar a cultura da administração. Sabe-se, outrossim, que o orçamento do DCR continuará a apoiar o carnaval. Não há carnaval sem verbas públicas, especialmente para organizações carnavalescas.

O dado-texto produz elementos para sua leitura. Sugere o seu método de construção. Concretizado, encontra-se um tema indicador da experiência do gerente que, por vias da escritura burocrática de estado, constrói um processo comunicativo no interior da instituição pública. No círculo das relações criadas pelas oposições e qualificações, termos integrantes da gramática textual de Mário, caminha-se para relacionamentos sócio-políticos e mesmo econômico-financeiros, pois o operador da coisa pública em cultura *não abaixa a cabeça*. Quando o círculo analítico se completa, revela-se um significativo problema para o serviço público, que é flagrante nas disposições e discursos do diretor e sua equipe entre 1935-1938. Ainda que a questão do carnaval não produza um impasse, visto que Paulo Prado ajuda a solucionar o problema, cabe levantar o problema maior, subsequente nessa administração e por vezes generalizado, isto é, no *ethos* problemático da administração pública o poeta-administrador produz uma *hexis*, disposição qualitativa para mudar a realidade. O conjunto tradicional de saberes para administrar a cidade não resistiu e não resiste ao partidarismo e às várias formas de nepotismo vigentes na sociedade autoritária e de extração colonial. No correr das práticas, o ethos (mesmo na combinação de êthos e éthos) se corrompe e passa a naturalizar a sua face conformada ao real deletério para com o serviço público. Vira um poder consuetudinário, que aponta diretamente para a reversão da ética. As atitudes da hexis no movimento espaço-temporal sugerem. A posse de um saber operativo e seu exercício explícito pode recolocar tensões, ademais necessárias para prováveis dialéticas no exercício do poder. Sem elas, todo esse conjunto semântico derrete, como soe acontecer na história político-administrativa do Brasil. Mas convém admitir que a tensão existe. Felizmente.

Outro documento que faz pensar na superação evidente do modo de administrar vigente e que faz crescer a tensão citada é o que Mário endereça ao Prefeito a propósito da temporada de música lírica do município de São Paulo no ano de 1935.

PREFEITURA DO MUNICIPIO DE SÃO PAULO

Papel p/ informação, rubricado como Folha n.º Treis - 3 [rubrica] do processo n.º ——, de 19— , 935 / dez. / 12 (a) [rubrica]

63

3
84566/33
[rubrica]

Sr. Prefeito

A Empreza Artistica Teatral Ltda., solicita, para realizar em 1936, a temporada Lirica Oficial a mesma subvenção de 250:000$000 (duzentos e cincoenta contos de réis), que recebeu pela Temporada Lirica Oficial do ano corrente. E si péde desde já, lhe seja garantida tal subvenção, é para ter mais um ponto de apoio para as avulta- das negociações com contratos de artistas e organização tecnica da futura temporada.

É incontestavel que, as promessas quanto ao repertorio, feitas neste oficio, são admiraveis. Jamais uma temporada lirica, desde os tempos da guerra Europea, nos ofereceu um conjunto assim harmonioso de obras ilustres, e tão elevada musica dramatica.

De resto, seja permitido a esta Diretoria confessar ao sr. Prefeito, que essa elevação subitanea de nivel cultural, é devida exclusivamente ao Departamento de Cultura, pois não apenas esta Diretoria criticou verbalmente e com severidade os representantes da Reqte., pelo descaso cultural de seus repertorios, como lembrou muitas das óperas que aqui se prometem.

É parecer inabalavel desta Diretoria, que o que faz a pessima qualidade cultural dos espetaculos melodramaticos ou de musica pura, realizados em S. Paulo, deriva muito menos da ignorancia do nosso publico, que da ganância ou covardia de empresarios e de artistas. O publico aceita a arte elevada, e, está disposto a ela muito mais do que se imagina. Esta Diretoria podia dar provas numerosas disso.

A Temporada Lirica Oficial, assim como é

prometida pela Reqte., com o repertorio, os cantores e o numero de recitas (maior que o dêste ano), indicados neste requerimento, merece o apôio da Municipalidade.

Porém, acha esta Diretoria, prematura qualquer garantia fixando subvenção, que a Municipalidade possa oferecer desde já. Nos tempos que correm, as mudanças dos homens e das coisas são tão rapidas e subitaneas, que o que não é de interesse vital e imediato, mesmo em quanto á cultura dum povo, não deve ser jogado em responsabilizações tão largas.

Assim, ousa esta Diretoria sugerir ao sr. Prefeito, seja mandado á Reqte. aguardar oportunidade, ou melhor, voltar em tempo oportuno.

935 - dezembro - 12

O Diretor

Segue fls. 4 quadro (documento).
935. dezembro 12.

SEGUE juntado n'esta data, papel ou informação / documento, rubricado sob folha ___ nº ______.

Em ___/___/___.

(a) ______

Arquivo IEB-USP

O poeta-administrador se eleva para além do lugar-comum e encontra um procedimento não habitual. Com efeito, a sociedade artística que oferece concertos e récitas para o ano de 1936 promete excelentes peças e grandes cantores. O diretor concorda com a proposta e informa que a requerente (grupo cultural terceirizado que oferece espetáculos ao poder público) solicita duzentos e cinquenta contos de réis. A despeito de não ser um valor exorbitante, o dirigente, com base no trabalho pregresso da requerente – Empreza Artistica Teatral Ltda – lembra as críticas já feitas à empresa, o que levou à melhoria do repertório. Diz "...não apenas esta Diretoria criticou verbalmente e com severidade os representantes da Reqte., pelo descaso cultural de seus repertórios, como lembrou muitas das óperas que aqui se prometem". Aduziu, como crítico de arte: "É parecer inabalável desta Diretoria, que o que faz a péssima qualidade cultural dos espetáculos melodramáticos ou de música pura, realizados em São Paulo, deriva muito menos da ignorancia do nosso publico, que da ganância ou covardia de empresários e de artistas. O publico aceita a arte elevada, e, está disposto a ela muito mais do que se imagina". Segue-se, pois, que o diretor Mário de Andrade sugere ao Prefeito que a entidade proponente retorne noutro momento com sua proposta. Justifica: "Nos tempos que correm, as mudanças dos homens e das coisas são tão rápidas e subitaneas, que o que não é de interesse vital e imediato, mesmo em quanto á cultura dum povo, não deve ser jogado em responsabilizações tão largas".

Antes de mais nada, veja-se que aquela aceleração socioeconômica observada no terceiro momento modernista, anos de 1950, já é sentida e destacada por Mário. Ocorre que sua ótica não é exclusivamente objetiva. Dá-se a mudança dos homens. Tudo é rápido e subitâneo. De fato, só um participante pleno da vida nos anos de 1920 pode alargar o corpus dos fenômenos para a nova década vivida. Mário aproxima, liga, pensa de modo total. Pensa como escreve em vários momentos: há uma totalidade dinâmica. O total se move. Como administrador, a totalidade exige uma pragmática, isto é, o senso da imediatez, pois nada pode esperar. Menos ainda a população paulistana, que sofre a aceleração capitalista, mormente no sistema urbano, que se desdobra em lugares para viver e como viver. Uns nos espigões saneados; muitos nas várzeas dos rios e riachos.

A peça burocrática se realiza como peça de crítica cultural, mas também de economia da cultura. Os sete parágrafos da missiva ao prefeito revelam o escritor de cartas: a apresentação, a justificativa, a visão geral do fenômeno proposto, a leitura crítica rígida, a defesa da cultura do povo diante dos representantes daquela espécie de indústria da cultura e a dispensa de qualquer responsabilidade diante da proposta financeira dos empresários. O crítico dispõe, no entanto, no aprendizado de administrador, doutra virtude. Ele submete o orçamento inteiramente a uma nova pragmática, isto é, as necessidades populares não podem esperar, nem terem sangradas suas verbas em face das artimanhas dos vendedores de espetáculos. Enquanto a ação cultural, educativa e esportiva junto a populares, especialmente crianças, adolescentes e jovens, tem urgência, tais espetáculos podem esperar. Portanto, a pragmática pode até fazer ver a ação ideológica, mas enquanto a última é subsumida à emergência de valores novos empreendidos por intelectuais que têm pressa em mudar toda a face da administração pública. Convém ter em mente que o governo Fábio Prado deveria ser um protótipo para o projeto político maior, com Armando de Salles Oliveira na presidência.

Se essa leitura administrativa não for levada em conta, debalde terá importância a discussão dos intelectuais, pois eles revelam uma presença intimorata a partir da tomada de decisões anterior, nas pesquisas, nas inúmeras leituras coletivas sobre a experiência, nos muitos embates e confrontos e nas rodas de conversas que fizeram a passagem responsável do primeiro modernismo ao momento de convivência e mundivivência do ato de administrar.

Sobre o texto em análise, citar Fairclough (2008, p. 91) é necessário: "O discurso é uma prática, não apenas de representação do mundo, mas de significação do mundo, constituindo e construindo o mundo em significado". Nesse movimento de significação, o processo de construção desta análise é claro: trata-se da expressão do diretor de cultura que busca a comunicação com o alcaide (que precisa ter ouvidos de ouvir, para além da burocracia banal do cotidiano). Na medida em que expressão e comunicação constroem a significação da mensagem sobre dado objeto, a oferta de serviços musicais, dá-se um ato político. Efetivamente, o discurso é uma prática significativa de caráter político. Não bastava representar (embora pudesse ser suficiente) junto ao detentor do poder político e financeiro da cidade o valor precificado da empresa e, diante dele, declinar ou aceitar. O administrador tinha uma missão: construir um serviço cultural a partir de outras práticas administrativas, por força ainda não experimentadas. Ele e sua equipe se esmeravam no trabalho de pesquisa e de *inquéritos* (menina dos olhos de vários momentos de seus discursos) sobre interesses e necessidades da população paulistana e, como marco dessa atitude, imprimiam na administração a defesa dos direitos culturais e sua contraparte econômico-financeira. Move-se, outra vez, a *hexis* persistente e receosa da história do *ethos* no serviço ao público.

Cultura também é patrimônio econômico. Destarte, os movimentos da linguagem textual elevam um fato relevante como condensação significativa, isto é, a qualidade da cultura como direito dos moradores da cidade transformado em verbas e recursos. A qualidade do serviço cultural não se mede por privilégios tradicionais e sim por prioridades pragmáticas. A qualidade do serviço cultural é inerente aos direitos e à condição cidadã da gente de São Paulo e, portanto, não é um valor negociável a priori. É bem-comum. O administrador, além de tudo, é coerente com o projeto instaurado no ato 861.

Cabe uma síntese para a etapa, capaz de configurar a cultura institucional da administração Fábio Prado/Mário de Andrade. Para tanto, é necessário associar os textos trabalhados aos objetivos propostos pelo e para o DCR (*Acto 861/1935*), prevendo-se acúmulo de valores de administração nos documentos subsequentes. Antes, para apoiar essa etapa de trabalho analítico, cabe não faz mal repetir o trecho do documento em que são anotados os grandes fins do DCR.

Fins do Departamento:

> Estimular e desenvolver todas as iniciativas destinadas a favorecer o movimento educacional, artístico e cultural; b) promover e organizar espetáculos de arte e cooperar em um conjunto systematico de medidas, para o desenvolvimento da arte dramática, e, em geral, da musica, do canto, do theatro e do cinema; c) pôr ao alcance de todos, pelos serviços de uma estação rádio-diffusora palestras e cursos populares de organização literária e científica, cursos e conferencias universitárias, sessões literárias e

> artísticas, enfim, tudo o que possa contribuir para o aperfeiçoamento e extensão da cultura; d) crear e organizar bibliotecas públicas, de forma a contribuir efficazmente para a diffusão da cultura em todas as camadas da população; e) organizar, installar e dirigir parques infantis, campos de athletismo, piscinas e estádio da cidade de São Paulo para certames esportivos nacionaes e internacionais; f) fiscalizar todas as instituições recreativas e os divertimentos públicos de caracter permanente ou transitório que forem estabelecidos no município; g) recolher, colleccionar, restaurar e publicar documentos antigos, material e dados históricos e sociaes, que facilitem as pesquizas e estudos sobre a historia da cidade de São Paulo, suas instituições e organizações, em todos os dominios da actividade.
> (*Revista do Arquivo Municipal.* São Paulo: Prefeitura Municipal. Publicação do Departamento do Expediente e do Pessoal, ano I, vol. XII, 1935).

A configuração dessa cultura institucional será necessária para o melhor entendimento da sequência do trabalho de análise, visto que o chamado grupo criador e administrador apresenta suas ênfases desde o início de sua administração. Deste modo, as avaliações e as novas tomadas de decisão tanto marcarão os vários momentos do trabalho comum quanto evidenciarão a dinâmica cultural frente a novos fatos e fenômenos da cidade e do governo.

O debate entre a práxis vivida nos textos de Mário de Andrade e o apoio de textos de teoria e metodologia como em Chartier, Weber, Schein, Orlandi e Smircich leva, em princípio, a apontar os lugares em que essa cultura cria seus sentidos:

A. O grupo criador assume suas responsabilidades ao propor um projeto que exige até um nome novo na estrutura de um governo nascente, o que denota audácia política e uma aposta no futuro breve. Por evidência, o DCR tem lastro de apoio no poder local, que assume inovação na estrutura de serviços. Há uma clara negação (se necessário, a destruição dessas atitudes) dos comportamentos de organizações que se fartaram de recursos públicos, quer aquelas criadas pela jovem indústria cultural, quer as populares e tradicionais, como as entidades carnavalescas. Nenhuma oposição à criação artística e sim aos valores, exigências e discriminação de verbas buscadas pelas organizações em face de nova pragmática, via atividades culturais, recreativas e educacionais da cidade. Tal posicionamento é garantido porque o governante muda o lugar da administração cultural, que passa a estar próximo de si. Aberto esse lugar no primeiro documento, serão muitos os fatos que lhe constituirão o feixe de significados na administração pública paulistana. É indispensável aferir o fato de que a cultura institucional da empresa ou do campo público exige que as marcas estejam associadas a grupo, ou grupos, criador, criadores. No caso, os textos analisados revelam a disposição e seus protagonistas.

B. O grupo se define por uma longa experiência cultural a partir do início dos anos de 1920, cuja chegada à experiência administrativa com Fábio Prado e Armando de Salles Oliveira sugere uma aprendizagem cultivada e a favor de um serviço público fundamentado em pesquisas, com tendência a ações integradas capazes de fortalecer a proposta e revolucionar a rotina administrativa. Mas a revolução desejada e pensada não é um conjunto de atos frenéticos e sim um planejamento pontilhado de conexões internas e externas, vertido em textos competentes para instituir um DCR original, inédito e revelado no *Acto 861*. A revolução espera envolver todo o Brasil, como muitos textos enunciam, por suposto pela manutenção das oposições entre o fazer tradicional e o novo, fundamentado em pesquisas. Para esses intelectuais, a revolução nas rotinas da governança, e não somente do governo, é um projeto que se experimenta, se analisa e se divulga. Um efetivo processo de comunicação social na São Paulo que deixa de ser exclusivamente lugar de chegada ou partida para ser uma comunidade embrionária de direitos, na qual se destaca aquele de ir e vir (fundamentado nos discursos de Mário), o que significa estar na cidade, compô-la. A cidade do chegar é profundamente distinta da cidade do ir e do vir. Numa se incha. Noutra se comunica.

Dentro desse item de cultura institucional caberia discutir a suposta cidadania. É verdade que não há nos textos um debate aprofundado sobre o tema central. Seria prematuro, pois havia muito a conquistar para o assentamento da pessoa e da coletividade cidadã, do cidadão, ao menos em leitura mais rigorosa e posterior à mundialização dos direitos humanos e sociais. Sob governo central autoritário, como é o caso, mais distante ainda da questão. Ali, ainda se encontram os trabalhadores e seus filhos num limiar de possibilidades, entre o viável e a utopia. E porventura a administração contemporânea no Brasil resolveu seus impasses entre cidadania de primeira, de segunda e de terceira classe?

Por isso, este texto não tem qualquer direito a questionar a gestão do DCR e de Prado a propósito da institucionalização da cidadania, pois não há código ou campo estabelecido de significação que pudesse garantir o desiderato.

É necessário observar, também, que aquela administração vive intensa disputa política e, por que não afirmar, por vezes de irredutibilidade de propostas, como ficará evidente a partir do golpe do Estado Novo e consequências para a administração paulista e paulistana.

C. A organização de trabalho proposta nos textos inclui, a cada passo, preocupações de caráter humanizador, relações de trabalho, desejos e necessidades do grupo diretor e seus técnicos. Noutras palavras, há um projeto matricial que liga o DCR ao dirigente do estado local, bem como contínuo diálogo entre ele e servidores em cargo de confiança. Tal projeto tanto institui o modo-de-fazer coletivo quanto cria a *hexis* conhecida. A par disso, disseminam-se nos discursos preocupações com a vida nacional, sua história político-cultural, sua marcante desigualdade social e suas urgências diante da complexidade urbana vivida nos anos de 1930. Um regime excepcional de contratação disposto por Fábio Prado abre para a superação da burocracia já conhecida e experimentada. O novo projeto político tanto confronta quanto propõe nos limites estreitos de três anos. Cria a sua burocracia, como intelectuais comprometidos devem fazer (Weber), e sua criação é um feixe de novos sentidos (Smircich). A cada passo dá-se o debate sobre os recursos e suas aplicações a favor de novas necessidades humanas na cidade-concentração banhada pelos rios Tamanduateí, Tietê e Pinheiros. O grupo criador (que inclui o prefeito e sua concordância fundamental para com o projeto e o serviço público via cultura) procede, homologamente, a um alargamento de ações culturais na medida em que a cidade, que empodera poderes privados, consuetudinários, resiste a garantir direitos aos trabalhadores de viver menos distantes das várzeas dos mananciais, expulsos que foram das regiões encarecidas pelo rolo compressor imobiliário. A luta pelo orçamento também se justifica, visto que as prioridades, desde os primeiros documentos, vão sendo invertidas. O grupo criador não tem dúvidas sobre suas marcas.

D. As relações de poder no interior da estrutura proposta são dissolvidas pelo trabalho intenso, pela força das inovações, pelos focos das gerências próximas à ação e às pessoas, pela inclusão de adolescentes esportistas, pelo conhecimento do universo imigrante, pelas muitas conexões entre cidades paulistas e brasileiras, bem como pela imersão nas culturas populares por meio de muitíssimos narradores da ampla matéria cultural. Do mesmo modo, pela defesa intransigente que sua chefia - no caso o diretor Mário de Andrade - faz junto ao prefeito pelo incremento nos salários, pelo recurso adequado a favor de pesquisas, encontros nos espaços das e dos especialistas em funções da cultura, ações etnográficas, congressos e expansão de serviços esportivos por novos campos e estádios. O poder não somente se dissolve, mas se encarna na média dos distintos trabalhadores do DCR. A essa cultura organizacional pode-se denominar a totalidade dinâmica, ou totalidade em movimento, palavra de ordem usada várias vezes por Mário.

III. A historicidade da administração
o ethos dança ao sabor da música vigente

Em país socialmente desigual e marcado pelos projetos escravista e colonial, a ausência de *outro* discurso administrativo pode ser fatal para o exercício do governo e mesmo para o trabalho analítico.

Ora, visto que a experiência escravista no Brasil foi longe demais, que a exploração europeia exauriu recursos e riquezas e os quadros político-administrativos foram mitigados, o Brasil não geriu com a devida interação os fatores dinâmicos das revoluções industriais europeia e americana, isto é, a intensa urbanização, o rápido crescimento das populações, o desenvolvimento dos sistemas industriais e sua cadeia, o aperfeiçoamento dos meios de transporte e a distribuição de riquezas, entre elas a educação e a cultura.

Tais fatos são compreendidos, antes de tudo, na história da sociologia das organizações, especialmente se comparamos etapas do contexto histórico global do fim e do início dos séculos XIX e XX.

Philippe Bernoux (1985, p. 63) mostra que Frederick Winslow Taylor (1856-1915) se situa como herdeiro do século XIX, marcado pela obra de Augusto Comte, que "queria fazer da política uma ciência positiva e física".[1] Com efeito, em Bernoux tem-se o quadro das relações de trabalho:

> quando o homem mais qualificado para realizar tal trabalho tiver sido devidamente selecionado, quando a ciência do método de realização do trabalho tiver sido desenvolvida, e quando o trabalhador devidamente selecionado tiver sido treinado para trabalhar aplicando este método científico, então os resultados obtidos devem necessariamente ser consideravelmente maiores.[2]

Essa pessoa trabalhadora desenhada em textos ou falas de púlpito e palanque não existia na jovem república brasileira, porque ele ou ela não era um sujeito republicano. Cidadania não era um tema concreto. Ali, o debate entre as elites se realizava em torno das tendências de grupos hegemônicos que deveriam dirigir a República. Nem se trata de atraso temporal, mas sim de prioridades, de inversão de valores nos projetos de administração das coisas públicas. Era o espírito moderno mesclado no interior das práticas pela perspectiva das capitanias hereditárias e do latifúndio.

De fato, as grandes mudanças ficam para depois. Para mostrar o processo de mudança de sistemas de produção (que implicam a política) Gilberto Dupas (1999, p. 53) recorre a Eric Hobsbawm. Cabe citar:

---

1 "voulait faire de la politique une science positive et physique".

2 "quand l´homme le plus qualifié pour accomplir ce genre de travail a été convenablement choisi, quand la science de la méthode d´exécution du travail a été mise au point et quand l'ouvrier convenablement choisi a été entraîné à travailler en appliquant cette méthode scientifique, alors le résultats obtenus doivent nécessairement être considérablement plus grands".

> A industrialização da periferia foi parte de uma revolução social ampla que mudou radicalmente as condições de acumulação em escala mundial. Como observou Hobsbawm (1995) "o período de 1950 a 1975 [...] assistiu à mudança social mais espetacular, rápida, abrangente, profunda e global já registrada na história mundial [...] [Este] é o primeiro período em que o campesinato se tornou uma minoria, não apenas em países industriais desenvolvidos – em vários deles permaneceu muito forte – mas mesmo em países do Terceiro Mundo".

Em momento anterior ao disposto por Dupas, havia grande empenho em discutir o trabalho e o capital na terra recém-saída da escravidão e, portanto, na Primeira República. No entanto, a ênfase residia nas querelas do púlpito e da tribuna, não nas operações organizatórias do sistema produtivo. Tratava-se de um positivismo que servia a uma ciência do discurso, da retórica. A despeito desse quadro, as consequências profundas da longa e multifacetada Revolução Industrial já batiam às nossas portas, isto é, as cidades se tornavam densas e complexas, reclamava-se trabalho nativo e imigrante, eram exigidos investimentos e lugares para alocação das plantas fabris, estabeleciam-se ferrovias e criava-se comunicação em torno das novas ideias de comércio. Joaquim Nabuco, *apud* Caio Prado Junior (1966, p. 79-80) revela novos fundamentos da atividade econômico-administrativa ainda nos tempos da Lei de Supressão do Tráfico, segunda metade do século XIX:

> Os capitais que eram empregados nestas ilícitas transações afluíram à praça, do que resultou uma baixa considerável nos descontos; o dinheiro abundava e uma subida extraordinária teve lugar nos preços das ações de quase todas as companhias.

Prado Junior ainda informa sobre a intensificação da vida comercial e das emissões bancárias, estas centuplicadas em menos de dez anos. Seguem-se as consequências: a primeira estrada de ferro, de Mauá a Fragoso, o início da Estrada de Ferro Pedro II, o telégrafo e as concessões de linhas de navegação. O viés do pesquisador clássico da evolução político-econômica do Brasil coincide com discípulos e sucessores: a partir desse sentido de progresso cria-se uma tendência burguesa progressista (liberal e/ou positivista), que se choca com fortes interesses do passado e, no interior da pugna temporal kafkiana – passado e futuro – que travam, modela-se o Brasil a meio caminho da modernização superadora de atávicas dependências, tendo a maioria das populações como massa de manobra em seus direitos de construção cultural, fenômeno que se dá a contrapelo, isto é, por um intenso e difícil processo de comunicação popular evidenciado pelo cordel, pela literatura folhetinesca, pelos relatos dos brasis desconhecidos, pelos cantos e danças, isto é, pelas interações da oralidade, marcas registradas do Brasil diverso e plural, visto e ouvido em sua melhor literatura.

Mas convém reconhecer que os modelos das hegemonias de contínuo plantão, fundados nas posses, introjetam no espaço social hábitos e modos de vida, organizam a construção intelectual e induzem certos currículos e pedagogias escolares, o que torna o cenário ainda mais problemático.

Mário se empenha no debate desse *ethos* e suas consequências educativo-culturais. Em texto-resposta a Duarte (documento integral noutro capítulo) inicia pelo debate do patrimônio museológico do Brasil e então chega à educação:

> Não entreparemos portanto no sofisma sentimental do ensino primário. Ele é imprescindível, mas são impres-

> cindíveis igualmente os institutos culturais em que a pesquisa vá de mãos dadas com a vulgarização, com a popularização da inteligência. Aliás, tão respeitável e humano como o povo dos campos, é o das cidades. E este, entre nós, em sua maioria sabe ler.
>
> São Paulo entrou ultimamente numa corrida que, por felicidade não é armamentista, é cultural. Agora não pode mais parar, porque seria o fracionamento brusco numa orientação que não é mais uma experiência, é já uma necessidade normal da nossa vida pública. O meu modo de ver é que esta campanha, a lei federal sobre o nosso patrimônio, a lei estadual idêntica que você está preparando, são como a escola primária. Não basta ensinar o analfabeto a ler. É preciso dar-lhe contemporaneamente o alimento em que possa exercer a faculdade nova que adquiriu. Defender o nosso patrimônio histórico e artístico é alfabetização. Não disseminados organismos outros que salientem no povo o valor e a glória do que se defendeu, tudo será letra morta, gozo sentimental e egoístico de uma elite. E a defesa jamais será permanente e eficaz. Entre as "profissões" humanas está o ladrão, está o contrabandista, o vendedor de ferros velhos, o antiquário. E não contar também com a universal estrepidez humana é pura e simplesmente, covardia. Sem o policiamento permanente do povo estaremos sempre à mercê dos vandalismos e extermínios. (*Revista do Arquivo Municipal*, São Paulo, v.38, p. 339-342, 1937.)

Duarte discutiu a falta de sensibilidade para com o patrimônio. Para Mário, que jogava a vida na crença da consciência coletiva e no aprendizado da cultura, não assumiu, aqui e noutros pontos de seus textos, uma atitude museológica restrita a setores escolhidos da população e seus monumentos (analogamente, como fizera com o Carnaval e com as Óperas vendidas por aparelhos culturais terceirizados). Ora, todo o trabalho cultural-recreativo, entendido como pedagogia, educação, se realizava como patrimônio material e imaterial, que nada devia aos mausoléus. Mas Mário tinha exigências em relação à educação cultural. Ele negava a escola centrada nas primeiras letras e suas carteiras enfileiradas. A alfabetização, para ele, era um ato complexo – como vivido em toda a administração – de ações culturais, higiene, brincadeiras, livros, inquéritos, pesquisa, esportes e cadernos. Fora desse campo de significações não se entenderia o pensamento mariodeandradiano. Em consequência, os policiais dos "museus que ensinam", abertos, barulhentos, animados, serão as gentes do povo. Agentes da cultura também são agentes da guarda e do cuidado.

Mário busca provar seus argumentos noutro ponto da carta: O que significam os museus que ensinam? O administrador responde em *Mário de Andrade por Ele mesmo*, de Paulo Duarte (p. 152):

> Os museus municipais devem ter outra constituição que será regulamentada pelos govêrnos centrais. Devem conter de tudo. Devem ser museus arqueológicos, folclóricos, históricos, artísticos e também de ar livre e indústria. Se num edifício central do município se guardam um tronco de escravos, umas cestas trançadas, uns desenhos-cópias de petrogrifos existentes na região, uma cadeira de jacarandá entalhado, uma bandeira da Guerra do Paraguai, um quadro de boa pintura e uma cópia de Fídias, haverá também um jardim com papiris ameríndios, taipas caipiras, pinguelas, porteiras, seriação progressiva de cultivo dos vegetais da região etc. E também não esquecer as indústrias do município.

Este excerto é um dos que Mário Chagas (1999) analisa para manifestar o pensamento de Mário sobre os museus. No entanto, o autor de *Há uma gota de sangue em cada museu* cita a partir do intercâmbio de cartas entre Andrade e Duarte. A rigor, o trabalho do campo administrativo aqui realizado se encontra num plano comum ao dos historiadores, pois é possível assinar, a partir dos documentos aqui apresentados, um texto como o seguinte em Chagas (p. 41):

> Como se pode perceber, o projeto de Mário de Andrade para os museus municipais passa pela valorização do existente: do mais singelo ao mais sofisticado, do popular ao erudito, da cópia ao original, do testemunho natural ao cultural, sem a preocupação de coleções fechadas. A narrativa museológica, nesse caso, deveria surgir do diálogo com a população interessada na constituição dos museus.

Ora, não é isso que se dá entre os dirigentes do DCR e os jovens esportistas, as supervisoras do jardim da infância, os coletores de histórias no campo etnográfico e os usuários dos teatros e cinemas?

Assevera o missivista que esses museus receberão visitas de operários, estudantes, crianças etc., *em dia de trabalho*. Enfim, "visitas vivas, sem conferência de hora, mas acompanhadas de explicador inteligente. Sem isso não haverá museu, mas cemitério (p. 73 da RAM, também em Duarte, 1971, p. 152)".

Citar Chagas continua a ser indispensável, pois o pensamento sobre o museu, entende-se, projeta conexões na totalidade dinâmica daquela administração. Depois de apresentar novo excerto também trabalhado nesta obra, tem-se uma leitura fundamental:

> A dimensão pedagógica – tema também recorrente – que perpassa mesmo a obra literária de Mário de Andrade

> aqui se revela inteira: sem educação e participação popular não há possibilidade de um trabalho preservacionista eficaz, não há sequer sentido para a preservação. A imagem do museu-cemitério-de-objetos é forte e não está longe da realidade de muitos museus brasileiros (p. 43).

Melhor deixar a amplitude das relações para os leitores. O que o autor pode garantir é sua análise e a clareza da nova qualidade da cultura institucional construída sob a direção de Mário de Andrade.

No retorno aos modelos hegemônicos já esboçados, renitentes e resistentes, cabe um texto que também acreditou nos movimentos populares em face daqueles. Eder Sader e Maria Célia Paoli (1986, p. 42), em texto seminal, mostram os lugares em que foram postas as camadas populares brasileiras, o "povo", especialmente a partir do trabalho de Oliveira Viana, Azevedo Amaral e Alberto Torres. Os autores de 1986 resumem aquele pensamento:

> parece-nos essencial destacar alguns traços que perduraram nas figuras construídas das camadas populares: primeiro, a heterogeneidade de sua composição, que impediria qualquer construção ordenada sobre sua identidade como povo único e singular; segundo, o efeito nefasto que esta heterogeneidade provocaria sobre a capacidade de ação política coletiva popular, exigindo uma intervenção de fora que incorporasse e organizasse este povo disperso; terceiro, a falta crônica de aptidão para a coletivização que este sofreria.

Mais um passo e estará flagrante a diversidade entendida como desigualdade.

As conclusões a que chegam Sader e Paoli sobre tal pensamento são necessárias para a reflexão sobre o trabalho de Mário e toda a equipe dirigente do DCR, quer pela devida consideração sobre as pesquisas, inquéritos e enquetes populares feitos entre 1935 e 1938 e que permearam a ação cultural e recreativa com setores do povo paulistano, quer pelo preciso trabalho etnográfico e documental, quer pelo destaque dado ao trabalho educacional e recreativo das gerações, como gostava de dizer Mário, "além da escola".

Mário tinha consciência, em 1936, de uma pedagogia sugerida no século XXI, na qual o equipamento escolar compõe uma ação comunitária inclusiva e ampliada capaz de educar na cidade e para a cidade, como no campo, no mundo ribeirinho, na floresta e no quilombo. Uma pedagogia que mais tarde seria freireana, pois inclui na construção cultural-educativa novos sujeitos aos "círculos de cultura", ou agentes educativos crianças, cozinheiros, especialistas em higiene e saúde, adolescentes esportistas, músicos, técnicos em cinema. Não poderia ser mais translacional, ou transfuncional, inter e transdisciplinar..!

As ações do DCR não iriam nem corroborar pensamentos de setores dominantes da Primeira República, nem repudiá-los de pronto. Sem dúvida, o trabalho cultural, educacional e recreativo que ali se desenvolveu construiu caminho próprio, como cabia a quem já debatera amplamente as realidades paulistanas e paulistas desde os anos de 1920 e que teria então a tarefa de viver desejos, sonhos e necessidades à guisa de normalizar um projeto integrado de cultura, ademais contido no *Acto 861*, de 1935.

Cite-se o excerto de Sader e Paoli:

> Esta tentativa fantástica de apagar a diversidade interna decorrente de diversas experiências vindas dos grupos sociais no espaço social brasileiro – experiências diversas de dominação, de práticas culturais e de processos de trabalho – em nome de uma homogeneidade que se torna, no pensamento, pré-condição para a participação social e política desses grupos, iria se solidificar como questão básica do "problema" das classes populares depois da intervenção do Estado getulista (p. 46).

O grupo de intelectuais com que se trabalha aqui não acumula somente um debate sobre cultura *stricto sensu,* pois há um caldo de discussão sobre a educação da gente brasileira que interessará em muito ao acúmulo que ele carrega para o DCR. Por exemplo, a compreensão de Brasil, de cultura e de educação que se faz viva e candente no *Manifesto dos Pioneiros da Educação Nova,* de 1932.[3] Sobre o tema da construção de currículos de estudo para os jovens, o manifesto precisa, antes, afirmar:

> Se não ha paiz "onde a opinião se divide em maior numero de cores, e se não se encontra teoria que entre nós não tenha adeptos" segundo observou Alberto Torres, princípios e idéias não passam, entre nós, de "bandeira de discussão, ornato de polêmica ou simples meio de exito pessoal (p. 409/3)

3 Assinado por educadores e intelectuais como Anísio Teixeira, Fernando de Azevedo, Cecília Meirelles, Roquette Pinto, Júlio de Mesquita Filho, Noemy Silveira, Afrânio Peixoto e Almeida Júnior, o manifesto foi publicado em seu original na Revista Brasileira de Estudos Pedagógicos, Inep, volume 65 de 1984, 407-425.

Aqui, Alberto Torres é tomado para acúmulo dos pioneiros. Adiante, afirma o valor da escola única, com equidade e, ato contínuo, laica, coeducadora de meninos e meninas, gratuita e obrigatória. Nega as formas de nacionalismo que afastam a escola das mudanças e inovações e se aproxima de um projeto de organização das atividades escolares na escola nova:

> A escola que tem sido um apparelho formal e rijido, sem differenciação regional, inteiramente desintegrado em relação ao meio social, passará a ser um organismo vivo, com uma estrutura social, organizada á maneira de uma comunidade palpitante pelas soluções de seus problemas. Mas se a escola deve ser uma communidade em miniatura e se em toda communidade as atividades manuaes, motoras e constructoras constituem as funções predominantes da vida, é natural que ella inicie os alunos nessas atividades, pondo-os em contato com o ambiente e com a vida ativa que os rodeia, para que elles possam desta forma possuil-a, aprecial-a e sentil-a de acôrdo com as aptidões e possibilidades (p. 416).

As disposições dos pioneiros da educação, conforme se depreende do texto, seria aceito e assumido pelas escolas de elite das grandes cidades do mundo, hoje. De fato, iniciar os alunos pela ação manual, motora e construtora em direção às aptidões e possibilidades da vida ativa e suas consequências sobre razão e emoção é o fulcro da ampla propaganda dessas escolas, inexoravelmente privadas e de alto custo. Por comparação, as escolas públicas, no caso brasileiras, tiveram ampla expansão nas últimas décadas, mas ao custo da imposição curricular, das provas massivas, do discurso autoritário e punitivo, além da falta de condições materiais para o conforto e o exercício da inteligência das novas gerações. Ora, nessa marcha, a educação, campo de significações da cultura, que aquela encaminha como ação sistemática entre gerações, perde razões de ser. Ainda é neste ponto em que nos encontramos, já caminhantes há bom tempo pelo século XXI. Daí as ações indispensáveis de ir "além da escola" para dar-lhe um valor novo, o de comunidade educadora, que forma e encaminha para a cidadania.

Outro trecho a destacar faria Mário merecer presença entre os que assinaram o manifesto dos pioneiros da educação de 1932 e dos muitos projetos de alfabetização nascidos no calor da hora da redemocratização brasileira, entre a CF 1988 e a LDB/1996:

> Não basta ensinar o analfabeto a ler. É preciso dar-lhe contemporâneamente o elemento em que possa exercer a faculdade nova que adquiriu. Defender o nosso patrimônio histórico e artístico é alfabetização. Não disseminados organismos outros que salientem no povo o valor e a glória do que se defendeu, tudo será letra morta, gôzo sentimental e egoístico de uma elite (p. 154).

A reflexão pungente sobre a educação faz considerar que o valor atribuído por Mário à cultura imaterial também nasce de seu projeto educacional (para muito além do gozo egoístico das elites), visto que o patrimônio maior de um povo é sua alfabetização; em consequência, fica claro o modo como foi feita a qualificação para o serviço público e a força da ação comunicacional disposta no aparelho estatal da cultura.

Tratava-se, pois, de uma consciência anteriormente trabalhada nas madrugadas da amizade intelectual, a qual mobilizava o longo aprendizado modernista a favor de ações concretas para o bem-comum. Noutras palavras, estamos diante de um núcleo de práxis que conheceu e viveu a cultura e que pensou o local e o nacional. Para tanto, vale-se do trabalho solidário de pesquisadores de ciência, educação e humanidades e faz dos estudos étnicos, da organização do sistema administrativo, do conhecimento das concentrações urbanas, dos processos tecnológicos disponíveis, das necessidades educacionais e dos recursos humanos no campo maior dos saberes culturais a real oportunidade de conhecimento novo e ruptura com o conhecimento anterior do governo da cidade. Por isso, ato contínuo aos *actos legais* de Fábio da Silva Prado, o grupo diretor vai em direção aos novos sujeitos culturais, aos patrimônios que, a despeito de sua pobreza econômico-financeira, são detentores de saberes antes obliterados e invisíveis. Imediatamente, o acúmulo é transformado em riqueza comunitária. Daí o acúmulo de matéria erudita e matéria popular, conforme já registrado na análise do projeto comemorativo do DCR.

O dirigente maior do projeto tinha sonhos plenamente exequíveis, que funcionavam preferencialmente na brevidade, a qual construía seu corpo e seu texto, a um só tempo vivo e realizador e morto e esquartejado pela política da Pauliceia; às vezes ele mesmo se escondia atrás dos sonhos inéditos e viáveis pela crítica a si mesmo e a reclamação de amigos, como se depreende das missivas.

Destarte, tem-se que a cultura, como pensada nos debates daquele grupo "da Avenida São João" e outros lugares da São Paulo em expansão, guarda significativa relação com essa leitura dos pioneiros da educação nova. Prova disso é o entendimento claro do diretor Mário sobre a educatividade que envolve e excede a escola; mais que isso, ele também entende de modo contemporâneo a divisão das instâncias de governo e seus papéis na ação educadora. Às páginas 216-219 da obra de Calil e Penteado tem-se um documento dos arquivos da Secretaria Municipal de Cultura escrito em 13 de novembro de 1935. Nele o diretor do DCR, certamente instigado por pedidos de subvenção, tão comuns antes como hoje, discute as atribuições do município de São Paulo para com a educação das crianças e jovens, que ele denomina "escolas de caráter didático", isto é, o trabalho escolar pautado por currículos impostos a serem obedecidos. Ele argumenta que o município não deve, nos termos das leis e, de acordo com seus orçamentos, subvencionar as escolas sob responsabilidade do Estado de São Paulo, mas ligar-se a elas por meio de toda uma dimensão de formação educacional pela cultura, a qual, dedicada à juventude paulistana, inclui necessariamente os escolares. Pensada, pois, a educação como valor intrínseco à cultura, algumas ações do que um currículo integral chamaria Parte Diversificada do Currículo da Educação Básica caberia ao município, para além do que hoje se denomina Base Comum Curricular, notadamente em uma administração que conhecia o mundo dos operários, a realidade dos bairros, o vazio cultural e as necessidades das famílias. Os argumentos trabalhados pelo diretor se movem entre "o feijão e o sonho" nas práticas da administração municipal. Vale citar seu instigante texto:

> A municipalidade de Franca criou há pouco uma Biblioteca Municipal, no que é digna de todo louvor. Mas seria certamente pelo menos apressada si tivesse criado ao mesmo tempo uma Brasiliana especializada. A municipalidade de Araraquara está em comunicação com este departamento, para montar o seu primeiro parque infantil, mas seria incontestavelmente sonhadora si tentasse com os elementos daquela cidade subvencionar uma orquestra sinfonica (p. 216).

Mário, conhecido estimulador das ações cultural-educativas nas cidades e missivista de muitos contatos com administradores de municípios paulistas e brasileiros, no entanto argumentou pela segurança administrativa e saúde orçamentária. Na sequência do seu texto ao prefeito Fábio da Silva Prado, ele esclarece o que a governança municipal deve fazer pela ampliação do trabalho educativo junto aos jovens:

> Ás municipalidades deverá caber mais particularmente os sistemas de cultura geral, não especificamente didáticos, mas que concorrem a facilitar, alargar e aprofundar a educação *totalizada*[4] de sua gente, Os esportes, a socialização da criança, a higiene mental, as bibliotecas, as artes, a observação das tradições etc, são outras tantas obras de natureza cultural, embora não especificamente didáticas, com que as municipalidades devem ajudar na educação do brasileiro. Si tal interpretação é pessoal, desta diretoria, nem por isso deixa de ser logica e baseada no espírito de toda a ação dos governos Federal e Estadual (p. 217).

O líder da instituição administrativa no estado local, antes de toda uma legislação normatizadora das instâncias de poder e seu papel educacional, viu o que muito depois se denominou *regime de colaboração* entre as instâncias governamentais federal, estaduais, os arranjos regionais e o municipal na manutenção do sistema educacional do país. Arriscou uma interpretação

---

4 Grifo do diretor do DCR. Na sequência desta obra duas grandes categorias de pensamento se destacam, a ideia de totalidade e seu processo de comunicação. Mário quer construir uma totalidade e o móvel de sua insistência e de seus argumentos inovadores se realiza em atos recorrentes e persistentes de comunicação. Comunicação em Mário é pulsão de vida, na qual poética e intercâmbio de correspondência trançam os elos.

pessoal, mas lógica e com alguma legalidade, pois lhe pareceu absurdo que a municipalidade tanto subvencionasse quanto fiscalizasse a escola sob poder do Estado de São Paulo, fenômeno a que Mário dá o nome de "duplicidade de proteção" (p. 218). Nessa direção, ele tanto elabora uma teoria cultural-educativa do serviço público quanto questiona o sistema de arrecadação de tributos e sua mais justa destinação. Enfim, abre os olhos da escola para a imanência da educação como cultura e suas enormes contribuições para a construção e o enriquecimento do currículo integral de estudos e pesquisas entre crianças, adolescentes e jovens da escola e da cidade.

Siga-se com o quadro de referências histórico-culturais do tempo, que também ajuda a compreender a administração paulistana.

Ocorre que a crispação prolongada dos esforços de mudança no interior da imposição de hegemonias, quer no país, quer em São Paulo, cuidou de estabelecer as conhecidas dicotomias brasileiras: clientelismo/emancipação, oralidade/escritura, imposição/resistência, elite/povo, jeitinho/exploração, políticas/favores, discriminação/equidade. No entanto, como bem conhecido na história cultural do Brasil, tempos sombrios não obliteram brechas para a ação transformadora, ainda que temporárias ou efêmeras.

O quadro econômico-cultural brasileiro no tempo entreguerras, portanto no interior do primeiro processo de industrialização, exige melhor compreensão. O valor do trabalho, as formas ideais de remuneração, os padrões de produção e seus acúmulos, os modos de cooperação administrativa e o próprio valor das especializações exigidas pelas novas relações de trabalho seriam temas possíveis nos eixos densamente urbanos da costa brasileira, mas fora do quadro obsessivo do elitismo e sua luta de hegemonias intestinas. Ao contrário, nas tribunas brasileiras, e não nos parques fabris, os seguidores de Augusto Comte discutiam (CRUZ COSTA, 1967, p. 237 e seguintes) a viabilidade do salário, o descanso dominical (relativo à religião dos trabalhadores), as férias anuais de 15 dias, a aposentadoria aos 63 anos (63, bem atual!!), o trabalho juvenil somente após os 14 anos etc. A Ciência Positiva tinha, evidentemente, arautos avançados, como se vê das propostas, mas nenhuma reflexão sobre as mediações entre a brutalidade colonial-escravista e um suposto regime efetivamente republicano. Faltavam as passagens e diálogos entre as realidades do momento negado e do projeto a conquistar, entreabertos no manifesto dos educadores de 1932 nas conhecidas revoltas de setores da sociedade, e em muito das atitudes culturais modernistas de que aqui se trata. Faltava um sentido humanizador e esclarecido de administração a implementar no Estado pretensamente moderno. Faltava o indispensável para o exercício político dos governos: a descoberta dos valores das culturas locais e regionais, formadoras de uma pretensa nação.

No entanto, o universo paulista e paulistano não era vazio. Edward Lopes (2004, p. 38-39) mostra o próprio Mário a concentrar-se no acúmulo estético desde o alvorecer do movimento modernista. A análise de suas crônicas revela os incômodos do "sofisticado observador" diante da cidade cosmopolita e, especialmente, o que se realiza de "brasileiro" nas misturas ecléticas da pauliceia que o comove.

> Quero crer que São Paulo será o berço duma fórmula de arte brasileira porque é bom acreditar em alguma cousa. Não sou crítico nem filósofo, sou cronista. Ah! Deixem-me sonhar. Deixem-me crer que, embora perturbado pela

> diversidade das raças que nele avultam, pela facilidade de comunicação com os outros povos, pela vontade de ser atual, europeu e futurista, o meu estado vai dar um estilo arquitetônico ao meu Brasil. Ah! deixem-me sonhar!...

Os sonhos de Mário têm razão de ser. Sua cidade oferece um panorama de geografia humana distinto dos modos de criação e desenvolvimento de outras cidades brasileiras, especialmente depois de vencida a barreira do maciço que se levanta diante dela na direção do mar. O maciço e seus arredores significaram água e energia. Significaram imigração e sistemas de produção e distribuição. Significaram crescimento. Seguindo Caio Prado Junior (1966, p. 129-136) em 1949 a cidade contava com 955.173 brasileiros e 371.088 estrangeiros. Portanto, perto disso é o universo da gente concentrada na metrópole em movimento, comoção cosmopolita de Mário e seus colegas de trabalho em 1935-1938. O IBGE informa para 1940 1.326.261 habitantes em 41 distritos. Prado Junior, depois de demonstrar a fixação do centro paulistano e as extensões, aduz que os operários adquiriram terrenos e construíram suas casinhas e vilas nos bairros afastados e que podem ser sinalizados, à guisa de exemplo, pelos eixos da Avenida Guilherme Cotching, Avenida Santa Marina, Rua Voluntários da Pátria, Estrada do Limão e várzeas próximas às estradas de ferro. Enfim, após salientar que a concentração humana em São Paulo exige continuamente estudos e explicações, o autor de *Evolução Política do Brasil* conclui que as transformações de São Paulo "dizem respeito à própria estrutura orgânica do país, pois elas trazem um tom de vida completamente novo, que o Brasil não conheceu ainda no passado e desconhece ainda na maior parte do seu território" (p. 136).

Buscava-se, pois, tornar comum (comunicar) que povo era esse e como o intelectual buscava entendê-lo no interior de sua metrópole em ascensão, o que caracteriza uma das linhas mestras deste estudo, isto é, o desdobramento modernista concebido e concretizado como administração pública qualificada. Essa não poderia dar-se fora do conhecimento concreto dos desejos e necessidades dessa gente. No entanto, o contexto político se movia para a constituição do espírito centralizador do Estado. A despeito disso, considerando (como diria Comte) que "os mortos governam os vivos", (*apud* BOSI, 1992, p. 294 e seguintes) o país é dirigido por um modelo autoritário presente durante mais da metade do século XX, certamente imbuído de simulação retórica a favor do valor do trabalho, da força da materialidade cultural e da dignidade dos pobres. Simulação retórica que não deixava de ser construção social, pois os discursos não andam por aí, à toa, na sociedade. Graciliano Ramos e Candido Portinari, entre outros e outras, incumbiam-se de produzir discursos muito distintos, mostras do contrário, como Euclides da Cunha já fizera antes. De fato, o arroubo discursivo que negava os interesses do industrialismo e sua avidez de lucros terminou, vezeiro, cúmplice e colaborador, sem a garantia dos direitos concretos e cotidianos das maiorias, o que também dificultou continuamente a expansão de mercados e a melhor capacitação dos cidadãos para o exercício desses direitos. Um exemplo de monta é a formulação da educação humanística para os mais ricos e do ensino profissional para os mais pobres, modelo que perpassou o século XX e ainda é um fantasma, ou uma sombra, das gestões contemporâneas.

Um texto pouco conhecido de Celso Furtado (1984, p. 12-19) reafirma o sentido do projeto econômico e político da construção do Brasil a partir da cultura. Organizado em sete teses, a de número três se situa no campo deste estudo e mostra que a formação étnico-social do território nacional e suas subdivisões apontam para grandes grupos sociais submetidos, como exemplo os indígenas e africanos e sua descendência. Aí residiu a força das matrizes tecnológicas e culturais da Europa, a par do trabalho deliberado em fracionar, romper e fragmentar as relações culturais e o aprendizado escolar das maiorias. O que significa negar o direito a conquistar e, de algum modo, gerir o conhecimento. As instituições, os sistemas industriais, as cidades e demais organizações tendem a reproduzir essa matriz comportamental, mitigadora de direitos.

Furtado (p. 14) ajuda a pensar os anos de 1930 quando metaforiza:

> A nova mansão construída na euforia da industrialização e da urbanização exibe gretas em todas as suas paredes. Já a ninguém escapa que nossa industrialização tardia foi conduzida no quadro de um desenvolvimento imitativo, que reforçou tendências atávicas de nossa sociedade ao elitismo e à opressão social.

Por suposto, todo esse acúmulo político se concretiza em administração pública similar, fracionada, partidária, clientelista, preconceituosa e de prioridades invertidas, portanto contra operários, trabalhadores do eito, crianças e jovens talentosos, mas abandonados. Para Furtado, a superação dos equívocos e impasses postos "no fundo da crise brasileira" exigirá "abrir espaço à realização das potencialidades de nossa cultura" (p. 15).

Entende-se, pois, que nem depois de vinte anos do novo século as cidades brasileiras sequer minimamente sustentáveis chegam a ser. Pior ainda: o fenômeno continua avançando no século XXI, notadamente quando se depara com uma pandemia e a crise ecológico-ambiental.

Cabe, antes de dar sequência ao histórico/contexto paulista e brasileiro, referência para a administração paulistana, mostrar uma das respostas de Mário, precipuamente como administrador, aos dilemas apontados por Furtado e pela base histórica desenvolvida nesta obra.

No dia do aniversário de São Paulo ele cria o seu contexto para o que acontece em São Paulo à guisa de serviço ao público.

DIA DE SÃO PAULO

(Discurso de Mario de Andrade, irradiado na Hora do Brasil, dia 25 de janeiro último. O Departamento Municipal de Cultura foi incumbido da Hora do Brasil, comemorativa do dia da fundação de S. Paulo. A irradiação, alem do discurso do governador da Cidade que demos atrás e do que segue, constou de musicas brasileiras executadas pelo pianista João de Souza Lima, pelo violinista Anselmo Zlatopolsky e pelo Trio São Paulo: Souza Lima — Zlatopolsky — Calixto Corazza, todos, artistas do Departamento Municipal de Cultura.)

Não sem justiça foi dada á mais jovem das instituições culturais paulistanas, a glória de celebrar nesta Hora do Brasil, o aniversario duma cidade que vai pelos seus quatrocentos anos de existência. São Paulo é uma cidade velhissima, porém que idade poderá dar-se a ela?. . Apesar do seu magnífico passado, São Paulo poderá dizer-se apenas recemnascida.

Corpo de feição violentamente americana, São Paulo viveu quasi sempre do seu presente, porque até êste século foi da própria essência do destino americano viver o minuto que passava. Nisto Manáos, Boston, Santiago e Buenos Aires se equiparavam. Não foi propriamente um engano, uma «ilusão americana» essa falta de paciência moral que designou para destino das cidades da America o viver exclusivo do presente. Foi antes uma necessidade violenta de termos chegado tarde por demais numa civilização já feita. E disso veio o enorme desequilibrio.

O que é a cidade de São Paulo? Quem é São Paulo de Piratininga?. Não existe propriamente uma São Paulo, são várias as cidades de emergência que aqui existiram á beira do Anhangabaú. Realmente o vilejo do jesuita nada

272 REVISTA DO ARQUIVO MUNICIPAL

tem que o relacione ao centro que cingiu o mundo no comércio do café. Nada tem que ver a garoenta cidade jurídica com o centro de irradiação aventureira que foi buscar no sertão, indio e esmeralda. Nada tem que ver finalmente a histórica cidade da independência, com a chaminezona de agora, dependente, industrial, internacional, onde o autoctonismo será simples soberbia desocupada.

A' medida que as exigências dum presente novo se firmavam, surgia uma diversa civilidade paulistana que se deixava empolgar por uma nova razão-de-ser e só dela cuidava. E assim, quem queira ter um panorama histórico de São Paulo, não conseguirá mais que um rosário de cidades successivas que no correr do tempo vieram pousar no mesmo bebedouro do Anhangabaú. Americanamente, São Paulo sempre foi uma cidade incompleta, desprovida daquele totalismo civil, que torna os grandes centros da civilização europea, conglomerados polimorfos, donde irradia e para os quais chega sempre, não tal ou qual manifestação especializada da atividade humana, mas o homem em toda a sua inenarravel grandeza.

Constantemente na America, a psicologia dos caminhos demonstra bem nossas desharmonias. São frequentes entre nós, as cidades cujos caminhos parecem apenas partir, ao passo que em outras os caminhos parecem apenas chegar...

No princípio da vida paulistana, os caminhos que subiam a serra, **partiam** de São Vicente e **chegavam** a Piratininga. Nesse princípio os caminhos apenas chegavam. Em breve porém, para oeste, para o norte e para o sul, delinearam-se caminhos novos, e êstes partiam, buscando indios, ouro e sertão. Várias vezes porém êstes mesmos caminhos mudaram de movimento. No surto do café eram os caminhos de serra acima que chegavam trazendo o grão sêco, ao passo que os caminhos de leste desceram buscando o mar do mundo. Um desequilibrio improvisado no presente, tornava assim os caminhos desprovidos da sua mais humana finalidade, o intercâmbio, a troca, a generosidade do ir e vir.

Hoje, aniversariante, com os ouvidos do Brasil á escuta da sua voz, São Paulo escolhe o mais jovem dos seus organismos culturais para anunciar á sua terra natal que êsse desequilibrio está acabando e que isto se dará pelo completamento de cultura do espírito. Agora São Paulo não é mais um mercado comercial predominante como foi um dia, não é mais um reduto de independências nacionais como

RADIO ESCOLA 273

noutros avatares de seu destino, não é mais uma fonte de advogados apenas, nem um parque industrial apenas, nem muito menos dormita saudosistamente embevecida pela função histórica das bandeiras do passado. São Paulo é sempre uma fonte sim, porém livre de especializações de emergência, fonte, fonte grande apenas, fonte total que pretende ser uma das reservas mais totalizadas do país.

Disseram-na fria e feia um dia, e São Paulo era feia encafuada nos seus grotões. Mas São Paulo quer-se bonita e higiênica para que o viajante não venha mais encontrar nela, apenas sapo, gripe e solidão. Os grotões transformaram-se em jardins cortados a meio pelas avenidas e pela sombra dos viadutos. Não ha mais sapo. Nos jardins encontrareis recintos fechados com instrutoras, dentistas, educadoras sanitárias dentro. São os parques infantis onde as crianças proletarias se socializam aprendendo nos brinquedos o cooperativismo e a conciencia do homem social. Montado no Anhangabaú verieis um teatro luxuoso que vivia fechado. Mas agora o edificio vibra de vida o dia inteiro. São corais, orquestras, trios, quartetos, são escultores no porão e cenografos do sotão enorme. As tradições ressurgem e os costumes do passado. São crianças tartamudeando em torno duma Nau Catarineta de vime, as melodias que seus pais esqueceram, e nos vieram de novo da Paraíba, do Rio Grande do Norte e do Ceará. Mais além uma Discoteca ensaia suas primeiras gravações verdadeiramente científicas do nosso canto popular, funda seu gabinete de fonética experimental, enquanto á sombra dos arquivos uma atividade renovada restaura, traduz, publica manuscritos preciosos. Feito um polvo, as pesquisas sociais tudo abarcam com uma audácia incomparavel que permitirá muito breve á cidade conhecer-se em todas as suas condições, tendências e defeitos. Doutro lado uma biblioteca brasileira se especializa, na pretensão ambiciosa de tudo saber sobre o Brasil, enquanto as bibliotecas circulantes, as bibliotecas populares dão o rebate da leitura, levando o livro á casa dos homens sem vontade ou experiência, solicitando a colaboração do povo em jornais murais, dando a pena, a tinta, o conselheiro a quem queira escrever. Aqui uma Radio Escola se funda, além uma biblioteca infantil, mais distante um teatro dramático, e os campos de atletismo e as piscinas publicas.

Todas estas iniciativas não poderão pretender jamais a uma gloriola no presente, sinão uma fecundidade futura. Tudo é novo, e muito está apenas nascendo. São Paulo é

274 REVISTA DO ARQUIVO MUNICIPAL

uma cidade dum dia, mas já agora os seus caminhos conjuntamente vão e vêm. O Departamento de Cultura que tudo isto já está fazendo, com toda a sua autonomia municipal, cresce e quer crescer como a flôr, como o perfume irradiante doutra criação mais básica, a Universidade de São Paulo. E, sendo municipal, o Departamento de Cultura cresce e quer crescer, esculpido na fôrma do Brasil. Já emissários seus internam-se por Mato Grosso, em busca de conhecimentos ignorados. Já do Rio lhe chegam decoradores e sambistas para as festas de Carnaval. Já do Recife lhe vêm receitas, melodias e instrumentos, de Minas e da Baía especialistas, ao mesmo tempo que da sua atividade partem para divulgação no mundo, a pedido do Ministerio do Exterior, estudos especializados sobre o Brasil.

A grande cidade, até hoje indestinada em seus tão diferentes destinos, está por fim conciente da sua maravilhosa predestinação. Estuante de vida sempre, mas já agora dotada daquela lentidão essencial que desdenha o egoismo do presente e arma um futuro que a ninguem pertence, São Paulo de Piratininga, a mais primorosa criatura dos Paulistas, renascida e festiva, glorifica o Brasil na volúpia de ser dele uma das fôrças mais perfeitas e uma das fontes mais fecundas.

Revista do Arquivo Municipal, número 19, 1937

Não convém parafrasear Mário, mas também não inventar textos para ele que não os disponíveis. Pior seria negá-lo pela exiguidade do tempo. A leitura de uma administração não é a leitura da história do Brasil. Somente uma dimensão comprometida dela.

O texto comemorativo em tela se realiza em torno da ideia dos avatares, representações tempo-espaciais de São Paulo. Mas também do avatar do seu eu poético, que já se representara, em *Remate dos Males,* como trezentos, trezentos e cinquenta. Segue que, segundo os documentos aqui trabalhados, ele já se tornara um "departamento de cultura", indissociável. Ora, no poema já se anunciara a superação dos avatares, pois "(Mas) um dia afinal eu toparei comigo". Os avatares pensados pelo diretor de cultura são sempre plurais, o que cria uma sequência incômoda. No texto, as muitas designações de São Paulo em sua passagem pelos vários ciclos econômicos, os quais, no entanto, não lhe trouxeram o crescimento principal, o da cultura, uma cultura de Piratininga. O resumo dessa sucessão histórica da pauliceia foi a busca do sertão, do índio e do ouro. Daí que a sequência dos avatares tem um momento necessário, o surgimento dos termos adversativos, o mas e o porém. Tais recorrências, vistas noutros textos analisados, retornam para superar a representação pelo fenômeno fático: o Departamento de Cultura e Recreação é escolhido para fazer o discurso comemorativo da cidade.

Está dado que as conexões textuais preferidas são as do acúmulo de avatares, inúteis e inócuos para o que interessa ao conferencista, e que são brecados pelo *novo:* substitui-se o modo-de-fazer a cidade de Piratininga instantâneo, de mão única, de chegadas e partidas sem acúmulo ("as cidades sucessivas"), pela determinação de nova cultura do espírito. Então, à página 273 tem-se o que São Paulo não é mais: "uma fonte de advogados apenas, nem um parque industrial apenas, nem muito menos dormita saudosisticamente embevecida pela função histórica das bandeiras do passado" (p. 273). Conclui-se ali o campo semântico dos avatares e principia o campo da fonte qualificada: São Paulo é fonte total (p. 273). Retorna o campo de significações de alta recorrência, que é o da totalidade. E São Paulo caminha, por meio da nova cultura do espírito, para sua "maravilhosa predestinação" (p. 274).

São Paulo tem até um laboratório de fonética para aprofundar o estudo da fonética e da fonologia! Imagine-se o que significam tantas coisas novas que formam a nova São Paulo nas páginas 274 e 275. De fato, a totalidade. Esta também significa em Mário a felicidade. A totalidade vivida constrói a condição de ser e estar feliz. Especialmente quando a totalidade se move...

A finalização não é extraordinária, pensados os outros textos, mas ganha reforço em dois eixos, o metafórico e o metonímico quase a um só tempo. Esse São Paulo-fonte, São Paulo-totalidade, via cultura, também comemora uma nova flor (de "perfume irradiante"), a Universidade de São Paulo (1934), e se realiza, no seu todo, como município que se esculpe na "fôrma do Brasil".[5] E por quê? Por obra das novas conexões paulistas e brasileiras (vimos que também internacionais) do DCR, que se realizam nas missões artísticas, científicas e técnicas, nos encontros, nas visitas, nos intercâmbios de materiais e procedimentos, na pesquisa e nos inquéritos.

Entende-se, com mais clareza, o projeto político de Fábio Prado e Armando de Salles Oliveira, que *falam* nos textos do seu diretor de cultura. Propõem novo rumo histórico ao país enredado em múltiplas teias de duvidosa significação. Ou melhor, do atraso.

Segue-se o quadro histórico, que se realizou, no universo da profusão de avatares, independentemente das ilhas de consciência, resistência e realizações inovadoras.

Se fora possível um movimento sociopolítico não dominador, imitativo e autoritário nos anos de 1930, o processo cultural brasileiro teria implementado a transversalidade, isto é, um olhar penetrante, de conjunto a partir das bases étnicas, de gêne-

5 Patrícia Raffaini dá a seu livro-dissertação sobre o período o nome derivado: Esculpindo a cultura na forma Brasil. O Departamento de Cultura de São Paulo, (1935-1938). São Paulo: Humanitas FFLCH, 2001.

ro e de acessibilidade aos bens construídos, o que se constituiria condição de ação cultural em processo de universalização de direitos e oportunidades. À luz do pensamento de Furtado, é possível acreditar que a administração pública de Mário de Andrade é cabeça-de-ponte desse projeto, portanto da intenção de *virada*, na qual as fontes culturais populares renascidas e revigoradas movem as forças políticas de mudança.

Ao contrário, nos termos de Furtado, grassaram soberanamente o autoritarismo complacente e suas contrapartes, os mal chamados jeitinhos e jeitões sociais, especialmente nos cargos públicos. De fato, como já se mostrou na crítica da cultura brasileira, o jeitinho disfarça as políticas do mando e do favor, sua origem, mas não a sua justificativa. O jeitinho e o discurso sobre o jeitinho são acomodações da retórica e da ação para não enfrentar o pior que de fato ocorreu na história que vem da Colônia à República. O jeitinho sempre escondeu – revelando de algum modo – o sistema de violências e corrupções, como mostraram Roberto Schwarz e Francisco de Oliveira.[6]

O tempo getulista, no qual Mário de Andrade é administrador, é sequencial ao Modernismo; melhor, seu segundo

6 Em "Jeitinho e Jeitão, uma tentativa de interpretação do caráter brasileiro", revista Piauí, outubro de 2012, Francisco de Oliveira considera os jeitinhos e os jeitões "uma das maiores marcas do moderno atraso brasileiro". Livia Barbosa dedicou uma tese ao tema, orientada por Schwarz, o qual ajudou em muito a compreender pontos problemáticos da história cultural brasileira com seus estudos sobre as ideias fora do lugar e Machado de Assis. Antonio Candido, com seu seminal "Dialética da Malandragem", já abrira um caminho, como reconheceu Schwarz em várias entrevistas. Citar o fenômeno, aqui, não implica qualquer interesse em estudar o assunto outra vez, já tão bem feito, mas somente revelar que ele se encontra em toda parte de nosso legado histórico-cultural, que não é tema deste livro.

momento. Cabe, pois, pensar no quadro histórico entre 1920 e 1945. Ora, o Modernismo foi uma ruptura epistemológica no interior da cultura brasileira, pois superou a ambiguidade entre a superioridade europeia e o atraso da nação subtropical. Mas conviveu com as não-poucas contradições. A pesquisa folclórica, a descoberta das linguagens e a certeza da diversidade étnico-cultural buscam ir além dos constrangimentos e do maneirismo das nossas mestiçagens. De Policarpo Quaresma (ainda pré-modernista) a Macunaíma, Tarsila, Portinari e à obra de Oswald de Andrade ou dos criadores nordestinos o que se lê e se vê é que as antigas deficiências (imputadas pelas elites ao povo) podem ser, por vezes, virtudes, potenciais capacidades e valores de uma sociedade diversa, capaz de inovar no campo da coisa pública. Candido (1976, p. 120) esclarece:

> O mulato e o negro são definitivamente incorporados como temas de estudo, inspiração e exemplo. O primitivismo é agora fonte de beleza e não mais impecilho à elaboração da cultura. Isso, na literatura, na pintura, na música, nas ciências do homem.

A despeito da inspiração formal e temática que o Modernismo brasileiro encontra na Europa, a se considerar a leitura radical que Henri Lefebvre (1969) realiza sobre o movimento, o que se apura em São Paulo e certas partes do país é muito diverso. O testemunho de Candido contrasta com o destaque que o autor de *Introdução à Modernidade* dá ao esnobismo dos participantes do movimento. Para ele, tal movimento é uma espécie de ato terrorista, no qual:

> Trata-se sempre de se colocar na ponta, não do combate ou da "criação", mas do espetáculo: assistir a tôdas as

> estreias. [...] ele não tem nada de uma consciência verdadeira [...] Nesta consciência misturam-se ampliação, justificação, ilusão mistificadora. [...] Projeções incertas e imagens flutuantes (p. 217-218).

Candido (1976) não está desarmado de um pensamento dialético, assumido como pedra-de-toque por Lefebvre, pois reconhece no fazer literário do Modernismo alguns desses fenômenos, mas vê o que ele significou para o encontro dos intelectuais com o país real e para fazer do corpus literário uma ponte para o conhecimento da sociedade e a busca de transformá-la. Um momento decisivo de seu pensamento exige citação:

> O Modernismo representa um esforço brusco e feliz de reajustamento da cultura às condições sociais e ideológicas, que vinham, desde o fim da Monarquia, em lenta mudança, acelerada pelas fissuras que a Primeira Guerra Mundial abriu também aqui na estrutura social, econômica e política. A força do Modernismo reside na largueza com que se propôs a encarnar a nova situação, facilitando o desenvolvimento até então embrionário da sociologia, da história social, da etnografia, do folclore, da teoria educacional, da teoria política. Não é preciso lembrar a sincronia dos acontecimentos literários, políticos, educacionais, artísticos, para sugerir o poderoso impacto que os anos de 1920-1935 representam na sociedade e na ideologia do passado (p. 133-134).

O excerto compõe a média do pensamento dos estudiosos do período, pois Arruda (1997, p. 3) trilha o mesmo caminho ao mostrar em seu texto, com o apoio de Morse, que

> os modernistas de 1922 estariam na base dessa cultura urbana, por reorientarem o olhar para a captação de ângu-

> los novos da realidade paulistana. Se desde esse momento a questão da cultura é, em São Paulo, um problema iminentemente urbano, nos anos por nós considerados tal simbiose traduziu-se em expressões renovadas, nas quais a criação das instituições da cultura são meros sintomas. Os intelectuais de 22, ao transformarem a cultura numa questão essencialmente urbana, retrataram a vida que se modernizava, mas, sobretudo, construíram uma nova ordem de percepção. E quando a realizaram, abriram sendas para as gerações seguintes concretizarem "uma consciência moderna decisiva" (Morse, 1970, p. 323).

As citações iluminam momentos já trabalhados na introdução desta obra, mas essencialmente ajudam a sustentar o fulcro do trabalho, isto é, a sincronia de um conhecimento social transformado em administração integrada da cultura no desdobramento modernista. Tal fenômeno se realiza em tempo desafiador do intelectual amadurecido, politizado, capaz de aprender em seguida ao "estouro" modernista; em consequência, faz questão de contribuir com a sua comunidade, junto à qual constrói objetivos de mudança local e nacional. Por certo, tais desideratos não estão imunes à frustração e, no limite, à própria destruição, decorrência do fazer político sob partidarismos e posturas de exceção de governos, como aqui se verifica. Carece relembrar que neste trabalho o conhecimento social dos intelectuais interessa como encarnado na administração pública e não solto, ou em si mesmo, o que requereria outra análise, de algum modo já feita nas universidades brasileiras e mencionada neste texto.

A história do Departamento e de seu diretor, como apontado na introdução, tem bons críticos. Levantá-la, ainda que seletivamente em virtude dos objetivos deste trabalho, faz compreender melhor o contexto em que a administração se realiza, quer o movimento geral da sociedade, quer as significações do Modernismo. Joan Dassin (1978, p. 99-119), em capítulo dedicado ao trabalho de Mário na prefeitura paulistana, assume sua análise como texto sociológico. Nesse sentido, faz inúmeras citações sobre os diversos setores da ação diretiva, pois quer mostrar que "as atividades de Mário de Andrade em São Paulo foram uma tentativa particularmente única no sentido de implementar uma teoria social da arte num nível cívico e prático" (p. 100). Pouco depois, cita Telê Lopez, para quem Mário manifesta uma "incoerência teórica ao lado de extrema coerência de temas e posições" (*Mário de Andrade: ramais e caminhos*, p. 13). Segue, então, fundada nas *contradições* do poeta, sua análise. Move-se entre o trabalho diuturno do diretor e suas cartas a anotar o fardo demasiado para suas forças. Idem sobre as posturas às vezes dentro de dilemas acerca de ações e modos de organização do aparelho de estado em construção. Nesse movimento, Dassin apresenta dois conceitos seriamente problemáticos, senão duvidosos: o de protecionismo para com o povo (p. 108) e aqueles "objetivos comuns a todos esses centros (educação infantil e lazer) que parecem paternalistas" (p. 108). Talvez Dassin se fie muito na mensagem do prefeito Fábio Prado ao legislativo a respeito dos parques. O ângulo que de fato interessa é o do grupo administrador (Dassin não trabalha com nada que se pareça com este conceito), que se realiza a partir de dois núcleos de pesquisa do próprio Departamento, as seções de documentação histórica e social. Suas pesquisas de apreciação e gosto estéticos, suas estatísticas sobre participação em atividades, suas aproximações ao mundo da família e da criança foram determinantes para as ações educativo-culturais. Invertendo, pois, a leitura de Dassin. O que parecia paternalismo ou protecionismo, sob a ótica da administração pública com base em leitura documental, de fato começava a fundar um efetivo serviço público de cultura inclusivo de campos conexos: educação, lazer, esportes, recreação, saúde, higiene, fruição artística, como já citado.

O sonho-projeto é sedimentado por atitudes de pesquisa. Eis que já no número 14 da RAM, *Revista do Arquivo Municipal* (1935), recém alocada junto ao DCR, uma pesquisa pioneira sobre as condições de vida das famílias dos trabalhadores paulistanos é apresentada à guisa de *Documentação Social*, na parte final da RAM e sob a égide da Seção de Documentação Social. Depois de afirmar que se trata da primeira investigação sobre a vida operária no Brasil, o documento discute premissas, metodologia (com caderneta de campo), alcance, limitações e distribui todos os resultados em dezenas de páginas. O redator destaca que houve trabalho assalariado e ação de voluntários, sob a direção científica da Escola Livre de Sociologia e Política, do Instituto de Educação da USP e de setores acadêmicos da saúde em São Paulo. A leitura do documento é muito prazerosa e elucidativa. Vale citar um trecho:

> Obtivémos informações da renda e das despesas de 221 famílias, e nem a todas foram pedidas informações sobre a nacionalidade e o analfabetismo, o que foi feito só com 151 famílias. No entanto, esse grupo de 151 famílias é provavelmente carateristico do grupo total. Oitenta familias disseram que o chefe nascera no Brasil, e das outras 53 procediam: da Italia (32), da Hespanha (12) e de Portugal (9). Foram ainda analisadas tres famílias de imigrantes japoneses, tres da Lituania e tres da Austria (provavelmente de terras austríacas conforme os limites

> de antes da guerra), sendo que as restantes que forneceram informações provinham da Inglaterra, da Youguslavia, da Polonia, da Alemanha, da Syria, da Russia, da Argentina e da Hungria. Se os algarismos que obtivemos sobre alfabetização, forem caraterísticos da classe operaria inteira, eles indicam que São Paulo, conseguiu um considerável progresso, desde 1920, no caminho da instrução. Entre 151 famílias que nos informaram a respeito, só eram analfabetas 21% das pessoas de 13 anos ou mais. Observamos que nas famílias hespanholas e lituanas a proporção de analfabetos era mais alta, ao passo que nas italianas, portuguesas e brasileiro-natas, oscilou entre 16,4, 18%. (p. 128)

Entende-se, pois, o sonho de fazer educação estreitamente relacionado à participação de comunidades e famílias, iluminadas pela seleção que desvendou o mundo do relações parentais, de onde viriam os meninos e meninas dos parques e demais espaços educativo-culturais. Como se verá, a pesquisa é valor necessário para que se conceitue um serviço público--social transformador. A pesquisa também orienta os conceitos-chave da administração de Mário de Andrade, *movimento* e *totalidade*. Sua presença é mais evidente na análise de textos.

Não é, tampouco, tema em Dassin a questão do distinto serviço cultural integrado, ou o trabalho de organização, que comporta pesquisa e coordenação de atividade por comprometimento e experiência (que foram cavalos de batalha da administração aqui estudada), sinaliza certa cultura institucional, certa racionalidade burocrática que não excluiu a paixão pelo trabalho e pelas pessoas. Para este pesquisador, a organização dinâmica e orgânica do Departamento, objetivada pelo seu grupo dirigente e determinada a *inventar* processos públicos de trabalho, que buscam exceder o universo do privado, bem mais conhecido, tem algo com que Weber (1963, p. 247) aquiesceria. Para ele, esse aparato técnico

> influi no padrão de vida e determina uma crescente indispensabilidade subjetiva de uma provisão organizada, coletiva, interlocal – e portanto burocrática – das necessidades mais variadas, que anteriormente eram desconhecidas ou satisfeitas localmente ou por uma economia privada.

Cabe ir além com Max Weber, cujos trabalhos foram publicados originalmente em Oxford, 1946, embora suas falas e textos sobre a racionalização das organizações e instituições já fossem conhecidos. John Pfiffner e Robert Presthus (1960, p. 42-43, primeira edição em 1935) ao citar *Essays in Sociology* (p. 21) fazem resumo útil da postura weberiana sobre a organização:

> 1. Hierarquia. Os serviços são organizados sob base hierárquica; 2. A burocracia é um termo que se aplica tanto ao esforço público quanto ao privado; 3. A estrutura de trabalho é racionalizada. Há uma divisão racional e cada cargo é acompanhado pela autoridade legal com vistas ao cumprimento dos objetivos estabelecidos; 4. Formalização. Atos, decisões e regras são formulados e registrados por escrito [máxima aderência]; 5. Administração distinta [do sentido de] propriedade. Há uma classe administrativa profissional, contratada; 6. Não há direito de propriedade sobre o cargo; 7. Competência e treinamento especial são exigidos do pessoal administrativo; 8. Os membros são selecionados com base na competência.[7]

7 1. *Hierarchy*. Offices are organized on the hierarchical basis; 2. *Bureaucracy* is a term which applies to both public and private effort; 3. *Rationalized*

Weber terá de ser confrontado, em sequência, com a organização do DCR da Prefeitura de São Paulo.

Na linha de considerações sobre o trabalho de Mário de Andrade na liderança do Departamento, Carlos Sandroni (1986, p. 70-79) nomina um dos capítulos "Os modernistas no poder". Interessa ao crítico mostrar a base partidária do Departamento, associada a Prado e Salles Oliveira, que se move do Partido Democrático ao Partido Constitucionalista, que inclui setores do Partido Republicano Paulista. Do mesmo modo, não lhe interessa uma política de cultura, mas sim os conflitos entre os poderes políticos dominantes e aquele agrupamento especial de intelectuais que Candido (Prefácio a *Mario de Andrade por ele mesmo*) vira "dentro ou na periferia do Partido Democrático" e que, ao fim e ao cabo da experiência, sofre a dura decepção.

Outro trabalho que apoia o trabalho de interpretação dos "futuristas" que dirigiram o DCR é o de Monica Velloso (2010). Sua asserção a respeito da temporalidade dos movimentos e o valor da cultura na prática social são fundantes em sua crítica:

> Uma tradição morre quando permanece intacta. São as invenções que a transformam e a vivificam, criando articulações com a dinâmica presente. Cabe a cada geração herdar um passado e alterá-lo em função das exigências colocadas pelo presente (p. 28).

---

job structure. There is a rational division of labor and each position is accompanied by the legal authority necessary to accomplish the goals set; 4. *Formalization.* Acts, decisions and rules are formulated and recorded in writing; 5. *Management* separated from ownership. There is a hired, professional administrative class; 6. There is no property right to office; 7. Especial competence and training are required of the administrative class; 8. Members are selected on the basis of competence.

Velloso percorre vários caminhos da modernidade, inclusive anteriores à virada do século XIX no Brasil e na América Latina. Depois de citar Miguel de Unamuno e Pio Baroja, enfatiza um ponto comum:

> Era consenso a ideia de que a política seria incapaz de lidar com o complexo e frágil artefato que era a nação moderna. Caberia aos intelectuais, através da pesquisa das tradições populares, desvendar o enigma da nacionalidade (p. 35).

É cavalo de batalha deste texto o aprendizado dos alcunhados por "futuristas" pela oposição ao governo de Fábio Prado, pois a despeito do objetivo de mudança do país pela obra modelar do governo de Fábio Prado e Armando de Salles Oliveira, Mário e equipe apreendem disposições administrativas (já postas na cultura institucional do DCR) e as obedecem na prática cotidiana. Efetivamente, tal modo de fazer é uma crítica ao modernismo da primeira etapa, cujos arroubos, virtudes e defeitos já foram bem estudados. Tal crítica se organiza em torno da sua educatividade, fruto do amadurecimento cultural. Entende-se, pois, o amor, o zelo e o cuidado dedicados ao trabalho educacional do DCR, em boa medida ignorado ou não tratado pela maioria dos críticos do período. Questão de método. Este é um trabalho de administração pública, somente.

Não é possível concordar com sua leitura sobre a marginalidade do intelectual: "A visão crítica da nacionalidade, o aspecto excludente da modernidade e principalmente o papel do intelectual como herói marginal destituído de missão figuram como os grandes temas".

Circunscrito ao tema da administração pública vivenciada pelos intelectuais modernistas junto ao DCR, o atributo de herói marginal não se faz presente, ainda que o governo do urbanista Prestes Maia desmantele o departamento desde seu primeiro dia de governo em 1938, o que faz porque o trabalho cultural-educativo desenvolvido em São Paulo nada tem com o projeto do Estado Novo que ele segue. As reflexões de Rubens Borba de Moraes neste livro espelham o pensamento "cultural" de Prestes Maia. Candido (*op. cit.*) já mostrara que essa gente estudiosa, irreverente e ousada punha-se lateralmente aos partidos políticos de então e seu fulcro de entendimento do Brasil teria de ter como base os significados estéticos e éticos da ação cultural-educativa na vida pessoal e coletiva das populações. Aí o fundamento do serviço público, independentemente da inexistência de qualquer política cultural em 1935. Quanto aos limites dessa obra administrativa, este trabalho aponta diversos, a maioria dos quais sentidos e vividos pelos próprios dirigentes do DCR.

Embora seja difícil apontar diferenciais em equipe integrada, competente e determinada a cumprir objetivos assumidos, como é o caso daquela que dirigiu o DCR entre 1935 e 1938, o comentário de Velloso sobre Mário de Andrade corrobora o aprendizado na passagem dos anos de 1920 para 1930 e a assunção da atividade administrativa. De fato, o que Mário conseguiu foi o diferencial do projeto como um todo na história republicana da administração da coisa pública. Perspectiva cuidadosa como avaliação, compromisso com os setores populares da cidade destratados até então, trabalho interpretativo que chegava à crítica dura de si mesmo, valoração adequada dos sentidos da tecnologia para o avanço do trabalho cultural. Enfim, o trabalho no DCR foi a encarnação do moderno. A despeito da grande distância entre o trabalho crítico de Velloso e o presente estudo de cultura institucional da administração na cidade de São Paulo nos anos de 1930, há posturas tão permanentes como comuns aos que estudam o modernismo a par do itinerário de Mário:

> Um dos diferenciais de Mário de Andrade em relação aos seus pares era a perspectiva cuidadosa que assumira em relação às conquistas do moderno. O olhar crítico frente aos parâmetros exteriores marcava o compromisso com o exercício interpretativo da brasilidade tal como fizeram Machado de Assis, Sérgio Buarque de Holanda e Prudente de Moraes Netto. Assim como Machado evitou uma atitude de culto à natureza, Mário evitava cultuar o moderno. O moderno não era visto como mera paisagem tecnológica e cinematográfica indicando progresso, embora tal paisagem fizesse parte do moderno. Tais elementos atuaram sobre o autor inspirando-o a acrescentar sentidos ao termo na perspectiva de compor suas representações. O moderno era construção, interpretação, conceituação. A obra do artesão (p. 96).

Neste trabalho reitera-se a afirmação de que todas as contradições políticas e decepções acusadas por Mário e grupo administrador não espantam e são suportados pelos lombos calejados de intelectuais que vivem o país prevalentemente injusto e desigual. Os valores criados no DCR excedem decepções e contradições; fazem História. O que não é visto adequadamente no domínio do discurso político-partidário ou na análise estritamente sociológica, abunda no espaço da administração pública e é precisamente daí que se produzem diálogos com a posteridade.

Neste ponto, vale fazer referência àquele universo histórico em que cabia fazer administração do estado paulistano. Ao acompanhar, pontualmente, Boris Fausto (2004), Celso Furtado (2009) e Fernando de Azevedo (1963) fica evidente uma nova conjuntura socioeconômica. No correr do golpe econômico do final de 1920 o Brasil não ficou passivo em face do jogo econômico internacional. De um lado, salvou a economia cafeeira, a custo de reservas e garantia do café colhido (e muitas vezes incinerado), bem como criou bases de mercado interno (FURTADO, p. 285 e seguintes). A despeito da depressão, o país teve crescimento da renda nacional de sete por cento entre 1929 e 1937. A produção de bens de capital, ao contrário de muitos países, já crescia razoavelmente em 1931. Depreende-se, então, uma constatação do autor de *Formação Econômica do Brasil* (edição comemorativa):

> Possibilitando um melhor aproveitamento dos recursos da terra e da mão-de-obra pré-existentes, o impulso externo cria o aumento de produtividade, que é o ponto de partida no processo de acumulação de capital. A massa de salários e outras remunerações criadas no setor de exportação representam o embrião do mercado interno (p. 285).

Tais dados, úteis para pensar no crescimento da metrópole paulista, induzem a fatores da geografia humana. Fausto (p. 389 e seguintes) discute mudanças do período. A população brasileira chega a 40 milhões de pessoas, com maioria nordestina, seguida pelos habitantes do centro-sul. Diminui a imigração no contexto da crise mundial e aumenta o processo migratório. Ainda não estão postas todas as bases para a diáspora do nordeste, mas os arranjos produtivos nascentes começam a crescer sob o ímpeto do que se chamou substituição de importações. Em 1940 não havia menos de 300 mil trabalhadores na cidade de São Paulo e, em 1956, última etapa do modernismo, essa população dobrava. A cidade que crescia à velocidade de "uma casa por hora" aproximava-se de 1 milhão de pessoas em 1930. Fausto avança para outros temas. Em 1920 a produção agrícola estava no patamar de 79% e a industrial em 21%. Em 1940, a proporção se alterna para 57% e 43% a favor do plantel industrial, notadamente no campo da indústria básica e com forte presença do Estado.

O autor tem um trecho curioso a respeito do processo migratório, no mínimo elucidativo:

> É significativo lembrar que até 1940 os migrantes para o Sul provinham principalmente de Minas e não do Nordeste. Considerando-se as unidades da federação, o núcleo de maior atração era o Distrito Federal. A migração para São Paulo só se tornou relevante a partir de 1933, contribuindo para ela a retomada do surto industrial e as restrições impostas à imigração estrangeira (p. 390).

Quanto à educação e à cultura, cabe lembrar que ainda em 1950 50% de brasileiros eram analfabetos. Mas em 1920 o índice chegava a 70%. Em 1940 21% dos meninos e meninas do país (e muito mais da capital paulista ou do Rio de Janeiro) frequentavam escolas. Quanto ao ensino superior, o país foi de 13.239 estudantes em 1929 para 21.235 em 1939. No entanto, o fenômeno que induz a pensar o *novo* em matéria de educação é o manifesto dos pioneiros em 1932, urdido em uma Conferência Nacional de Educação, o qual, se não cria efetivamente uma política educacional, apresenta componentes fundamentais do que se chamou de reconstrução da educação e do ensino no Brasil. Como se sabe, Azevedo é incumbido de produzir uma espécie de texto base e o faz. O mestre delineia, *grosso modo*, a significação do Manifesto:

> A defesa do princípio da laicidade, a nacionalização do ensino, a organização da educação popular, urbana e ru-

> ral, a reorganização da estrutura do ensino secundário e do ensino técnico e profissional, a criação de universidades e de institutos de alta cultura, para o desenvolvimento de estudos desinteressados e da pesquisa científica, constituíam alguns dos pontos capitais desse programa de política educacional, que visava fortificar a obra do ensino leigo, tornar efetiva a obrigatoriedade escolar, criar ou estabelecer para as crianças o direito à educação integral, segundo suas aptidões, facilitando-lhes o acesso, sem privilégios, ao ensino secundário e superior, e alargar, pela reorganização e pelo enriquecimento do sistema escolar, a sua esfera e os seus meios de ação (p. 667).

Ainda não cumprimos os objetivos, não assimilamos plenamente as críticas e não digerimos os argumentos resolutos daquele documento. Mas a década de 1930 teve ali pontos de partida para o reconhecimento das relações profundas e inarredáveis entre cultura e educação e as experiências começaram a suceder, a par da formação de imensa massa crítica que nem mesmo ditaduras foram capazes de derrotar. Uma das experiências decisivas é tratada neste estudo.

No que toca à questão educacional, o que mais importa é a compreensão da sua qualidade social, com que ainda nos batemos já avançados no século XXI e que sugou a vida de educadores, quer em 1930, quer em 1964 e subsequentemente. Fernandes é emblemático, porque se entregou plenamente a tal tarefa.

No prefácio de sua obra fica claro que “temos forçosamente que pensar na educação como um elemento dinâmico, capaz de disciplinar as relações do homem com o meio natural e humano, bem como de convertê-lo em senhor do seu próprio destino histórico” (p. XXI). O rigor com que o mestre pensa essa área pela sua dinâmica sociológica (trabalhada noutros textos e muito próxima da ideia de mudança organizada, formação equilibrada) leva a um termo de força religiosa que o conduz ao encontro de Paulo Freire, ou entre eles e o Estatuto da Criança e do Adolescente (1990), visto que a conversão do indivíduo em sujeito histórico e sua comunhão no mundo que se crê em mudança, fenômenos da consciência ampliada, se associa fortemente ao mundo das novas gerações, das crianças e dos adolescentes, cuja invisibilidade se supera muito recentemente no Brasil.

Ademais, a crítica que Fernandes faz à história da educação brasileira é irmã do pensamento do grupo dirigente do DCR e compõe programas e práticas de diversos setores daquela administração:

> Tudo se passa como se o Brasil entrasse nos tempos modernos sem conseguir uma redefinição coletiva da importância da educação escolarizada para a formação do horizonte cultural que pretendemos instaurar entre nós, imitando as nações mais adiantadas e desenvolvidas. As técnicas, as concepções e os valores educacionais dominantes e defendidos com o maior zelo prolongam a existência de um sistema arcaico e deficiente, em conflito com as exigências educacionais do presente e incompatível com as aspirações que acalentamos de desenvolvimento econômico, cultural e social. (p. 39)

Os títulos III e IV do anexo três, presentes no *Acto 861*, que organizou o DCR, tratam da Coordenação de Educação e Recreio. SSua descrição, tornada evidente mais tarde pelas práticas, com os pequenos iniciados no que mais tarde se chamou educação infantil, respondia, no tempo e fora do tempo – considerando os textos de Fernandes – a uma busca de integralidade educativa, pois havia profissionais e equipamentos capazes de cuidar das crianças nas conexões de educação, biblioteca infantil, discoteca, pesquisa etnológica com elas e suas famílias, higiene, esportes e cultura, pensada como criação infantil e divulgação comunitária.

A análise da política e do governo, presente nos documentos e cartas de Mário, Rubens Borba e Paulo Duarte, para citar poucos, a par de outros documentos aqui analisados, revela o discurso e a prática educacional além da escola, embrião de projetos integrados de cultura. Outra vez o pensamento a residir no conceito de *totalidade* da ação. Trata-se do que muito tempo depois se entenderá pelo binômio cuidado/ensino na educação dos pequenos. Se não foi possível sua universalização de atendimento (que não vimos até hoje), significou uma nova merenda para filhos de trabalhadores, fruição artística interna e externa aos locais de trabalho didático-pedagógico, criação de elos entre o trabalho do poder público e as famílias, construção de novos padrões de higiene e limpeza (com apoio da Faculdade de Saúde Pública); enfim, os valores que educam a base da sociedade, via de regra desprezados pelos projetos de educação voltados à elite social.

É perigoso a qualquer analista descurar da extraordinária diversidade, desdobrada em desigualdade, que se acumulou na história colonizada do Brasil e que ainda não nos deixa livres ou soltos dela.

Havia, pois, muito a gerir e mais a inovar na administração pública aberta em tempo sombrio. Mas não havia um conceito de administração transformadora, como não havia de política pública. Havia, sim, um debate sobre a administração pública a partir do longo projeto colonial e monárquico, como também se reflete neste trabalho. E havia aquela força literária alargada para outros campos do conhecimento (de que tratou Candido) capaz de não somente produzir efervescência intelectual como aprendizado de ação política a serviço da gente das cidades. O crítico de hoje, em consequência, deve se responsabilizar pela demonstração de como se pode fazer, em três anos de trabalho cultural e educativo, algo que interesse às prefeituras de Praga e Paris, ou que se centre na cultura para costurar ações integradas.

Ainda que nas ruas de São Paulo, como lembrou Lévi Strauss, os bois atrasassem o movimento dos bondes, os equipamentos culturais dedicados a essa gente crescente e diversa já portavam alguma complexidade, embora nenhuma organicidade gerencial. Mais: a ampla obra de Mário de Andrade e demais sujeitos de sua interação criam uma linha de consistência que fornece conhecimento e emoção ao trabalho de administração, antes pensada em suas crônicas sobre São Paulo e os valores da mesma Pauliceia. Nas palavras de João Luiz Lafetá (1997, p. 89):

> Se formos ver a imagem de São Paulo que está na *Pauliceia Desvairada*, vamos verificar que ela é como a cidade, uma imagem moderna, complexa, ao mesmo tempo cosmopolita e brasileira. É uma imagem apologética e crítica. Isto é, ao mesmo tempo é um elogio da cidade e uma crítica de seus aspectos. Mas o tom geral da Pauliceia é de euforia, de otimismo.

Mário manteve o sonho o quanto pôde. E foi feliz também no limite. E sorriu.

Pois bem, esta *concentração* humana e material, que foi São Paulo, exigente de explicações e estudos, tem como outra face da mesma moeda o projeto cultural dos intelectuais, que se iniciava pelo Serviço de Expansão Cultural, caminhava para o DCR e chegaria aos institutos estadual e nacional de cultura.

Compreenderam eles o "tom de vida completamente novo", vivido no fazer dos três anos e meio de trabalho e presente em narrativa de Duarte (1971, p. 59-121). Este esclarece que a geografia do país grande teria de ter uma dimensão cultural homóloga[8] e nela residia a paixão, que exige destaques do que se fez nesse tempo, ainda que soe repetitivo no correr deste trabalho. Afinal, o grupo não tinha dúvidas, em leitura metonímica, de que a feitura cultural de São Paulo faria ver o projeto cultural do Brasil. Por certo, sem Getúlio Vargas e o Estado Novo, segundo os quais cultura é, substancialmente, propaganda.

Não foi sem razão que Mário foi o primeiro diretor a ser demitido, no mesmo dia da posse de Prestes Maia. Uma demissão encomendada. Paulo Duarte não se enganou.

---

8 Nota de rodapé à página 59, na qual, longamente, Duarte quer demonstrar outra faceta da personalidade de Mário, a de administrador brilhante e, a bem da verdade, desconhecido. Para ele a geografia brasileira permaneceu como um milagre e seus alicerces serão fortalecidos na cultura. Sempre pronto para a batalha, o autor de *Prisão, Exílio, Luta* não tem dúvida de que Mário sofreu o calvário na saída do Departamento, do qual foi tirado pelos "energúmenos".

IV. Construções e construtos administrativos
as instituições discursivas

A análise do trabalho do DCR é sinal de respostas mario-deandradianas àquela concentração geográfica paulistana, consideradas as análises já realizadas.

Cabe, ademais, registrá-la como ato político e projeto de futuro, que combina o esquema ao testemunho de Duarte (1971) em obra indispensável para este trabalho.

Entre as páginas 59 e 123 de Duarte tem-se o capítulo *O lindo sonho e a dolorosa realidade*, que explica e carrega de tintas a descrição singela do ano de trabalho acima apresentado. Com Duarte no apoio, tudo é interpretação; nada é descrição. Sigamo-lo.

Antes, porém, anotar os destaques no texto descritivo para um amplo projeto de pesquisa etnográfica e divulgação social dos seus resultados ao lado do projeto copo de leite, que propugnava a entrega do alimento a cada criança dos espaços infantis de acolhida. Como se verá, o programa alimentar foi muito além do copo de leite. Ademais, o esquema de trabalho lembra o litígio que Mário sustenta diante do carnaval, sorvedouro de orçamentos já minguados, bem como das empresas que impunham óperas e concertos exclusivamente para os "seletos grupos", fatos analisados noutro ponto deste texto. O que se quer destacar aqui é que a música erudita não está esquecida ou minorada, mas se ombreia ao fazer estético e artístico popular, bem como serve a mais públicos, visto que se associa a um conjunto de programação sujeito a seções de trabalho que visam públicos diversos e, principalmente, construção de novos públicos.

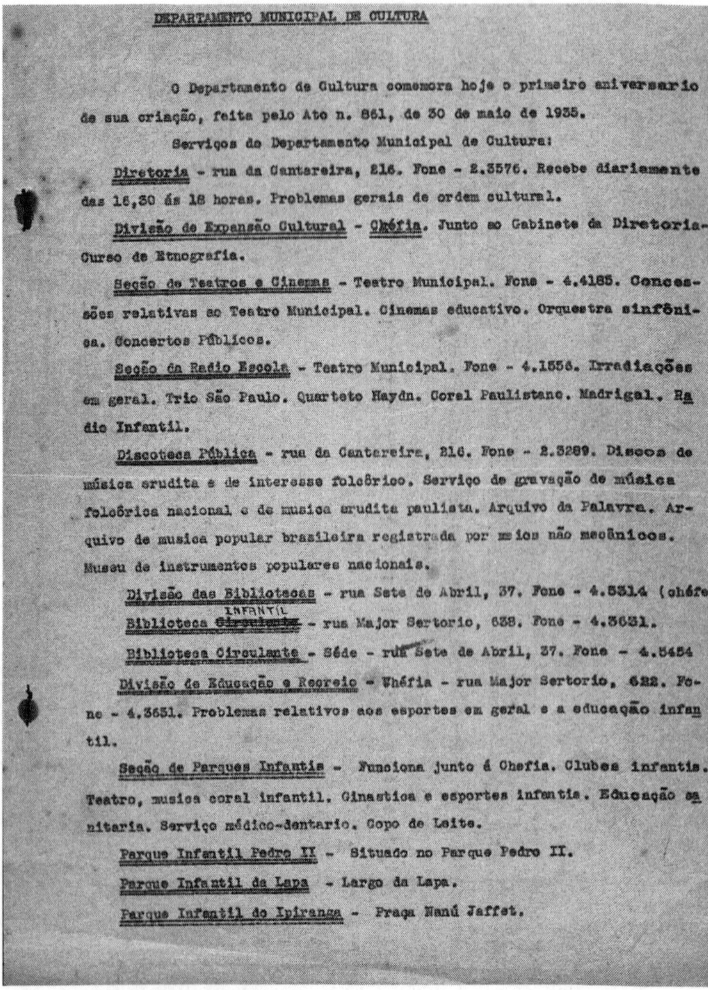

DEPARTAMENTO MUNICIPAL DE CULTURA

O Departamento de Cultura comemora hoje o primeiro aniversario de sua criação, feita pelo Ato n. 861, de 30 de maio de 1935.

Serviços do Departamento Municipal de Cultura:

Diretoria - rua da Cantareira, 216. Fone - 2.3576. Recebe diariamente das 16,30 ás 18 horas. Problemas gerais de ordem cultural.

Divisão de Expansão Cultural - Chéfia. Junto ao Gabinete da Diretoria- Curso de Etnografia.

Seção de Teatros e Cinemas - Teatro Municipal. Fone - 4.4185. Concessões relativas ao Teatro Municipal. Cinemas educativo. Orquestra sinfônica. Concertos Públicos.

Seção da Radio Escola - Teatro Municipal. Fone - 4.1555. Irradiações em geral. Trio São Paulo. Quarteto Haydn. Coral Paulistano. Madrigal. Radio Infantil.

Discoteca Pública - rua da Cantareira, 216. Fone - 2.3289. Discos de música erudita e de interesse folclórico. Serviço de gravação de música folclórica nacional e de musica erudita paulista. Arquivo da Palavra. Arquivo de musica popular brasileira registrada por meios não mecânicos. Museu de instrumentos populares nacionais.

Divisão das Bibliotecas - rua Sete de Abril, 37. Fone - 4.5314 (chéfe)

Biblioteca INFANTIL ~~Circulante~~ - rua Major Sertorio, 638. Fone - 4.3631.

Biblioteca Circulante - Séde - rua Sete de Abril, 37. Fone - 4.5454

Divisão de Educação e Recreio - Chéfia - rua Major Sertorio, 622. Fone - 4.3651. Problemas relativos aos esportes em geral e a educação infantil.

Seção de Parques Infantis - Funciona junto á Chefia. Clubes infantis. Teatro, musica coral infantil. Ginastica e esportes infantis. Educação sanitaria. Serviço médico-dentario. Copo de Leite.

Parque Infantil Pedro II - Situado no Parque Pedro II.

Parque Infantil da Lapa - Largo da Lapa.

Parque Infantil do Ipiranga - Praça Nanú Jaffet.

Arquivo IEB-USP

-2-

<u>Seção de Divertimentos Públicos</u> - Teatro Municipal. Fone - 4.1
Alvarás, licenças, isenções de impostos e demais problemas municipa
relativos a divertimentos públicos em geral. Concertos públicos ao
vre. Festas tradicionais populares.

<u>Divisão de Documentação Historica e Social</u> - <u>Chéfia</u> - rua da C
reira, 216. Fone - 2.3256.

<u>Revista do Arquivo</u> - Junto á Chéfia da Divisão. Publicação de p
zas historicas, sociais e culturais realizadas pelo Departamento. P
cação de estudos cientificos em geral. Publicação de obras de inter
cultural.

<u>Subdivisão de Documentação Historica</u> - rua da Cantareira, 216.
2.3256. Restauração, tradução, publicação e arquivamento de documen
historicos pertencentes á Municipalidade. Nomenclatura das ruas da
tal.

<u>Subdivisão de Documentação Social</u> - rua da Cantareira, 216. Fo
2.3289. Realização, estudo e publicação de pesquisas de ordem socia
tro da Municipâà. Serviço de Estatisticas municipais.

<u>Seção de Tipografia e Encadernação</u> - rua Senador Queiroz, 79-A
4.0938. Publicação de todos os documentos municipais. Encadernação
cumentos restaurados, dos livros das bibliotecas e demais volumes d
feitura.

- - - - - - - - - - - - - - -

<u>CONCURSOS criados pelo Departamento</u>

I - Concurso duma obra sinfônica.
II - Concurso duma obra para quarteto de cordas.
III - Concurso duma Suite para banda.
IV - Concurso de peças coreográficas de Carnaval (já terminado)
V - Concurso dum livro popular, de interesse geral, sobre o Brasil
VI - Concurso dum livro popular, de interesse geral, sobre São Pau

Arquivo IEB-USP

-3-

X - Concurso dum estudo historico sobre São Paulo (já terminado)
XI - Concurso duma biografia de qualquer Paulista ilustre. (informação nas divisões competentes).

o - o - o - o - o - o - o - o - o - o -

Arquivo IEB-USP.

O amigo, braço forte da administração de Fábio Prado e proponente da ação cultural-educativa como espinha dorsal do governo republicano sob Armando de Salles Oliveira, abre o capítulo com uma crítica e um desejo: que os detalhes da organização do departamento são imprescindíveis "porque pouca gente, vendo os destroços que restam, sabe o que foi o Departamento de Cultura (...)" e que se espera o surgimento de "outros Mário de Andrade" (p. 59).

Sobre a organização do Departamento, Duarte lembra que a cidade de Paris se interessou pelo que aqui acontecia e que algum tempo depois instituiu organização semelhante. Aduz que as atividades de pesquisa da Divisão de Documentação Social foram apresentadas por Sérgio Milliet no Congresso da População, realizado na França em 1937, de que resultou uma menção especial. Acrescenta que a cultura institucional do Departamento recebeu elogios de Marcel Mauss (1872-1950), André Siegfred (1875-1959), Paul Rivet (1876-1958) e que seu trabalho de compartilhamento de resultados estimulou pronunciamentos de dirigentes da cultura de Haia, Nova York e Buenos Aires.

Entre apaixonadas imaginações do futuro Instituto Nacional de Cultura na suposta administração de Armando de Salles Oliveira, presidente da República, Duarte expande as ações do esquema citado. Sobre a Expansão Cultural, destaca a Discoteca Pública, que em 1937 já comportava "uma grande coleção de discos à disposição do público, como os livros de uma biblioteca" (p. 63). De imediato, mostra que o Arquivo da Palavra tinha preocupação especial em registrar vozes e trabalhar com sua fonética. Uma preciosidade, rara ainda hoje entre os equipamentos públicos de todo o mundo. A língua culta e os falares populares compunham esse lugar tão ao gosto do líder da ação. Do mesmo modo, tais atividades de arquivo e discoteca buscavam dar conta do material erudito e da matéria popular, sons, vozes e gestos. Em agosto de 1937, segundo esse mentor, já havia 28 fonogramas prontos e avançava a organização da excursão "que devia durar cinco meses ao nordeste brasileiro, a região folclorística mais importante do país, a fim de colher material e realizar informações folclóricas" (p. 64). Convém atentar, também no presente século XXI, para a assertiva de Mário, que teve o nordeste do Brasil como o lugar destacado das culturas populares; claro que se carece de compreender a homologia entre cultura popular e folclore na leitura mariodeandradiana, longe dos estereótipos acerca do folclore.

Sempre a demonstrar receio dos desmontes politiqueiros (e certo disso no tempo da escritura), Duarte quer revelar em seu texto-testemunho a excepcionalidade do trabalho científico e estético sob a liderança de Mário. Isso com a Escola Paulista de Música, os madrigais, os quartetos, o coral paulistano, os 2.000 volumes da biblioteca musical e os resultados já em 1938, da expedição ao interior do país, que retornou com 179 discos e 1.300 fonogramas da riqueza popular. A fim de institucionalizar os achados, já se montava uma sociedade de folclore.

Uma ideia nascida no Departamento dá conta da leitura que os trabalhadores do Departamento faziam de serviços de governo para o bem-comum: tratava-se de construir (até lei aprovada já havia, depois revogada por Prestes Maia) um grande edifício para o abrigo da Sociedade de Cultura Artística, a Academia Paulista de Letras, o Instituto Histórico, a Sociedade do Folclore e o Conselho Bibliotecário, entre outras instituições cuidadoras da cultura e da educação. Quanto ao novo viaduto do Chá,

> Fábio Prado reservara o espaço adequado, motivo por que Mário de Andrade teve vários entendimentos com enge-

> nheiros, a fim de estudar-se a iluminação e demais pormenores importantes para exposições coletivas e outras manifestações de pintura, escultura e arquitetura (p. 65).

Especial emoção domina Duarte ao tratar do cinema educativo:

> Vesperais concorridíssimas de cinema gratuito foram dados em vários teatros de bairros, aos pirralhos dos parques infantis, a troco de favores às empresas cinematográficas. E o Departamento estudava ainda um projeto no sentido de instalar-se um laboratório cinematográfico para a execução de fitas científicas e educativas (p. 66)

Na sequência do capítulo, Duarte escreve textos farsescos para representar uma efetiva farsa, que foi a continuidade do DCR após Mário de Andrade e Fábio Prado. Basta anotar pouco para ilustrar o desmonte:

> A orquestra sinfônica, a não ser quando foi, por algum tempo, dirigida por Eduardo Guarnieri, foi transformada na coisa mais chula do mundo. Passou a dar espetáculos de pantomima, apresentando programas de "músicas de efeito" como o "Hino ao Sol" de Mascagni e "1812" de Tschaikowski, esta partitura, numa verdadeira palhaçada, comutação de luzes, trovoadas e pancadaria, que os comparsas executavam atrás do palco (p. 67).

Para Duarte, tudo o que aconteceu na passagem de Prestes Maia a Abraão Ribeiro, embora destaque algumas virtudes de tais prefeitos, foi "a politiquice e o protecionismo que caracterizam os governos fracos" (p. 70)

Porém, não foi fraca a ação do governo central, como se depreende desta análise cortante:

> O conjunto inicial revelou-se imburocratizável e assim viveu durante todo o tempo em que o Departamento pode fazer coisas. Quando a politicalha getulista o invadiu, encontrou uma camada impermeável ao cartucho fascista. Este, porém, é insidioso e conseguiu penetrar. Na Divisão Cultural, vimos os destroços que fez. Só resistiu realmente a Discoteca, repartição que teve a sorte de possuir um desses funcionários à prova de cupim (p. 72).

O esquema comemorativo de um ano de governo, analisado noutro ponto deste texto, fica caracterizado e se faz de acordo com o posicionamento de Antonio Candido e as reflexões de Moraes. No movimento do texto destacado, Duarte informa o nascimento da *Revista do Arquivo Municipal* em 1934 e mostra a grande importância dela durante a administração Fábio Prado-Mário de Andrade. Passa pela revolução na educação infantil, na qual se realizou trabalho etnográfico, se implantou uma verdadeira merenda, se organizou um sistema de saúde e todas as conexões com o serviço de expansão cultural, lazer e esportes. Duarte também trata esse campo de ação com emoção, tal como Mário.

Conclui com os sentidos do desmonte, mas não sem caracterizar personagens do universo autoritário, como o bajulador que, segundo ele, destrói universidades, departamentos e mesmo o país. Aqui o resumo do significado para bajulador:

> O bajulador é aquele homem que renega tudo e adere a tudo. A sua baba é de mel quando se a vê de frente e de vitríolo quando atirada pelas costas. Ele confunde as cores,

> não é daltônico porque para ele todas as cores são iguais, para todas tem o mesmo sorriso servil, prestes a tornar-se no mesmo rictus da traição. Está pronto a aplaudir todas as ideias, porque tem horror de defender qualquer ideia; a sua opinião é a do amo e este é aquele que, entre os dedos, tem um pouco de isca (p. 119-120).

Este não é, sem dúvida, o político ou o intelectual em Max Weber. Ou no consenso deste segundo momento modernista.

Dois textos, o esquemático-comemorativo e a recordação a um só tempo desabrida e emocionada. Se o corpus esquemático é o do trabalho disponível, o discurso de Duarte se realiza como alargamento de discurso do estado paulistano e se traduz como o trabalho disponibilizado, mas destruído. É a adversativa que dirige os movimentos de Duarte, o que se evidencia em idas e vindas à louvação dos feitos do Departamento sob direção de Mário e a destruição encetada pela politicalha autoritária. Daí que a combinação do pensamento de Chartier, Orlandi e Fairclough abre caminho para que nenhum dos dois textos seja nomenclatura; ao contrário, manifestação do vivido, encarnação de história e ponteiro ideológico. O primeiro diz onde se encontra e o que faz num presente e o segundo amplia significações e compõe resultados da ação pretérita sob ótica adversativa, visto que o texto já fora preenchido de tempo e de suas ações sob leitura crítica. Não se trata, pois, de louvar, mas de constatar o que se vê e analisa, nos termos das enunciações previstas em administração pública.

A linguagem do capítulo, no entanto, não faz jus a seu título. De fato, o sonho é uma realidade significada pela união dos dois textos e o processo adversativo imprimido por Duarte produz o pesadelo, corporificado pelas atitudes locais do Estado Novo e sua ação anticultural, na qual são imprescindíveis homens fracos, servis, disponíveis a qualquer coisa, isto é, segundo Duarte, os bajuladores. Em nenhum momento Duarte se refere ao estado autoritário como portador de alguma ação cultural, pensamento que se aproxima ao de Aristides Lobo, também analisado noutro capítulo desta obra. Deste modo, o pesquisador passa a ter o direito de entender as significações adversativas como anti-cultura, visto que tais ações não fazem parte do *corpus alargado* de valores. Não se trata de duas culturas, pois em Duarte a cultura é construção e não pode, pois, ser destruição.

Por certo, o autor de *Mário de Andrade por ele mesmo* entende as atitudes para com a cultura e não deixa por menos: trata-se de um poder negador da criação cultural e sua disposição aos munícipes. As 59 páginas da *batalha* de Duarte constroem significações intermitentes de criação/destruição, trabalho disponível/trabalho destruído, inteligência/bajulação, arte e estética transformadoras/representações caricaturais, projeto integrador de áreas nas mãos de especialistas/projeto fracionado entre "sobrinhos" e demais parentes e partidários.

Ao acompanhar criticamente o pensamento de Duarte tem-se que a destruição sempre compusera a estrutura dos discursos da equipe de Mário e dele mesmo, pois o aprofundamento intelectual dos conceitos e das práticas culturais no espaço público minado pelo universo de homens de partido e "homens partidos" já havia estabelecido um senso profundo de realidade sobre a coisa pública, que exige tudo, toma conta da inteligência e da vontade, "tira" o sangue, sinaliza derrotas, esgarça contradições. Tais fenômenos, dispostos aqui em diferentes pontos da análise, não só existem como perseguem e se insinuam no interior da estrutura de governo vivido como *movimento de totalidade*.

O campo desta análise, quando combina o esquema de ações, a análise e o julgamento do amigo, mais as missivas do administrador que toma sobre si toda a responsabilidade, mesmo do suposto fracasso, leva a Weber (*op. cit.*) novamente. Significa a gramática administrativa dos três anos de trabalho, isto é, uma sequência objetiva e coordenada de fenômenos ditos, escritos e feitos, a par doutra sequência adversativa (e inimiga!) que buscou coordenação para negar e, se possível, destruir aqueles fenômenos e, como amálgama subjetivo indispensável, as avaliações dos participantes que projetaram romper com a mesmice cultural da cidade e instituir o tortuoso e difícil *novo*, o serviço ao povo.

Vale o humor nesse ponto.

Rubens Borba de Moraes permanece na administração Prestes Maia, que desmonta a obra educativa e cultural dos "futuristas" e implementa suas avenidas. Depois de muito esforço e cansaço para a consecução da biblioteca, o gabinete do prefeito foi enchendo os espaços com obras, segundo Moraes, de gosto mais que duvidoso. O último feito foi a escultura de bronze de "uma mulher de camisola segurando um enorme livro em cima da barriga", que permanece nos dias de hoje na entrada da biblioteca. A uma ordem do prefeito para que encontrasse uma "*frase bonita*" para "*ser gravada no livrão*" Moraes não teve dúvida e escreveu: "Lasciate ogni speranza voi che entrate".[1] Em seguida Prestes Maia removeu Rubens Borba da direção da biblioteca. Talvez não conviesse traduzir, mas que seja: "Vós que entrais,

1 Trata-se da inscrição da *Divina Comédia* posta no Portal do Inferno. Dante é profícuo colaborador nos textos dos dirigentes do DCR. Com razão. O inferno não está no processo cotidiano de trabalho da administração pública ou da administração social, mas nas travessias dos plantões de mando.

percais qualquer esperança". Depois da imagem que revolve em vários séculos e não estimula a pensar um presente inovador, quem entrasse ali poderia perder qualquer esperança.

V. Limites da administração pública em textos da época

Colocado o quadro sócio-histórico e os sentidos do desdobramento da ação dos intelectuais modernistas na sociedade dos anos de 1930, é adequado expandir o diálogo do grupo administrador do DCR com as ciências econômico-administrativas da época e o campo da administração, considerada a administração concreta em foco.

De modo geral, forçoso é reconhecer que o conhecimento administrativo naquele tempo se revela limitado e desigual, mas útil para o trabalho analítico, inclusive em suas ausências. No entanto, os fenômenos sobre os quais se construiu o aparato econômico-administrativo de algumas obras emblemáticas no Brasil permitem inferir a construção de possíveis saberes e modelos de cultura institucional. Daí a importância de reler as chamadas histórias administrativas e econômicas do Brasil.

O didatismo dos seus textos é exacerbado e, com isso, há substancial perda de densidade crítica neles, o que significa perda de força cultural. Na obra de Avellar (1970) não há lugar, no tempo aqui trabalhado, para o que seria efetivamente administrativo, isto é, tomada de posições e construção de projetos em face do conhecimento de necessidades e desejos sociais. Ao contrário, sucedem-se feitos e fatos: o sucesso da produção do café e seus preços competitivos durante o Segundo Reinado, a expansão da pecuária, a construção das colônias europeias, as revoltas e golpes, a República continuamente vítima da cizânia entre grupos de interesse.

Ora, os fatos interessam, mas associados a processos. E ali não os temos. Nessa obra entrevemos, no entanto, a construção da dívida internacional do país (ainda hoje impagável), a falta de consciência republicana no jogo dos velhos regionalismos políticos, a associação entre modernizações urbano-industriais e modos renovados de protecionismo dos investidores, a presença decisiva da inteligência estrangeira, a despeito da tentativa de transformá-los em escravos brancos. De fato, quanto mais didático o texto, mais denunciador do modo de formar o especialista de um campo do saber, pois nele está ausente, para ser sumário, um círculo analítico, de que resta, pois, um conjunto de dados e fatos. Não há motivações, causas, relações entre teorias e práticas, alimentação de conceitos, comparações e demonstrações, sempre necessários para tomadores de decisões em processos de administração.

Deste modo, o movimento de Canudos, eternizado n'*Os Sertões*, de Euclides da Cunha – meados da última década do século XIX –, é coisa de jagunços e "fiéis", a modernização empresarial se atrela, sem melhor análise, ao protecionismo dos governos, a monocultura aparece como tábua de salvação e a política não é nada mais que uma sucessão de conspirações. Pelo sim, pelo não, toda essa matéria é mais que um pano de fundo para o debate e a tomada de decisões do grupo intelectual que cria o DCR ao lado do prefeito conhecido pelo grupo como um homem progressista, Fábio Prado; de fato, é um conjunto de referências que desafia ao limite do inviável ou, na ótica daquele grupo, processo político a ser suplantado por um governo planificador e eficiente.

Sugerido o modo de ler o enquadramento do campo da administração, outros textos são indispensáveis. Um segundo autor, Hélio Vianna (s.d.), dedica sessenta páginas do seu livro para o que entende ser história administrativa e duzentas e setenta páginas para a história econômica, separadas de modo incongruente. A linguagem de nível culto, comportada, faz todas as concessões aos estereótipos tidos como hegemônicos, especialmente quando traça um panorama do Segundo Reinado:

> A partir de 1849 passou o Segundo Reinado a gozar de um largo período de paz interna, que durou quarenta anos, até a Proclamação da República. Aproveitando-o, grandes reformas foram realizadas, em todos os setores administrativos, de modo a permitir o progresso geral do Império (p. 90).

Sobre a escravidão, seu discurso fundamental versa sobre a permanência dos ex-escravos nas fazendas sob pagamento regular pelos serviços prestados. No que toca ao empreendimento e ao empreendedor, o único citado é o Visconde de Mauá, Irineu Evangelista de Souza, entendido como a grande figura do fim do Império. O próprio conceito em torno do empreender morre na sua figura carismática, também sinal e defeito do elitismo costumeiro. Cabe observar que o discurso de Vianna sobre a longa paz do governo de Pedro II tem como fonte, não citada, a obra clássica de Max Fleiuss (1925). Este último remete ao Visconde de Rio Branco, autor do discurso sobre o império pacificado. Em Taunay (1962) o texto é sumário e repetitivo. Interessa um dado: em 1890 o país tinha 636 organizações fabris e comportava 54.169 operários; já em 1920 alcançava 13.569 estabelecimentos, com 293.676 operários. Os dados justificariam, pois, um estudo de organização e trabalho, fora das retóricas de poder, mas organizados pelo conhecimento científico. No entanto, como se viu, isso não ocorria. A par de listar os jogos de cena dos homens que protagonizaram o fim do Império e o início da República e construir impressionante rol de leis, decretos e instituições, é curiosa a observação de Fleiuss (p. 405) sobre o dia da proclamação republicana: "O povo assistiu áquillo bestialisado, attonito, surpreso, sem conhecer o que significa" Segundo o autor, o comentário veio de Aristides Lobo,[1] ilustre figura presente aos atos de 15 de novembro.

Essa bibliografia se abre, como suporte temporal, à construção do quadro de referências para o trabalho crítico. Convém, no entanto, vê-la como portadora de códigos de expressão a exigir novas referências. Seria, pois, inconveniente considerá-las de grande força fática, visto que fenômenos educativos, culturais, do lazer (ao menos da nascente burguesia) ou da saúde estão ausentes do testemunho historiográfico e do pensamento administrativo. Ali não há quase nada a ver com ações de governo a favor do bem-comum, muito menos com integrações da ação do Estado ou dos governos para o desenvolvimento ou o progresso social.

Assim também não há lugar para a subjetividade, a narrativa das gentes, a investigação qualitativa ou quantitativa. Quando referido, o povo se parece a uma manada sem pastor. O que, obviamente, não se vê em Machado, Lima Barreto, Mário de Andrade, Euclides ou Graça Aranha etc. Na literatura, e depois nas pesquisas empreendidas pelo Departamento, as populações significam a pluralidade, a diversidade em processo de difícil

---

1 Jurista e político paraibano (1838-1895), integrou o ministério de Deodoro e muito depressa se afastou dele. Foi senador no Império.

diferenciação, referência transmutada em desigualdade, o que fundamenta o trabalho crítico das ciências humanas, das letras e de todo o campo das ciências sociais.

A despeito disso, nas obras de historiografia a sucessão de postulações legais desse movimento de diversidade e desigualdade não tem efeito social e econômico na conformação da nacionalidade, o que dá um tom cartorial aos textos. Ademais, a par da consolidação das teorias econômicas ainda no século XVIII, elas não operam a concatenação dos dados textuais. Administração e Economia, ali, não passam de aglutinações forçadas, no meio de uma relação semântica fragmentada e, pior, desconhecida, se não para a área da política, certamente para o campo da administração, que se supõe ter a obrigação de superar tais limites de pensamento e *inventar* processos decisórios, que esta leitura crítica não tem dúvidas de afirmar que ocorreram na São Paulo de Mário de Andrade.

Observa-se nessas obras a estranheza do objeto – a administração – e uma incipiente tradução de conteúdos não vivenciados, portanto gerais, mal traduzidos quando se vê pela ótica do trabalho cotidiano.

Depreende-se, pois, que as histórias administrativas, a despeito de dedicadas aos estudantes do jovem campo do saber, não participaram da formação de projetos de governo em face de processos e problemas sociais já complexos, mas sim do adestramento de escolares para alguma erudição, para o conhecido bacharelismo. As cidades, em sua crescente complexidade, são quase ausentes desses estudos de administração. Nesse sentido, a arte literária brasileira do período de elaboração dessas obras e sua crítica, contemporânea ou posterior, foi, com toda a razão, uma necessária contraparte para a busca da verdade histórica ou, pelo menos, para permitir a construção de consciências jovens portadoras de curiosidade e trabalho analítico, isto é, capazes de confrontar, compulsar, comparar, rever e assumir novas disposições políticas. Nesse ponto, a arte é fator de cultura científica. Estudos administrativos sem alguma consideração sobre o movimento urbanístico, a riqueza do processo migratório em sua inteireza, a construção cultural em ambiente diversíssimo, os modos de divisão do trabalho e as relações internacionais do capital e todas as suas exigências depõem contra a construção do campo de saber, o que impossibilita a operação do serviço público qualificado e suas necessárias interações.

Por aí se entende melhor a obra organizada por Motta e Caldas (2007), cujos textos buscam, sistematicamente, relacionar as culturas e práticas organizacionais com as formações sócio-históricas mais amplas. Ou, como destacam os organizadores na introdução da obra, não é possível estudar a cultura de qualquer organização sem considerar as culturas da cidade e da sociedade em que se inserem. O que já se denominou neste texto *concentração urbana* de São Paulo naquela fase da República oferece o devido diapasão para sentir as afinações do tom em momento decisivo de criar.

No entanto, a nossa história econômico-administrativa comporta algumas obras que enriquecem a reflexão. Buescu (1984, p. 49) observa que o Segundo Reinado se caracterizou pelo funcionalismo exagerado, com base na "inqualificação profissional dos quadros e no conhecido empreguismo político". Permite comparar com fatos já referidos, certamente enfrentados na administração de Prado. Dean (s.d.) esclarece que o café foi base monetária para a industrialização paulista e quiçá brasileira, dada a circulação de valores econômicos, necessidade dos equipamentos e suportes, transportes e energia.

Retomando reflexão anterior, há dados históricos e administrativos para sopesar no debate intelectual que leva à instituição do DCR, pois há uma refrega sobre o trabalho livre, com significativa presença imigrante, bem como a densidade urbana e suas instituições, os investimentos, bem como alguma formação de quadros e a entrevista modernização de espaços e equipamentos. Noutro registro, mas consciente e comprometido, o grupo intelectual de suporte do DCR busca oferecer garantias para o exercício do saber administrativo, do projeto de investimentos, da leitura local e geral da ação da cultura e, como fecho da organização, um discurso com forte base de consenso sobre o serviço público.

Ademais, há um pensamento administrativo que não pode ser esquecido, o de Alberto Guerreiro Ramos (1950, p. 111-134). Em 1949 ele apresenta uma tese para concurso ao quadro permanente do departamento administrativo do serviço público (DASP). Nela, alguns fatos e dados devem ser destacados.

Com base em Reinhard Bendix, Max Weber e Léon Duguit,[2] Ramos afirma a modernidade da administração pública via burocracia (em face de atitudes feudais de direção da coisa pública) e, deste modo, vê a lenta maturação do patrimonial e do racional na modernidade. Se o primeiro sinaliza o interesse particular, o se-

2 Respectivamente "Bureaucracy, the problem and its setting". *American Sociological Review*, oct. 1947, vol. 12, n.5; *Essays in Sociology*. Gerth & Mills (editors). Oxford University Press. New York, 1946, 244; *Les Transformations du Droit Publique*. Lib. Armand Collin. Paris, 1913, p. 5-6.

gundo se volta ao universal; enquanto um afirma a soberania territorial e as funções de trabalho divididas por "dádivas e prebendas" (p. 114), o outro se fundamenta no interesse público e as funções do trabalho se fundamentam nas qualificações requeridas.

Ramos desenvolve mais amplamente a proposta weberiana, na qual o poder do *documento* (p. 116) ressalta a tecnicalidade, em face das posições tradicionais do discurso patrimonial, produtor de uma hierarquia que prescindia das tramitações documentais. Tais transformações levam à criação de profissões públicas, tanto eminentemente burocráticas, quanto a de líderes e agentes necessários aos novos planejamentos da administração.

A superação da administração patrimonial, situada no século XIX europeu, mais o hibridismo das ações de estado e governo se movem dentro da modernidade, o que leva ao alerta de Ramos:

> Na realidade, o que existem atualmente são formas híbridas de administração pública, umas mais do que outras. É que a administração pública racional está em emergência em toda parte. Ela se vai instalando nos estados modernos através de uma lenta superação do patrimonialismo. É o que explica a coexistência de elementos burocráticos com elementos patrimoniais dentro de uma mesma sociedade (p. 118-119).

Ao trabalhar a situação brasileira, Ramos não tem como evitar um fenômeno especial, isto é, o patrimonialismo não afeito à leitura burocrática de Weber, mas sim o partidarismo burocratizado, mescla insana do que Azevedo[3] denomina a justaposição da hierarquia patriarcal com a burocracia portuguesa da fidelidade.

3 *Canaviais e Engenhos na Vida Política do Brasil.* Rio de Janeiro: Instituto do Açúcar e do Álcool, 1948, p. 10-112.

É com esse fenômeno que Fábio Prado se depara em 1935 e dentro dele ganha suporte arejador do grupo proponente do DCR.

Na leitura crítica de Ramos talvez se possa configurar um burocrata colonizado, o que o remete de volta à irracionalidade da administração. De alguma forma, seu texto caminha por aí, pois anuncia:

> À luz de um critério sociológico, portanto, a administração pública no Brasil ainda não ultrapassou o estádio patrimonialista. É verdade que, atualmente, o país dispõe de um "mecanismo burocrático relativamente moderno". Uma consciência da função pública mais aguda do que em outros curtos períodos se registra em nossos dias. Contudo, a pressão do privatismo e do familiarismo deforma e perturba essa estrutura governamental, dando, assim, à nossa administração pública o caráter a que [Edward] Sapir chamaria "espúrio", visto que nela não se integram perfeitamente os processos burocráticos (p. 128-129).

Ramos cita uma tese de Emílio Willems,[4] membro do serviço público em São Paulo, cujo pensamento cria relações de reforço e o estimulam a fazer ver que a modernização administrativa do Brasil cingiu-se à presidência da República, produziu um Conselho Federal do Serviço Público Civil e depois o conhecido D.A.S.P, 1938, o qual, no entanto, a julgar pela descrição feita, teve alguma função na esfera federal e buscou aperfeiçoar funcionários, selecioná-los, fazer inspeções, produzir reorganizações de serviços e funções e auxiliar a presidência no que lhe coube.

4 *Burocracia e Patrimonialismo.* São Paulo: Departamento do Serviço Público, 1945, p. 8.

As conversações dos intelectuais referidos neste trabalho, base do Departamento e do futuro Instituto de Cultura do Brasil (se vitorioso Salles de Oliveira), atestam um conhecimento básico desses fenômenos e uma saída de qualidade do serviço público pela cultura e pela educação, sob leitura de referenciais vindos dos núcleos de pensamento dos anos de 1920 e seus choques com a realidade política da década seguinte. O entendimento dessa cultura inclusiva e interativa na *Pauliceia* certamente passava pela busca de eficiência, pela qualificação dos candidatos ao serviço público e pelo distanciamento do partidarismo, atitudes que contaram com pleno apoio do prefeito Fábio Prado.

No entanto, o quadro de referências do bom serviço público a partir da matriz cultural não autoriza, em princípio, o movimento dos conceitos contemporâneos em direção à experiência de 1935-1938 em São Paulo. Volta-se, pois, aqui, à questão da política cultural, não reconhecida, neste texto, ao extraordinário serviço público estudado, a despeito da alta consideração aos colegas que a afirmam desde o presente em direção ao passado.

A experiência inédita aqui trabalhada teve dois movimentos, realizados na prática dos intelectuais tornados agentes públicos. Eles apreenderam o necessário sobre o saber administrativo, por vias do seu conhecimento variado e rico de história, da longa experiência intelectual no campo das culturas e de suas diversas carreiras e especializações no trabalho; ato contínuo, aprendeu a acreditar numa rota paulista e brasileira de mudar a sociedade, o que ganhou substância nas instituições dos serviços especialmente dedicados à criança e à juventude por via do que melhor podiam realizar, da cultura.

Ora, se as conversações do grupo intelectual representado por Mário de Andrade, como visto, negaram os partidarismos de plantão – bastiões do patrimonialismo de interesse – inclusive aqueles estimulados pelo Estado Novo, o organograma e a práxis política dos administradores do Departamento diante da ausência conceitual revelam, pela apreensão e pelo aprendizado, sua *Weltanschauung*, traduzida em conhecimento de mundo haurido no debate e no espirito de pesquisa e organizado a favor da cidade real que comovia o grupo pioneiro. Essas leituras de mundo estabeleceram códigos de referências administrativas no qual se engatilhavam duas outras instituições culturais, o Instituto Paulista e o Instituto Nacional de Cultura. Tal ato foi, pois, mais que o cumprimento de uma pauta e uma agenda; a rigor, tratou-se de nominar um conjunto orgânico à guisa de instituição pública a serviço de novos públicos, novos sujeitos sociais e nova leitura de Brasil. A criação desse espaço orgânico lembra a prática da universidade (a USP está ativa e dialoga com os grupos intelectuais desde 1934), que exige pesquisa, atos educacionais de formação das gerações e compartilhamento social do conhecimento no território que a abriga, mas precisa ir além, pois a diversidade da gente paulistana é muito maior do que o público universitário, quer na dimensão etária, quer na experiência de instrução, nos desejos e nas necessidades. Portanto, a conversação amadurecida desses intelectuais, que determina a feitura do Departamento, é o avanço desdobrado do pensamento modernista/moderno e seu encontro com a gente universal de São Paulo, trabalhadores imigrantes e brasileiros, seus filhos e netos, seus lugares de viver e seus sentidos de existir na concentração de Piratininga.

A sociedade oligarca do início do século XX, mas que já comporta acelerado processo de acumulação econômico-financeira, notadamente nas pretensas metrópoles, apresenta um movimento cultural homólogo: no contexto de 60% de analfabetos, ela possui equipamentos para o teatro, a música e a dança sob administração das *missões* europeias da arte e seu grupo local de aficionados, salões dirigidos pela riqueza local, cenas teatrais e operísticas ao gosto dos imigrantes enriquecidos e, à parte, isto é, apartado, um movimento difuso de culturas populares, não raras vezes fortemente reprimido pela força policial, como no caso do samba e da capoeira. Entende-se melhor, pois, uma obra básica que recolhe as experiências culturais das primeiras décadas da República e as organiza em um projeto de síntese, que é o livro fundamental de Fernando de Azevedo denominado *A Cultura Brasileira*.[5] Lidas juntas, a reforma da educação do Estado Novo (precedida pelo *Manifesto dos Pioneiros da Educação Nova*, 1932) e a obra supostamente síntese da cultura brasileira reforçam o choque de visões sobre progresso e cultura, com predominância de leituras elitistas e bacharelescas. Nelas, as maiorias populares devem encontrar seu lugar histórico pela formação educacional básica atrelada ao trabalho de sobrevivência, talvez operário, enquanto as grandes criações culturais compõem o campo de instrução e vocação dos bacharéis, licenciados, certos políticos e alguns cientistas. O imaginário popular é relegado ao campo do folclore, um saber que supostamente não produz mudanças sociais, nem aciona o fazer científico, coisa estranha ao pensamento e à prática de Mário de Andrade,

---

5 Como se sabe, a obra clássica publicada em 1963 pela Editora Universidade de Brasília busca sumariar toda a criação cultural do Brasil. Seus eixos de entendimento da cultura buscam a criação individualizada, a formação e a educação das elites e os sistemas educacionais. A cultura se compreende no marco da educação formal.

Oneyda Alvarenga, Sérgio Milliet, Paulo Duarte e demais membros da direção do DCR 1935-1938.

Nessa direção, os cânones culturalistas de Azevedo não puderam incluir na sua opulenta síntese o penetrante levantamento de cultura popular e de crítica política presente na obra diversa, mas confluente dos artistas e pesquisadores ligados ao Modernismo. Questão de perspectiva e posição. Parcialmente o manifesto dos educadores e intelectuais vai na mesma direção, mas intervém no acento da democracia como construção educacional, o que abriria novas portas para os filhos das multidões apequenadas na sociedade dita opulenta.

A cidade complexa, a educação medíocre, o quadro funcional de clientela, os direitos sociais negados, a comunicação obstaculizada pelo poder e a economia crescente e concentrada, um painel desafiador para tratar a cultura como patrimônio de direitos e lugar de diferenciação social.

Como se viu nas páginas anteriores, o início do século era tomado pela tentativa de garantir a dignidade mínima no trabalho. Greves e outros movimentos propugnavam quinze dias de férias e que as crianças não tivessem de trabalhar quatorze horas por dia. No Modernismo, todo esse movimento histórico vibra e ecoa no próprio fazer poético, cria novas linguagens no trabalho intelectual, organiza experiências de aprendizado e busca comunicação com o futuro. Destaquem-se na inclusão modernista dois mundos étnico-culturais sistematicamente obliterados e violentados pelos poderes de plantão, o negro e o da gente nativa do Brasil.

VI. A força cultural da administração pública

> Terra sem salões... Sob certo ponto de vista é um dos defeitos mais profundamente tristes que São Paulo possui. A preocupação de viver em sociedade, o hábito social em minha terra é uma pura ilusão. [...] [Hábito social] É o costume de não existir e pensar sozinho e só para si; é o impulso que nos obriga a formar um ambiente elevado de pensamento para viver, para gozar a vida na multiplicidade de suas feições. [...] É a utilização do olhar amigo para que o nosso se ilumine; duma segunda voz, para que a nossa cante; duma inteligência estranha, para que a nossa germine.
>
> (De São Paulo V., *Cinco Crônicas de Mário de Andrade*, p. 109)

A estrutura da administração Fábio Prado/Mário de Andrade revela que tudo busca se associar, se conectar e projetar-se no bem-estar da criança das escolas infantis da cidade, nos parques e outras formas de associativismo juvenil, sem esquecer os próprios transeuntes e frequentadores de espaços públicos, muitos deles jovens e adultos analfabetos.

O ato municipal exige presença. Antes, a carta à amiga, disponível no Arquivo do IEB, com o pedido de desculpa pela repetição:

> [...] você vem, assim como quem faz pergunta de passagem, me perguntando como vou no Departamento, e

> imaginando que tenho bastante trabalho! Não é "bastante" Oneyda, nem mesmo é "muito", é formidável, é gigantesco, é absurdo, tomou minha vida completamente, integralmente, todinha! Desde uns dois dias do 5 de junho em que tomei posse nada, mas absolutamente nada mais fiz do que trabalhar, sonhar, respirar, conversar, viver Departamento. [...] Mas vem cá, Oneyda, pense um bocado no que é, com a burocracia nacional, ter de instalar um Departamento de enorme complexidade, em que, a bem dizer não havia nada feito! São quatro divisões, comportando nove seções diferentes, uma de teatros e cinemas, outra de rádio-escola, outra de divertimentos públicos, outra de parques infantis, outra de esportes, outra de bibliotecas, outra de bibliotecas populares ambulantes e uma infantil, outras de documentação histórica, e outra de documentação social!
> (Carta a Oneyda Alvarenga, 06.07.1935)

A missiva dirigida a Oneyda cria relações com o documento que organiza o Departamento de Cultura e Recreação em 1935, o qual é analisado em distintos pontos deste trabalho. Ali, a leitura da totalidade em movimento sentida na carta à aluna e amiga também é instituída no documento formalmente burocrático assinado pelo prefeito.

É visível, aqui, a proposta instituinte de um novo modo de fazer administração pública, dado que o *Acto 861* (reproduzido nas próximas páginas) não se apresenta para o interior da administração, mas para a cidade. A referência é posta na população (que são *todos*) o que tanto pode soar a utopia quanto, simplesmente, uma população paulistana à espera de reduzir as distâncias entre o governo e suas necessidades. Claro que a pesquisa sobre tais necessidades foi feita posteriormente, mas a equipe de há muito auscultava São Paulo, desde o seu desvario até a pequena metrópole do ir e do vir (e não somente do chegar ou do sair para os sertões). São Paulo foi construída no diapasão modernista, em prosa, verso, canto, estudo, crítica. Por que não construí-la como administração pública? Por que não pôr em exercício de governo tão longa experiência de poética e de amor?

ACTO N. 860, DE 29 DE MAIO DE 1935

Approva o plano de rectificação de alinhamento da avenida Guarulhos.

O Prefeito do Municipio de São Paulo, usando das attribuições que lhe são conferidas pelo § 4.o, do art. 11.o, do Decreto Federal n 19 398, de 11 de novembro de 1930, e nos termos do § unico do art 790, do Acto n. 663, de 10 de agosto de 1934, decreta:

Art. 1.o — Fica approvado o plano de rectificação de alinhamento da avenida Guarulhos, no trecho comprehendido entre a rua da Penha e a passagem construida pela Estrada de Ferro Central do Brasil, constante da planta annexa, organizada pelo Departamento de Obras e Serviços Municipaes, nesta data rubricada, e de accôrdo com a qual serão dados os novos alinhamentos.

Art. 2.o — As áreas de terrenos necessarias ao melhoramento a que se refere o art. anterior serão desapropriadas á proporção que se fizerem a construcção e reconstrucção dos predios alcançados pelo novo alinhamento.

Art. 3.o — Revogam-se as disposições em contrario.

Prefeitura do Municipio de São Paulo, 29 de maio de 1935, 382 o da fundação de S. Paulo.

O Prefeito,
Fabio da S. Prado.

O Director do Departamento do Expediente e do Pessoal,
Alvaro Martins Ferreira.

ACTO N 861 — DE 30 DE MAIO DE 1935

Organiza o Departamento de Cultura e de Recreação.

O Prefeito do Municipio de São Paulo, usando das attribuições que lhe são conferidas pelo paragrapho 4 o, do art. 11, do Decreto Federal n 19 398, de 11 de novembro de 1930, e nos termos do acto n. 768, de 10 de janeiro do corrente anno,

Decreta:

TITULO I

Do Departamento de Cultura e de Recreação

Art. 1 o — Fica creado o Departamento de Cultura e de Recreação, que terá por fim:

a) estimular e desenvolver todas as iniciativas destinadas a favorecer o movimento educacional, artistico e cultural;

b) — promover e organizar espectaculos de arte e cooperar em um conjunto systematico de medidas, para o desenvolvimento da arte dramatica, e, em geral, da musica, do canto, do theatro e do cinema;

c) — pôr ao alcance de todos, pelos serviços de uma estação radio-diffusora, palestras e cursos populares de organização literaria ou scientifica, cursos de conferencias universitarias, sessões literarias e artisticas, emfim, tudo o que possa contribuir para o aperfeiçoamento e extensão da cultura;

d) crear e organizar bibliothecas publicas, de forma a contribuir efficazmente para a diffusão da cultura em todas as camadas da população;

e) — organizar, installar e dirigir parques infantis, campos de athletismo, piscinas e estadio da cidade de São Paulo, para certames esportivos nacionaes ou internacionaes;

f) fiscalizar todas as instituições recreativas e os divertimentos publicos, de caracter permanente ou transitorio, que forem estabelecidos no Municipio;

g) recolher, colleccionar, restaurar e publicar documentos antigos, material e dados historicos e sociaes, que facilitem as pesquizas e estudos sobre a historia da cidade de São Paulo, suas instituições e organizações em todos os dominios da actividade.

Art 2.o — O Departamento de Cultura e de Recreação terá as seguintes divisões:

I **Divisão de Expansão Cultural**, com as seguintes secções:

a) Theatros e cinemas;

b) — Radio — Escola.

II — **Divisão de Bibliothecas**, com duas secções.

III — **Divisão de Educação e de Recreios**, com as seguintes secções:

a) Parques Infantis;

b) — Campos de Athletismo, Estadio e Piscinas;

c) Divertimentos Publicos

IV — **Divisão de Documentação Historica e Social**, com duas secções:

a) — Documentação Historica;

b) — Documentação Social.

Art. 3.o O Departamento de Cultura e de Recreação terá um Director a quem compete superinteder, systematisar e coordenar todos os serviços das diversas divisões do Departamento. (Arts. 2 o e 3.o do Acto n. 768, de 10 de janeiro de 1935).

§ 1.o — As Divisões e Secções são dirigidas, respectivamente, por chefes de Divisão e chefes de Secção, subordinados estes e aquelles, em cada uma das divisões, a equelles, ao Director do Departamento.

§ 2.o — O Director do Departamento de Cultura e de Recreação e cada um dos chefes de Divisão e de Secção perceberão, respectivamente, os vencimentos mensaes de .... 3:500$000, 2:500$000 e 1:400$000

§ 3.o — Quando, para a direcção do Departamento fôr nomeado, em commissão, Chefe de Divisão, exercerá elle as funcções de Director sem prejuizo das do seu cargo, percebendo, além do seu ordenado, uma gratificação até perfazer .. 3:500$000, emquanto fica fixado o ordenado do Director, no caso de ser nomeada pessôa extranha ao funccionalismo.

§ 4.o — Junto ao Gabinete do Director do Departamento servirão dois quartos escripturarios e um assistente, de confiança immediata do Director, escolhido entre os escripturarios do quadro do Departamento. Este terá, além dos vencimentos do seu cargo, uma gratificação mensal de duzentos mil réis.

§ 5.o — A juizo do Prefeito, quando as necessidades dos trabalhos de cada Divisão do Departamento o exigirem ,o expediente poderá ser desdobrado em dois periodos, na fórma do art. 6.o do Acto n. 774, de 16 de janeiro do corrente anno, caso em que os funccionarios terão direito á gratificação "pró-labore" prevista no art. 7.o do mesmo Acto.

Art. 4.o — Os funccionarios do Departamento de Cultura e de Recreação poderão ser removidos, pelo respectivo Director, de umas para outras dependencias do Departamento, de accordo com as conveniencias do serviço.

Paragrapho unico — As attribuições dos funccionarios de carteira serão determinadas pelo Director, chefes de Divisão ou de Secção, tendo em vista a capacidade, efficiencia e tendencias de cada um, independentemente das respectivas categorias.

Art 5.o — Os funccionarios aproveitados nas respectivas categorias continuarão a servir com os mesmos titulos, mediante simples apostilla.

Art. 6.o — Os funccionarios contractados, aproveitados pelo presente Acto, ficam sujeitos ao cumprimento das exigencias contidas no art. 11 do Acto n 768, de 10 de janeiro do corrente anno.

Art. 7.o — O cargo de Director do Departamento de Cultura e de Recreação será provido na fórma do art. 2.o do Acto n. 768, citado, e os de chefes de Divisão e de Secção serão providos mediante nomeação ou aproveitamento de funccionarios designados pelo Prefeito, dentre os que pertençam ao quadro do funccionalismo municipal.

Paragrapho unico — Os demais cargos serão providos por livre nomeação ou com o aproveitamento de funccionarios effectivos ou contractados, observadas as respectivas categorias e as disposições do art. 11 do Acto n 768, mencionado.

Art 8.o — Ao chefe de Divisão compete, ainda, além das attribuições enumeradas neste Acto:

a) — superintender, systematizar, e coordenar todos os serviços das secções subordinadas á sua Divisão;

b) — cooperar com o Director do Departamento em seus estudos technicos e administrativos;

c) — collaborar com as demais Divisões do Departamento, sempre que necessario fôr, no estudo e solução dos assumptos que se relacionem com as suas attribuições.

Art. 9.o — Emquanto não fôr expedido regulamento especial, o que se fará dentro do prazo maximo de noventa dias, o Departamento de Cultura e de Recreação reger-se-á pelas disposições regulamentares atinentes ás repartições que passam a fazer parte do Departamento.

Art. 10 — Ao Director do Departamento compete proferir todo e qualquer despacho de "deferimento" ou "indeferimento" fundado na legislação em vigor, salvo ás partes, recurso ao Prefeito

TITULO II

Da divisão de expansão cultural

Art. 11 A Divisão de Expansão Cultural comprehende as seguintes secções:

a) — Theatros e Cinemas.
b) — Radio — Escola.

CAPITULO I

Dos Theatros e Cinemas

Art. 12 — O actual Theatro Municipal e outros theatros que se crearem, bem como todas as actividades relacionadas a theatros e cinemas, ficam subordinados á Divisão de Expansão Cultural, de que constituem uma secção.

Art. 13 — A secção de Theatros e Cinemas é subordinada á chefia da Divisão de Expansão Cultural, e assistida de um Conselho Technico, com funcções puramente consultivas.

§ 1.o — O Conselho Technico, presidido pelo chefe de Divisão, será constituido de quatro membros, nomeados pelo Prefeito, pelo prazo de tres annos, sendo um escriptor ou critico de Arte, um critico musical, um representante das sociedades de cultura artistica e um technico de arte cinematographica.

§ 2.o — O Conselho Technico reunir-se-á, mensalmente, percebendo cada membro uma gratificação de 100$000 por sessão a que comparecer. Em caso extraordinario e a juizo do Prefeito, poderá realizar mais de uma reunião mensal.

§ 3.o — Compete ao Conselho Technico: dar parecer sobre as questões que forem submettidas á sua apreciação; apresentar suggestões e planos de execução para o desenvolvimento da arte theatral, da usica, dos ballados e da cinematographia nacional; organizar, presidir e fiscalizar concursos que, para tal fim, forem instituidos.

§ 4.o — O Conselho Technico promoverá, annualmente, concursos de peças theatraes de autores nacionaes, de trabalhos de musica sobre themas nacionaes e de composições musicaes de a tores nacionaes.

Art. 14 — Além do chefe respectivo que administrar o Theatro Municipal, a Secção de Theatros e Cinemas terá um auxiliar, um agente fiscal e um segundo escripturario.

Art. 15 — Quando o Prefeito julgar opportuno, será organizada a Orchestra Municipal, destinada a promover nos Theatros Municipaes, na Radio-Escola ou ao ar livre, concertos publicos ou a preços populares.

Paragrapho unico — Caso haja conveniencia, para melhor execução deste artigo, o Municipio subvencionará uma orchestra organizada por qualquer sociedade de arte ou por particular, de fórma a tornar-se capaz de satisfazer, plenamente, aos fins de uma Orchestra Municipal.

Art. 16 — O Theatro Municipal, que faz parte desta secção, terá o seguinte pessoal subordinado ao chefe da Secção de Theatros e Cinemas:

1 engenheiro mechanico-electricista
1 porteiro.
2 continuos.
1 guarda-nocturno.
6 serventes.
1 mestre-mechanico.
1 electricista.
1 electricista-ajudante.
1 mestre-scena.

Art. 17 — Compete:

1) — ao engenheiro: superintender os serviços de machinas, de illuminação, de installações e de conservação do edificio e demais accessorios do Theatro;

2) — ao agente-fiscal: fiscalizar a bilheteria, bilhetes, sellagens, impostos, programmas, horarios, alvarás, e todo e qualquer documento sujeito a sello ou a emolumento municipal;

3) — ao auxiliar: além da secretaria do Conselho Technico, informar os pretendentes do Theatro Municipal; manter em dia a correspondencia official da Secção e o serviço de registro, archivo e folhas de pagamento;

4) — ao segundo escripturario: fazer a escripturação da caixa especial do Theatro, cujo movimento será, mensalmente, communicado ao Director do Departamento;

5) — ao porteiro, que residirá no proprio Theatro: ter a guarda das chaves do edificio; chefiar os continuos e serventes; receber e entregar material de palco e bagagem e chefiar os serviços de limpeza e zelar pela conservação do edificio e suas installações;

6) — ao guarda-nocturno: rondar o edificio á noite, segundo as instrucções do porteiro;

7) — aos continuos: auxiliarem os serviços do porteiro; aos serventes: cuidarem da limpeza e da conservação do edificio e attender ás determinações do porteiro do Theatro;

8) — ao mestre-mechanico, ao mestre-scena e aos electricistas: exercerem as funcções technicas de suas especialidades, discriminadas no regulamento do Theatro.

§ unico — Fica supprimido o actual cargo de agente, sendo o respectivo titular addido ao Departamento.

Art. 18 — As cessões e locações do Theatro Municipal para espectaculos liricos, dramaticos, conferencias, concertos, festas civicas ou de arte, serão estudadas no Acto que regulamentará esta lei.

Art. 19 — A Divisão de Expansão Cultural incentivará todos os meios em pról do desenvolvimento do cinema popular educativo, pedagogico ou escolar. Para isso favorecerá:

a) — beneficios fiscaes aos cinemas que systhematicamente exhibirem fitas documentarias ou consideradas educativas pelo orgão competente da Municipalidade, ou pelo orgão competente da Secretaria da Educação ou pelo orgão competente do Ministerio da Educação, ou por instituição de cultura para tal fim organizada;

b) — beneficios fiscaes aos productores nacionaes dessas fitas; beneficios fiscaes aos distribuidores dessas fitas, quando estrangeiras, sujeitando-se productores e distribuidores á apresentação periodicas de um numero de fitas educativas ao orgão competente para qualificação effectiva das mesmas;

c) — beneficios fiscaes aos cinemas que forem postos por seus proprietarios, arrendatarios ou exploradores, á disposição da Municipalidade, uma vez por mez, no minimo, para a realização de espectaculos educativos, fora das horas das sessões diarias; beneficios fiscaes aos productores nacionaes e aos distribuidores em geral, que fornecerem á Municipalidade, uma vez por mez, os programmas por esta requisitados e destinados a espectaculos educativos, que poderão ser mistos: cinema, theatro, musica, etc.;

d) — qualificação prévia de fitas educativas, submettidas á apreciação do orgão competente da Municipalidade pelos productores e distribuidores, em geral;

e) — a realização dos espectaculos educativos acima referidos;

f) — a realização systematica de exhibições pedagogicas nos parques infantis e nos estabelecimentos de ensino, em geral, creando ou facilitando tudo que para isso fôr util ou necessario, especialmente entendimentos com as autoridades competentes federaes ou estaduaes.

Art. 20 — A Prefeitura estabelecerá medidas energicas contra a producção cinematographica ou theatral, offensiva á moral e aos bons costumes, prohibindo a exhibição ou representação de fitas ou peças que violem texto expresso de lei ou constituam elemento pernicioso á infancia e á juventude.

CAPITULO II

Da Radio-Escola

Art. 21 — Fica creada, onde e quando entender o Prefeito, sob a dependencia immediata do Departamento de Cultura e de Recreação, uma Radio-Escola com a respectiva estação transmissora, destinada á irradiação diaria da hora official, do boletim de actos e instrucções de interesse publico immediato, de palestras, conferencias e cursos, especialmente da Universidade de São Paulo e de sessões artisticas de caracter cultural e educativo

Art. 22 A Radio-Escola tem por objectivo irradiar:

a) — os programmas diarios de informações organizados pelo Serviço de Publicidade ou pelo Departamento;

b) a hora official e o boletim meteorologico;

c) noticias e informações de interesse publico que lhe forem remettidas pelo Gabinete do Prefeito;

d) palestras, discursos e conferencias de qualquer dos institutos universitarios de São Paulo e de outras instituições, a juizo do Prefeito:

e) — concertos e operas realizados nos theatros municipaes e no Conservatorio Dramatico e Musical;

f) discursos proferidos nas solemnidades officiaes, a criterio do Prefeito.

Art 23 As communicações, noticias, informações e discursos que forem irradiados, deverão ser escriptos e submettidos á censura do chefe da Radio-Escola, salvo quando provenham de altas autoridades do Estado, ou sejam expressamente autorizadas pelo Prefeito ou pelo Director do Departamento.

§ unico Esses documentos deverão ser archivados na Secretaria da Radio-Escola.

Art. 24 A estação da Radio-Escola será ligada, por linhas telephonicas apropriadas, ás radio-transmissoras, ao Paço Municipal, á séde da Universidade de São Paulo, ao Theatro Municipal e a outros locaes indicados pelas necessidades de seu funccionamento.

Art 25 O quadro do pessoal da Radio-Escola será o seguinte:

1 chefe de Secção
1 secretario
2 locutores
1 steno-dactylographo
1 zelador
1 operador chefe, contra-mestre da officina
2 operadores
2 operadores auxiliares
1 servente.

Paragrapho unico — Serão escripturarios do quadro: o secretario, que será um 1.o escripturario, e o steno-dactylographo. Os outros funccionarios, com excepção do chefe de secção e do zelador, serão contractados pelo Prefeito por prazo fixo e pelo ordenado que fôr arbitrado de accordo com as tabellas correntes das estações radio-diffusoras

Art. 26 Os apparelhos de radio pertencentes á Prefeitura serão reparados nas officinas da Radio-Escola, onde poderão praticar até doze apprendizes.

Art. 27 A Radio-Escola manterá um curso de telephonia, radio-telephonia, telegraphia, radio-telegraphia para os candidatos que hajam concluido, ao menos, o curso primario, e tenham a idade minima de doze e a maxima de dezoito annos.

Art. 28 O zelador manterá em dia o inventario de todo o material da Escola.

Art. 29 O chefe de Divisão apresentará, annualmente, um relatorio dos serviços da Radio-Escola com as suggestões que julgar necessarias para o seu aperfeiçoamento

Art. 30 Annexa á Radio-Escola funccionará como subdivisão, a Discotheca Publica Municipal, cujos discos servirão aos programmas diarios estabelecidos no item "a" do artigo 22.

Art. 31 São fins da Discotheca Municipal:

a) manter um serviço de obras de arte erudita, tanto nacionaes como estrangeiras e outro de obras de arte popular, de interesse estrictamente "folklorico" especialmente nacional;

b) fazer transmissões de discos da sua collecção, que serão sempre acompanhados de breves commentarios preliminares explicativos, do caracter cultural;

c) — funccionar para consultas particulares, tendo para isso, no edificio ou depedencia da Radio-Escola, cabinas, em numero correspondentes á affluencia do publico;

d) manter, ainda, um serviço de gravação de discos, que constituirão o museu da palavra, com discos de interesse civico, fixação da voz de homens publicos, sem distincção de credo politico, de artistas, de estudos de phonetica, e fixará canções, musicas, solos de instrumentos e conjunctos orchestraes populares, bem como de arte erudita nacional.

Art. 32 Emquanto não se installar a Radio-Escola, o Prefeito poderá entrar em entendimento com associações de radio para obter irradiações diarias ou trisemanaes ,de caracter informativo musical ,literario ou scientifico, organizadas com fins recreativos ou culturaes.

TITULO III

CAPITULO I

Das bibliothecas

Art. 33 — A actual Bibliotheca Municipal e outras que se crearem constituem uma Divisão do Departamento de Cultura e de Recreação

Art. 34 — A Bibliotheca Municipal, que é dirigida pelo Chefe da Divisão de Bibliothecas, auxiliado por um 3 o escripturario contabilista e dois 4.o escripturarios para os serviços de contabilidade, expediente e archivo, terá os seus serviços distribuidos por duas secções

§ 1 o A primeira secção cuidará dos seguintes serviços:

a) classificação, catallogação, fichamento e archivo ;

b) — consulta, referencias, informações, bibliographia e traducções;

c) — revistas e jornaes;

d) Bibliotheca Infantil;

e) Brasiliana;

f) — gravuras, documentos, manuscriptos e mappas.

§ 2.o — A' segunda secção ficam affectos os seguintes serviços:

a) — expediente, policia, limpeza, inspectores, zelador, porteiros;

b) — deposito, encadernação e conservação

Art 35 — E' o seguinte o pessoal da Bibliotheca Municipal, distribuido pelas respectivas secções:

a) — para a 1.a Secção: além do chefe respectivo, cinco encarregados especializados para os serviços constantes dos itens "a", "b", "c" "d", "e" e "f" do art. 34, tres escripturarios dactylographos e um archivista;

b) para a 2.a Secção: além do chefe respectivo, dois encarregados, quatro escripturarios e um archivista

Art. 36 Além desse pessoal a Bibliotheca terá um auxiliar, subordinado directamente á chefia, quatro inspectores de sala, dois fiscaes de consulta, um zelador, dois porteiros, nove continuos, seis serventes, um mestre-encadernador, um dourador, um encadernador e um meio official.

Paragrapho unico — Quando, por qualquer motivo, se vagar o cargo de auxiliar, será elle exercido por um primeiro escripturario.

Art. 37 — Compete ao chefe da Divisão de Bibliotheca:

a) — organizar, administrar e fiscalizar os serviços das Secções;

b) organizar, no Municipio da Capital, os serviços das Bibliothecas Publicas Populares e Infantis e de Bibliotheca Circulantes;

c) — orientar e auxiliar os serviços de classificação, catallogação e conservação de livros e todos os demais serviços que interessem á organização e ao desenvolvimento das bibliothecas;

d) procurar e manter correspondencia e intercambio com bibliothecas nacionaes e estrangeiras;

e) — superintender a preparação do fichario geral e do catalogo, cujas edições devc mser revistas quando necessario, acompanhando com exactidão o estado e o movimento das bibliothecas;

f) — organizar, annualmente, um pequeno curso de bibliotheconomia;

g) — divulgar, quinzenalmente, os dados estatisticos relativos ao movimento de consultas, informações sobre entradas de livros e assignaturas de revistas.

h) — adquirir, registrar, vender e permutar duplicatas, proceder a inventarios e organizar estatisticas;

i) — tomar todas as medidas ao seu alcance e propor as que dependerem de autorização do Director do Departamento ou do Prefeito para tornar as Bibliothecas cada vez mais accessiveis e uteis ao publico, que nellas deve encontrar um ambiente favoravel ás consultas, ás pesquisas e ao estudo.

Art. 38 — Fica creada, annexa á Bibliotheca Municipal, uma Bibliotheca Infantil, que poderá funccionar, provisoriamente, no edificio daquella.

§ 1 o A Bibliotheca Infantil será installada e organizada de maneira e constituir um centro de attracção e de cultura infantil.

§ 2.o A Bibliotheca Infantil será constituida de obras nacionaes de literatura infantil e de traducções autorizadas de obras estrangeiras, historias de figuras e revistas infantis, recreativas e educativas, de mappas, gravuras, sellos e moedas.

§ 3.o — A Bibliotheca Infantil organizará ,diariamente, para ser lido, desde a hora da sua abertura, o Jornal das Crianças, feito de recortes de todos os jornaes diarios, de noticias, informações e commentarios que possam interessar ás crianças e contribuir para a sua educação.

§ 4.o — Serão feitos, frequentemente, inqueritos com o fim de verificar quaes as obras de literatura infantil preferidas pelas crianças, as impressões que deixam e as influencias que exercem sobre o seu espirito.

§ 5.o — Será organizado, annualmente, um concurso de livros infantis, estabelecendo premios em dinheiro aos concorrentes vencedores. A Commissão julgadora nomeada pelo Director do Departamento, será composta de quatro membros a saber: o Director do Departamento, com voto de desempate, um educador e dois escriptores.

Art. 39 — Fica creada a Bibliotheca Brasiliana, installada em sala especial e iniciada com as obras já existentes na Bibliotheca Municipal.

TITULO IV

Da Divisão de Educação e de Recreios

Art. 40 — A Divisão de Educação e de Recreios, dirigida por um chefe de Divisão, auxiliado por dois quartos escripturarios para os trabalhos de expediente e archivo, um continuo e um servente, terá os seus serviços distribuidos pelas seguintes secções:

a) — Parques Infantis;

b) — Campos de Athletismo, Estadio e Piscinas;

c) — Divertimentos Publicos

CAPITULO I

Dos Parques Infantis

Art. 41 — A Secção de Parques Infantis, que é o Serviço de Parques Infantis, creado pelo Acto n. 767, de 9 de janeiro do corrente anno ,tem por fim localizar, organizar e installar os parques de jogos infantis e orientar todos os serviços relativos á construcção, ao apparelhamento de parques desse genero, ao desenvolvimento e á pratica de brinquedos e diversões.

Paragrapho unico — O Serviço de Parques Infantis estudará e organizará um plano de conjuncto, de construcção de parques infantis e de localização de zonas destinadas exclusivamente a este fim, nos parques e praças publicas, aproveitados os trabalhos já existentes.

Art. 42. — Os parques infantis que se propõem a collaborar na obra de preservação e de previsão social e contribuir para a educação hygienica das crianças, serão construidos e installados, preferivelmente, nos bairros operarios, nas proximidades de escolas e casas de apartamentos.

Art. 43. — A Municipalidade reservará terrenos para a construcção de parques infantis, livres e gratuitos, em todos os bairros em que se crearem, determinando para esse fim, nos outros bairros da cidade, os terrenos apropriados de que ainda dispuzer.

Art. 44.o O Serviço Municipal de Parques Infantis é dirigido por um chefe de serviço, que será um hygienista ou educador, auxiliado por uma commissão municipal de parques infantis, como órgão consultivo.

Art. 45. — Compete ao chefe do Serviço de Parques Infantis:

a) — estimular e coordenador as iniciativas particulares e promover os estudos para a solução dos problemas inherentes ao assumpto;

b) — cooperar com o chefe de Divisão em todos os trabalhos concernentes á localização, installação e organização dos parques infantis;

c) — orientar e fiscalizar as actividades recreativas que forem adoptadas nos parques e promover outras que os tornem uteis e attrahentes;

d) propôr ao chefe da Divisão as medidas que julgar convenientes para o desenvolvimento desses logradouros de recreio e jogos infantis;

e) — promover e estimular a organização particular de uma Associação de Parques Infantis em São Paulo, que terá por fim angariar fundos, por meio de subscripções privadas; obter a cooperação de sociedades educativas; incentivar, por todas as vias, a abertura desses parques, e zelar pela sua propaganda e installação, de accôrdo com o padrão estabelecido, dentro das mais rigorosas condições technicas e hygienicas;

f) collaborar na organização e publicação da Revista de que trata o artigo 68:

g) — elaborar e apresentar ao chefe da Divisão o relatorio annual dos serviços a seu cargo e a proposta orçamentaria;

h) — promover frequentemente ou solicitar de institutos especializados, inqueritos e pesquizas hygienicas, psychologicas e sociaes, nas populações infantis que frequentarem essas instituições extra-escolares;

i) — promover, com a collaboração do corpo docente das instituições escolares municipaes, estaduaes e particulares, um inquerito permanente de pesquisas "folkloricas", e, mais geralmente, ethnologicas, entre a população escolar, recolhendo, assim, as tradições de costumes, superstições, advinhas, parlendas, historias, canções, brinquedos, etc., sendo os resultados desses inqueritos devidamente seleccionados, organizados e catalogados em secções distinctas e publicados na Revista do Departamento.

j) organizar, com a colaboração de instituições estaduaes ou particulares, em datas, como o Dia do Trabalho, o de Natal, festas infantis que, servindo á educação social, moral e estectica das crianças e, revivendo os costumes tradiccionaes, contribuam para despertar o interesse das familias por esses centros populares de saude e de alegria;

k) convocar, mensalmente, e, extraordinariamente, quando necessario, e sempre por ordem do chefe da Divisão, a Commissão Municipal de Parques Infantis, para informal-a sobre a sua actividade e solicitar a sua critica e suggestões

Art 46 — A Commissão Municipal de Parques Infantis será constituida:

1) — de um representante do Serviço Sanitario do Estado;

2) — de um representante da Directoria do Ensino do Estado;

3) — de um representante do Departamento de Educação Physica do Estado;

4) do Director do Instituto de Hygiene do Estado;

5) do professor de Biologia Educacional do Instituto de Educação da Universidade de São Paulo;

6) de um representante de instituições particulares de assistencia e protecção á infancia.

§ 1.o Os membros da Commissão Municipal de Parques Infantis serão nomeados pelo Prefeito e exercerão os cargos "pró-honore".

§ 2.o — A duração da investidura para os representantes das instituições publicas e particulares será de dois annos.

§ 3.o — A Commissão Municipal de Parques Infantis será presidida pelo chefe da Divisão, funccionando como secretario-assistente o chefe da Secção.

Art. 47 — O Serviço de Parques Infantis terá, além do chefe desse serviço, um administrador, um medico, e para cada parque que se installar, dois instructores e tantos instructores-substitutos e vigilantes quantos bastarem.

Paragrapho unico Quando opportuno, a juizo do Prefeito, será instituida assistencia dentaria nos parques infantis

Art 48 Ao administrador compete:

a) zelar pela conservação dos parques, dos seus abrigos, pergolas, telheiros e apparelhos;

b) providenciar o reparo dos apparelhos que, por falta de resistencia ou outro qualquer defeito, não offereçam segurança necessaria;

c) — exercer vigilancia e providenciar para que os tanques de vadear sejam constantemente alimentados com agua corrente e seja renovada a areia dos taboleiros;

d) cumprir as instrucções que lhe forem dadas pelo chefe da secção;

c) colaborar, com o chefe do serviço, na execução de tudo quanto se refira aos fins sociaes da organização, propondo-lhe medidas e iniciativas oriundas da observação e da experiencia adquirida nos parques, bem como, o mesmo, estudar a localização dos novos parques a serem installados e os problemas relativos aos mesmos;

f) — substituir o chefe da Secção nos seus impedimentos, dar instrucções e com elle fiscalizar o trabalho dos instructores.

Art. 49 — Compete ao instructor:

a) — zelar pela saude das crianças, investigar as condições hygienicas do meio social de que provenham e encaminhar as crianças suspeitas de molestia ou necessitadas de tratamento aos postos de saude ou instituições de assistencia;

b) — attrahir as crianças para os brinquedos proprios á sua idade, desviando-as de todos aquelles que sejam contra-indicados;

c) — orientar as actividades recreativas da criança, velando por ella sem lhe perturbar ou ameaçar a liberdade e expontaneidade no brinquedo;

d) ensinar a pratica de jogos infantis, participando com as crianças das actividades ludicas ou recreativas;

e) — propagar a pratica de brinquedos e jogos nacionais, cuja tradicção as crianças já perderam ou tendem dia a dia a perder;

f) promover a pratica de todos os jogos que, pela experiencia universal, forem dignos de serem incorporados ao patrimonio dos inspirados nas tradições locaes e nacionaes;

g) — aproveitar as opportunidades proporcionadas pelo interesse das crianças para ministrar-lhes educação physica;

h) cumprir as instruções que lhe forem dadas pelo chefe da Secção ou pelo administrador dos parques infantis;

i) orientar, dirigir e fiscalizar os trabalhos dos vigilantes.

§ 1.o Serão nomeados para esses cargos professores diplomados por Escola Normal do Estado, que tenham feito curso de educadores sanitarios no Instituto de Hygiene de São Paulo ou de Educação Physica Infantil no Departamento de Educação Physica do Estado ou de especialização pré-primaria no Instituto de Educação da Universidade de São Paulo.

§ 2.o Para a nomeação de instructor-substituto, em commissão é bastante a apresentação do diploma de professor por Escola Normal do Estado.

§ 3 o Os instructores-titulares nomeados exercerão, em commissão, as suas funcções pelo prazo de um anno, findo o qual serão effectivados aquelles que, tendo se submettido a concurso de provas e titulos, derem melhores attestados da sua capacidade, devotamento e assiduidade nos trabalhos.

§ 4.o No concurso acima referido, que será organizado de accordo com o Acto regulamentar desta lei, poderão inscrever-se, tambem, os instructores-substitutos, que satisfaçam as exigencias do § 1.o.

CAPITULO II

Dos campos de athletismo, do Estadio e das piscinas

Art. 50 — Fica criado, devendo sua installação ser feita quando o Prefeito julgar opportuno, o Serviço de Campos de Athletismo, do Estadio e das Piscinas, como uma secção da Divisão de Educação e de Recreios.

Art. 51 — O Governo Municipal installará, sobretudo, em bairros operarios, campos para actividades athleticas, gymnasticas e esportivas, destinadas á proporcionar a adolescentes e adultos, opportunidades para exercicios physicos ao ar livre, e a desviar, dos ambientes improductivos ou prejudiciaes, os operarios em folga no tempo disponivel que lhes faculta o regime do trabalho.

Art. 52 — Os campos de athletismo, uma vez devidamente apparelhados, serão franqueados ao publico e entregues á guarda e direcção de uma commissão constituida de adolescentes e adultos dos bairros em que estiverem situados.

Paragrapho 1.o — A Commissão referida neste artigo, designada pelo chefe da Secção, será presidida pelo instructor de educação physica, esportes e athletismo.

Paragrapho 2.o — O instructor, um para cada campo, terá tantos auxiliares quantos necessarios para que as actividades gymnasticas, esportivas e athleticas se realizem sob sua direcção e fiscalização immediatas.

Paragrapho 3.o — Os campos de athletismo funccionarão nos dias uteis nas horas em que as actividades dominantes no meio permittirem ou favorecer.

Art. 53 — Só poderão ser nomeados instructores ou auxiliares, candidatos diplomados pela Escola de Educação Physica do Departamento de São Paulo, ou por Escolas de Educação Physica mantidas pelo Governo Federal.

Art. 54 — O Prefeito entrara em entendimento com quem fôr necessario para a immediata construcção de um Estadio.

Art. 55 — O Estadio, que será construido e installado de accordo com a technica moderna, destina-se á realização de competições, campeonatos, demonstrações ou torneios esportivos ou athleticos, nacionaes ou internacionaes, e de grandes solennidades civicas, com auctorização do Prefeito.

Art. 56 A cessão ou locação do Estadio, sua organização e distribuição de serviços, serão estabelecidos no regulamento que o Prefeito baixará, um mez após a conclusão da sua construcção.

CAPITULO III

Dos divertimentos publicos

Art. 57 — O actual serviço de Divertimentos Publicos da Directoria de Policia Administrativa, fica desincorporado desta Directoria, e directamente subordinado, com a nova organização, á Divisão de Educação e de Recreios.

Art. 58 — A' Secção de Divertimentos Publicos compete:

a) — organizar e estimular todos os divertimentos publicos, inspirados na tradição paiz, e quaesquer outros que possam interessar á população.

b) — estudar e estabelecer planos de propaganda e de execução que tenham por fim vulgarizar e tornar mais accessiveis e attrahentes os festejos carnavalescos, as festas de São João e outras de interesse ethnologico, "folk-lorico", ou popular;

c) organizar concursos publicos de planos de festejos, de cartazes de propaganda, bem como concursos de phantasias, de carros, de corsos, de prestitos carnavalescos, de fogos nas festas de São João e outras; commemorações, festas e bailados tradicionaes ou populares do Brasil;

d) — estudar, estabelecer e executar planos de ornamentação da cidade por occasião de festas;

e) — fiscalizar os parques particulares de diversões e os divertimentos publicos em geral, prohibindo os que forem julgados prejudiciaes ou perigosos, e indicando e suggerindo outros.

Paragrapho unico — As attribuições especificadas neste artigo, com execução da alinea "c", que cabe, exclusivamente, ao chefe desta Secção, serão exercidas pelo chefe da Secção de Divertimentos Publicos, assistido por uma commissão de artistas, escriptores e jornalistas, nomeada pelo director do Departamento e especialmente designada para este fim.

Art. 59 — Compete ainda á Secção de Divertimentos Publicos, a expedição de guias para a entrada de toda a renda proveniente dos emolumentos de alvarás, impostos, licenças, taxas de vistoria e toda e qualquer concessão dessa natureza, não somente de divertimentos publicos, como tambem de espectaculos, cinemas, campeonatos, torneios, certamens esportivos e annuncios na Estação da Radio-Escola.

§ 1.o — A parte arrecadadora da secção e sua contabilidade ficarão a cargo do Departamento da Fazenda, logo este creado, devendo para isto ser estabelecida, na Secção de Divertimentos Publicos, que, em hypothese alguma poderá receber dinheiro, a organização da necessaria caixa supplementar.

§ 2.o — A concessão de licenças, a arrecadação de rendas mencionadas neste artigo, a connexão desta Secção ao Departamento da Fazenda na parte relativa á arrecadação e á distribuição de serviços, serão estabelecidos no Acto que regulamentará a presente lei.

§ 3.o — Os serviços centralizados de expedição de licenças e arrecadação de rendas, serão organizados de fórma a não embaraçar ou retardar a marcha dos serviços de qualquer das divisões do Departamento de Cultura e de Recreação.

Art. 60 — Além do chefe de Secção de Divertimentos Publicos, haverá, subordinados directamente á este, dois auxiliares, um inspector, um expedidor, um 3.o escripturario, dois 4.o escripturarios, cinco fiscaes, um continuo e um servente, com os vencimentos constantes da tabella annexa.

TITULO V

Da Divisão de Documentação Historica e Social

Art. 61 — O actual Serviço de Documentos Antigos, do Departamento do Expediente e do Pessoal, fica desincorporado deste, para fazer parte da Divisão de Documentação Historica e Social do Departamento de Cultura e de Recreação.

Art. 62 A Divisão de Documentação Historica e Social, que é dirigida por um chefe de Divisão, auxiliado por dois escripturarios, comprehende as seguintes secções:

a) Secção de Documentação Historica;

b) — Secção de Documentação Social.

Art. 63 — A' Divisão de Documentação Historica e Social incumbe:

a) — recolher, restaurar e conservar os documentos antigos, de caracter historico, pondo-os em condições de serem consultados e publicados;

b) preparar e propór ao Prefeito, por intermedio do Director do Departamento, a publicação, em volumes, dos documentos antigos e a execução desses serviços;

c) manter correspondencia com os institutos historicos, remettendo-lhes informações sobre o resultado das pesquizas feitas em documentos archivados, permuttando informações e publicações;

d) — colligir leis, actos, dados estatisticos e toda materia que possa interessar á administração dos serviços publicos e promover-lhes a publicação;

c) — promover e realizar o levantamento das situações sociaes, economicas, commerciaes, industriaes, agricolas do municipio, colligindo e publicando mappas, dados estatisticos, esquemas graphicos que permittam o conhecimento da situação do desenvolvimento do municipio, em todos os campos de actividade;

f) — proceder a inqueritos no meio social sobre actividades e occupações dominantes, numero e aptidões dos desempregados e as causas da desoccupação para o estudo dos meios que lhes assegurem "nova reclassificação" no ponto de vista economico, social, intellectual e moral;

g) proceder a inqueritos e pesquizas sobre padrões de vida em São Paulo e especialmente sobre padrões de vida da familia operaria, para estudo e solução racional dos problemas relativos á producção e ao custo dos viveres, aos transportes, á assistencia, ao cooperativismo, ás habitações collectivas, etc.;

h) — organizar, annualmente, um concurso sobre assumpto historico, com premios em dinheiro aos concorrentes vencedores;

i) — collaborar na administração municipal:

1.o — para a uniformização e racionalização de colheitas de dados e estudos dos problemas sociaes;

2.o — nos serviços de controle e informação.

Art. 64 — Os serviços relativos a documentos antigos, de restauração, catalogação e publicação de papeis historicos, serão realizados pelo seguinte pessoal:

1 chefe de Secção;
1 restaurador de documentos antigos;
2 paleographos;
1 catalogador;
dactylographos;
1 continuo.

§ Unico Documento antigo para effeito desta lei é todo aquelle existente no archivo municipal de trinta e um annos para traz. Este acervo documentario, presentemente sob a guarda do Departamento do Expediente, será entregue á Divisão de Documentação Historica e Social, logo esta organizada.

Art. 65 — Fica subordinada á Divisão de Documentação Historica e Social a officina de encadernação e reparação de papeis e livros do Departamento do Expediente, a qual consta de um mestre encadernador, um encadernador e dois officiaes.

Art. 66 — Os serviços de Documentação Social ficarão a cargo de:

1 chefe de Secção.
1 technico em inquerito e pesquizas sociaes.
1 technico de estatistica.
2 auxiliares de estatistica.
1 dactylographo.
2 continuos.

§ unico — Os serviços de pesquizas ou inqueritos sociaes poderão ser feitos:

a) ou por um corpo de investigadores sociaes, contractados pelo tempo que durarem os inqueritos ou pesquizas;

b) — ou mediante a collaboração de organização apropriada, como o Centro de Pesquizas Sociaes do Instituto de Educação, a Secção de Sciencias Sociaes e Politicas da Faculdade de Phylosophia, Sciencias e Letras da Universidade de São Paulo e outros, sob a direcção da Divisão de Documentação Historica e Social.

Art. 67 E' condição indispensavel para nomeação ou contracto para os cargos de technicos de inquerito e pesquiza social e de investigadores sociaes, ter o candidato feito o curso no Instituto de Educação e estagio no respectivo Centro de Pesquizas Sociaes, ou no Curso de Sciencias Sociaes e Politicas da Faculdade de Phylosophia, Sciencias e Letras da Universidade de São Paulo, ou qualquer outro instituto similar, devidamente officializado.

Paragrapho unico Poderão ser contractados, na falta de technicos nacionaes, pelo praso maximo de tres annos, technicos estrangeiros que tenham seguido cursos especialisados.

Art. 68 A "Revista do Archivo Municipal de S. Paulo" passará a ser orgão do Departamento de Cultura e de Recreação, para o que soffrerá as necessarias transformações.

Art. 69 A publicação da Revista do Departamento compete á Divisão de Documentação Historica e Social; será o Director dessa revista o Director do Departamento, cabendo o lugar de redactor-secretario ao chefe da Divisão.

§ 1 o Para o cargo de chefe da Secção de Documentação Historica só poderá ser nomeado um historiador ou investigador de historia, tendo preferencia o candidato que fôr, pelo menos, li-

ACTOS OFICIAIS 241

cenciado em Historia e Geographia pela Faculdade de Phylosophia, Sciencias e Letras da Universidade de São Paulo.

§ 2o — E' condição indispensavel á nomeação para o cargo de chefe da Secção de Pesquisas e Documentação Social ter feito o candidato curso no Instituto de Educação, com estagio no respectivo Centro de Pesquizas Sociaes ou ter-se diplomado em Sciencias Sociaes e Politicas pela Faculdade de Philosophia, Sciencias e Letras da Universidade de São Paulo.

Art. 70 O primeiro provimento dos cargos do Departamento de Cultura e de Recreação, será feito livremente pelo Prefeito, com nomeação, contracto ou aproveitamento dos actuaes funccionarios municipaes.

Art 71 As despesas com a execução deste Acto, inclusive folhas de pagamento do pessoal correrão por conta da verba citada no art 7 o da Lei Orçamentaria de 1935, consoante o estatuido nos artigos 148 e 156 da Constituição Federal.

Art. 72 A secção de Divertimentos Publicos terá o regime de trabalho estabelecido no art. 6 o do Acto n 774, de 16 de janeiro de 1935, na fórma do paragrapho 5 o do art. 3.o do presente Acto.

Art. 73 Este Acto entrará em vigor na data da sua publicação, revogadas as disposições em contrario.

Prefeitura do Municipio de São Paulo, 30 de maio de 1935, 382 o da fundação de S. Paulo.

O Prefeito,

Fabio da S. Prado.

O Director do Departamento do Expediente e do Pessoal.

Alvaro Martins Ferreira.

ACTO N. 862, DE 30 DE MAIO DE 1935

Providencia o provimento dos cargos do Departamento de Cultura e de Recreação.

O Prefeito do Municipio de São Paulo, usando das attribuições que lhe são conferidas por lei, e nos termos do art 72 do Acto n. desta data,

Resolve:

Art. 1.o O quadro do pessoal do Departamento de Cultura e de Recreação fica assim constituido:

Director do Departamento (artigos 2.o e 3.o do Acto n. 768, de 16 de janiero de 1935) — Mario de Andrade.

Chefes de Divisão:

Expansão Cultural — Mario de Andrade

Bibliothecas Eurico de Goes

Educação e Recreos Nicanor Miranda

Documentação Social e Historica Sergio Milliet da C e Silva

Chefes de Secção:

Theatros e Cinemas — Paulo Ribeiro Magalhães.

2 a Secção da Bibliotheca Municipal Jacyntho Silva

Divertimentos Publicos — Amador Florence

Documentação Historica — Benevenuto Sant'Anna

Documentação Social Bruno Rudolph

Auxiliar da Chefia da Bibliotheca Municipal Ciro Christiano de Souza

Technico de Pesquizas Sociaes Samuel Lowrie (contracto)

Encarregados da 1.a Secção da Bibliotheca Municipal:

Item "a" (catalogação, fichario e archivo — Francisco Azevedo.

Item "b" (consultas, referencias, bibliographias e traducções) — Braulio Prego.

Item "c" (revistas e jornaes) — Nelson Mello.

Item "d" (Bibliotheca Infantil) Lenira Fracarolli.

Item "f" (gravuras, documentos, manuscriptos e mappas) — Afra de Lima.

Agente Fiscal de Theatros e Cinemas — Herbet Costa.

Paleographo da Secção de Documentação Historica Gabriel Sant'Anna.

Restaurador da Secção de Documentação Historica Edith Saboia.

Auxiliar da Secção de Theatros e Cinemas Irene Bojano.

Fonte: Revista do Arquivo Municipal. São Paulo: Prefeitura Municipal. Publicação do Departamento do Expediente e do Pessoal, ano I, vol. 12, 1935.

Gerir a coisa pública por projetos amadurecidos no debate de amigos e companheiros modernistas, a par de distintos ordenamentos urdidos nas pesquisas e inquéritos com gente do povo, lhes era caro porque driblava o campo minado das funções administrativas de clientela há muito conhecidas. Assim também, os atos transversais estabelecidos no governo de Fábio da Silva Prado costuravam mais fortemente a leitura de democracia que o grupo de intelectuais concebeu, o que exigia o trabalho de pesquisa e sua transformação em projetos, planos e programas variados como garantidores de todas as ações e propulsores de visibilidade pública nos lugares onde de fato se encontravam os cidadãos, famílias e comunidades.

Visto, no entanto, que um texto é uma matéria a se explicitar a partir de sua condensação, suas variáveis e invariáveis, seus campos de significação e sua estrutura de linguagem, cabe ver o ato em seus detalhes de composição.

O retorno ao ato *instituinte* do equipamento público deveria, enfim, responder se o laço prática-teoria da administração, isto é, instituição pública prática administrativa tem estofo de ineditismo. Se sim, caracterizaria o salto inventivo no campo de uma área que ainda tanto carecia do aprofundamento desse laço, o que dificultava tomar-lhe o pulso em tempos sombrios e ações imediatas.

O ato 861 pode ser visto como corpus localizado, mas com antenas para discursos alargados e, a rigor, em movimento. Assim, ele supera a condição burocrática. Se burocracia, se aproxima do conceito de burocracia no pensamento weberiano, pois ali é a racionalização do serviço. Na experiência aqui trabalhada, o documento vai além em sua gramática institucional, pois se faz uma leitura da jovem metrópole como uma geografia movente, cuja organização já era complexa e, por isso, estudada a cada passo e em suas partes. Daí as ideias-força recorrentes no ato, por citação textual e analogia: *movimento, tudo, todos, todas, pesquisa/inquérito, serviço ao público, estudo, direção compartilhada internamente ao setor e entre setores, sistematização, espaços operários, educativo, divulgação, organização e organizar, capacitação/capacitado.*

Ora, o pensamento organizacional de Mário e equipe produz superações do construto burocrático proposto por Pfiffner e Presthus (*op. cit.*), pois a estrutura hierárquica, que não deixa de existir, divide poder com vários conselhos de técnicos e populares (bem mais que consultivos!), obedece ao valor da formação e da especialização na escolha de quadros, coloca nas mãos de usuários, inclusive adolescentes dos bairros, a coordenação do movimento de recreação educativa, fundamenta o conhecimento na pesquisa e na repartição dos frutos dela por meios adequados e, como destaque, estabelece formas de supervisão do poder público sobre os equipamentos privados de cultura e recreação, instalados ou que venham a se instalar.

A teoria da administração não sugere, com razão, que um ato executivo se constitua em um ato político, mas pode ser sua gênese. Especialmente quando a linguagem é instituinte. O documento 861 do prefeito Prado é iluminado por um corpus que tenta ser o mais abrangente possível na enunciação do que devem fazer Diretoria, Divisões e Chefias. Deste modo, a imagem que brota desta análise não é a de um documento comum da velha burocracia, mas um construto subversor coletivo, que deseja afirmar-se com uma abrangência que envolva parte significativa da população paulistana em novo movimento cultural. Certamente se trata daquela *normatização/normalização da cul-*

tura, tratada contraditoriamente pelo diretor, ora pelo alcance, ora pela frustração pessoal.

O que se lê nos documentos é que um aparelho do estado local se transforma em um feixe de linguagens e de ações culturais desde o corpus textual à *práxis* cotidiana, em parte já demonstrada nos relatórios e prestações de contas do diretor e sua equipe. Se a subversão organizacional - ou a revolução da rotina - precisar de novos dados, observe-se a presença no ato de um capítulo de benefícios fiscais a entidades privadas e produtores culturais que se associarem aos projetos de expansão, documentação, rádio, biblioteca, recreação e cinema e, muito especialmente, àqueles que forem a favor do desenvolvimento educativo-cultural de crianças, adolescentes e jovens. Na mesma linha, as crianças dos parques infantis são sujeitos da palavra, da canção, da história, pois o círculo de aprendizagem se move com preferência a partir deles em contínuos "inquéritos" capazes de revelar os extratos de culturas brasileiras que a meninada porta e que se dispõe a *movimentar* no espaço recreativo.

Estávamos muito longe do Estatuto da Criança e do Adolescente (1990) e mesmo das declarações de direitos da cidadania, mas perto de intelectuais que aprenderam nas refregas modernistas a ouvir pessoas e essa oitiva foi constituindo sujeitos, como se deu com a ampla coleção hoje denominada Oneyda Alvarenga, viva e ativa no Centro Cultural São Paulo, SP. Sujeitos-cidadãos são, antes, sujeitos de discurso para quem ama ouvir, admirar e gravar o ouvido.

Não esquecer que o sto desincorpora o setor de divertimentos públicos da Polícia Administrativa e o leva ao setor de Recreação, por sua vez intimamente ligado às ações de educação e cultura.

Trata-se, pois de um texto coordenativo, em que tudo deve se mover coordenadamente, até os atos explícitos de censura, presentes no documento a fim de garantir que as produções sejam adequadas às diferentes idades das crianças e adolescentes e que não lhes sejam perniciosas. Os construtos diretoria, divisão, seção instituem seus alvos independentemente de explícita subordinação entre eles.

Entenda-se: a ideia de movimento, tão presente nos textos de Mário de Andrade, coordena a totalidade, que não deixa de ser a complexidade presente em Edgar Gladden e o sentido de práxis em Ramos, pois a administração pública viceja no campo denso das relações humanas saudáveis e o resultado esperado em serviço público exige o ajustamento do grupo administrador às circunstâncias dessa complexidade urbana, e fundamentalmente humana, com que trabalha. A instituição presente no discurso do *Acto 861* leva tudo a se mover: dirigentes, dirigidos diretamente, conselhos de apoio, entornos comunitários dos equipamentos, revelações do estado dos munícipes e seus interesses, com especial atenção à higiene e ao estado de bem-estar das novas gerações, corpo e espírito, merenda e cinema, ensino de como tomar banho e revelação dos acúmulos de memória e história dos estudantes e suas famílias. Tudo se move na direção de todos, todas, que são os próprios setores instituídos como movimento. O que se quer senão a totalidade em movimento ou um movimento totalizante, dado já na linguagem instituinte?

Esse corpus alargado de texto instituinte (porque vivido) teria de produzir obstáculos às nomeações partidárias ou indicações interesseiras, pois os níveis de estudo exigidos e suas especializações (com referências explícitas à formação na

Universidade de São Paulo) devem garantir nomes equivalentes. E assim se fez, com muitas críticas e deboches de partidários, especialmente do lado dos democráticos-constitucionais. De fato, essa gente não "perdoou" nunca o Departamento por ter nomeado tantos "futuristas" e acadêmicos para administrar o campo da cultura no município e deixado para trás seus acólitos.

De imediato, os pontos oriundos das conversações do grupo de suporte e postos como objetivos do trabalho são contemplados, exceção feita a trazer o grupo político-partidário para interagir com o grupo administrador e quem sabe ainda depositar nele confiança. Quando Gladden anota que o trabalho administrativo nasce da política, não adjetiva, não partidariza nem a diminui de estatura científica. O Ato 861 foi intensamente político, como em parte já se discutiu anteriormente; por isso mesmo, o grupo com forte conhecimento de Política sabia o que propor e o que exigir da instituição pública à guisa de rota segura do serviço público.

As sequelas decorrentes do ato político são conhecidas. Os preteridos do DCR, até onde se sabe, não buscaram melhor formação. Alguns sinais dados por Duarte mostram que, ao contrário, em 1938 e nos anos seguintes estiveram na linha de frente para destruir parte significativa do que fora construído.

Mas a missão do ato instituinte do serviço público se cumpre e ilumina o laço teoria-prática, o que faz pelo próprio sentido da linguagem que o constrói. Primeiramente exige-se retornar a textos citados e acrescentar referências sobre a linguagem na análise de discursos. Cabe citar Fran Tonkiss (*op. cit.*, p. 246): "A análise do discurso considera uma perspectiva sobre a linguagem que a vê não como a refletir a realidade de modo transparente ou sincero, mas a construir e organizar a realidade para nós".[1] O excerto converge para Orlandi (*op. cit.*), que sugere ver no texto até o âmago de suas contradições como explicador e construtor do real. Para intelectuais acostumados a intervir no real pela palavra, pela linguagem, não seria diversa a construção da nova coisa pública e sua administração.

O ato que Fábio Prado assina contradiz o real que ele administra, pois quase nada do que se propõe para a cultura, a recreação e a educação, em caráter instituinte, existe no real, mas o real de fato é a nova linguagem, instrumento decisivo para um fazer em seguida, o qual se revela efetivo e eficiente nos relatos administrativos e nos testemunhos de visitantes a São Paulo, sejam brasileiros, sejam estrangeiros. Essa linguagem não poderia somente refletir, mas fazer-se, ser instituição. A linguagem, nesses homens e mulheres projetados do Modernismo, é a estruturação da realidade que se deseja e a quem se oferece suporte já no ponto de partida, pois se organiza no texto instituinte a experiência do pensamento longamente exercitado no debate ético-estético. Portanto, o texto e a vida do DCR foram pioneiros e originais, efetivamente atos culturais, educativos e de recreação para o povo de São Paulo no período estudado. Não é sem razão a importância da ideia de movimento no *Acto 861*. Se um ato executivo tinha – e foi o que mais se conheceu na história da administração brasileira – uma história de corruptela de burocracia partidarizada e acostumada a determinar funções e praticar jeitinhos, fixar seus procedimentos e induzir funcionários ao seguimento de gestos já conhecidos e esperados no interior

1 "Discourse analysis involves a perspective on language which sees this not as *reflecting* reality in a transparent or straighforward way, but as construting and *organizing* that social reality for us".

das *repartições*, aquele ato de 1935 criou conexões de tudo com tudo, de partes com o todo, de dinâmicas na ação horizontal e na vertical com liames transversais que garantiriam o *ser* da administração da cultura, fenômeno equitativo ao *ser* da cidade que recebia o Brasil e o Mundo dentro dela. Movimento, pesquisa, conselhos, comitês, inversões de prioridade (bairros operários) e o máximo de processos de comunicação social, eis a linguagem do ato e eis os atos da administração do bem-comum via cultura. Se o crítico não precisa chegar aos discursos de Paulo Duarte, após 1938, que interpretam os sentimentos do amigo Mário de Andrade, encontra no *movimento* documental evidências do que significaram aqueles três anos de ação cultural-educativa. Deu-se um processo efetivo de comunicação social.

Por óbvio, a população não compôs os atos de concepção e estabelecimento de metodologias e estratégias, mas aproveitou-se do aprendizado político feito serviço público. O trans e o multi das ideias e proposições, encarnados em ações de governo, vigoravam no interior do *Acto 861*, fenômeno que conectava deliberadamente serviços, técnicos, intelectuais e demais trabalhadores; assim, ganhavam vigor as práticas de recreações facetadas para distintos públicos, que projetavam, por exemplo, uma merenda longe da massiva e imposta, que transformavam rapazes do povo em pesquisadores e coordenadores de inquéritos com fundamento etnológico, que acreditavam nos gostos e fruições para além do suposto e do deliberado pela postulação ideológica das classes tidas como "elevadas".

Quanto ao teste de construção de um serviço efetivamente público naquele momento histórico, as leituras dos relatórios, o esquema matricial do Departamento e a correspondência do poeta-administrador tanto explicam a detonação da antiga ordem unida em administração quanto se aproximam muito dos debates sobre políticas públicas e políticas culturais hauridos no calor dos debates das últimas décadas, no bojo da redemocratização do país e sequência. Sem esquecer, por suposto, todo o debate internacional, anterior e concomitante ao tempo constituinte de 1988.

No entanto, é impossível dispor-se a usar termos contemporâneos (tampouco a disposição ajuda no trabalho analítico) sem discutir a possível inexistência de massa crítica sobre política pública; pior, política pública integrada de cultura, educação e recreação na experiência administrativa do tempo aqui trabalhado. Como se trabalhou aqui com leituras de administração pública, cabe também pensar se algum conceito simultâneo àquele tempo-espaço foi útil e como se deu a apropriação pela rede de intelectuais que provê o suporte à ação do DCR de São Paulo.

As citações feitas anteriormente de Guerreiro Ramos (1950) podem ser úteis também neste ponto. Entendida a práxis como consciência constituída de atitudes subjetivas e objetivas competentes para operar mudanças e transformações em seu "ajustamento ativo às circunstâncias"(p. 31), a definição ajuda não somente a compreender o movimento das ideias do grupo de intelectuais associados ao projeto do Departamento como a pensar a obra política do governo de Fábio da Silva Prado. Ora, o serviço público ou a política social não é lei e sim *práxis.* Os atos formais que instituem equipamentos portam valores que alimentam a ação coletiva da *práxis*. Assim também se pode ler em Heller e, por correspondência, em George Lukács. Em artigo escrito pelo autor deste texto sobre *diálogos* textuais entre Agnes Heller e Paulo Freire (2018, p. 5) pode-se ler:

> Daí que falar em *práxis* a partir dessas teorias postas à venda no mercado da informação é um passo desmedido. A teoria revolucionária, sempre reprimida nessa sociedade, buscaria não massificar. Nesse movimento de ideias, destacam-se dois pontos: o sentido de práxis e a eficácia da teoria. Heller chama a atenção para a necessidade precípua de não entender práxis como qualquer atividade humana, mas sim aquela que decorre da própria eficácia da teoria, a qual, por sua vez, ocorre no movimento conectivo da práxis.

Não é diferente o movimento de ideias rumo aos múltiplos ordenamentos administrativos que aqui se prefere denominar serviço público-social, ação cultural pelo bem-comum da cidade. O tempo de conversação dos amigos e confidentes entre 1920 e 1934 afinou uma teoria e geriu procedimentos viáveis, embora inéditos. No livro várias vezes aqui citado (DUARTE, 1971), outros dois momentos caracterizam a consciência assumida de uma prática já vivida nas conversações e projetada no concreto da vida paulistana. O autor escreve em 1970 ao amigo morto em 1945 (p. 357):

> Como se vê daquelas garrafas de "Chambertin", o Fábio Prado já estava na Prefeitura e eu ao lado dele. Quer dizer, ia concretizar-se o instituto cultural sonhado no apartamento da Avenida São João. Armando Salles Oliveira começara a construção de um Brasil diferente com a Universidade de São Paulo, ideada por Júlio de Mesquita Filho. E Fábio Prado ajudava com o DCR, ideado por mim e a ser construído com o apoio de todos vocês, o clã da Avenida S. João.

Deste modo, o serviço público, entendido como ato político, ao modo como Freire entende educação, nascia de uma consciência abrangente, de uma totalidade em movimento. Tal consciência crítica, vivida intensamente, é captada por Candido, autor do prefácio (p. XIII):

> Com a passagem do tempo, há de se avaliar devidamente a importância de sua contribuição (os homens de 1920 e 1930); mas desde já é possível compreender que eles deixaram no seu país um sulco definitivo, na política, na educação, na literatura, nas artes, no movimento geral de ideias e no estabelecimento de instituições culturais.

Entende-se, pois, que aquele serviço inédito deriva de um movimento de ideias aberto no campo democrático da sociedade e realizado como organização de determinada *práxis.* Tais valores alertam o crítico contemporâneo para não nominar o fenômeno dos anos de 1930 com o discurso de uma política cultural do fim do século XX. Claro que parte do estabelecimento do projeto do Departamento fica por conta da alta criatividade desses intelectuais-administradores, já amplamente referida. E se a organização do Departamento interessa aos administradores das cidades de Paris e Praga, há ali originalidade, uma prática efetiva da força teórica do grupo dirigente. O texto de Candido (p. XIV) sugere a alteração de uma frase de Max Weber: em vez da rotinização do carisma, o que ocorria em 1935 "Era a revolução entrando na rotina".

Há, porém, outros elementos a constituir o caldo de valores.

Há um *zeitgeist,* um conjunto de ideias do tempo que pensa e organiza administração pública, inclusive a local.

Rubens Moraes (2011:215-216) mostra a original leitura política ao tratar do nascimento do DCR:

> A ideia que defendia com entusiasmo era da ação no nosso próprio campo e não no terreno político. Tínhamos que agir como intelectuais, pregando ideias, estudando objetivamente, serenamente, problemas. Para tanto era necessário criar organismos que facilitassem as pesquisas indispensáveis. A renovação que desejávamos tinha que partir dessas bases sólidas e não da sórdida demagogia dos políticos. [...] Foi aí que nasceu a ideia de criar um organismo estatal que incentivasse em São Paulo o estudo e a cultura. Não seria um departamento burocrático, mas um organismo vivo, ativo, que desse ao povo possibilidades de cultura e procurasse resolver o problema da "miséria cultural". Não se tratava de alfabetizar para fabricar eleitores, mas de dar ao povo o acesso à cultura, nas mesmas condições que a burguesia privilegiada.

Alfabetização e formação de eleitores, acesso aos bens públicos, saída da miséria cultural, bases administrativas sólidas em oposição a bases sórdidas, populistas, eis os elementos da revolução sugerida por Cândido e assumida neste trabalho por vias da leitura documental, no modo de instituição e na práxis do serviço público do DCR.

O retorno a alguns clássicos da administração, que trabalharam o tema no entre e no pós-guerra ajuda a produzir massa crítica para o debate e a análise. Em Edgar Gladden (1949) há temas emergentes como o "cérebro administrativo" e as corporações "quasi-public", que apoiam definições sobre o trabalho dos administradores no campo da coisa pública, tais como:

> As evidências supõem sugerir que a administração é uma atividade composta que gradualmente emerge e se desenvolve com a crescente complexidade das comunidades

> humanas. É essencialmente um problema de divisão do trabalho, em que as atividades são divididas à medida que se distribuem pelos setores e são atribuídas a vários agentes, de tal forma que os esforços destes últimos são coordenados e cada um realiza o trabalho para o qual está mais apto (p. 89).[2]

Não há por que buscar enquadramentos fora da abordagem funcionalista, exceto no trabalho de Guerreiro Ramos. Por suposto, como se viu no debate dos contextos históricos, esse pensamento busca a miragem da eficiência e da efetividade na divisão do trabalho. No entanto, tal modo de ler a administração esquece um indicador básico, que é a complexidade das comunidades humanas, lugar de disputas que pode extrapolar o próprio discurso funcionalista, ainda que não se faça plenamente dialético, como deseja o pioneiro da administração no Brasil. Daí a ênfase dada nesta análise a conceitos-chave de Mário: movimento e totalidade. Tais conceitos se realizam como método de compreensão das complexidades humanas, que são o valor emergente na leitura dos dirigentes da cultura, da educação e da recreação em 1935, três anos depois do manifesto da educação nova. Como já se mostrou noutros pontos deste texto, de modo algum o Manifesto de 1932 passou despercebido dos intelectuais-servidores-públicos. Noutro ponto do seu texto, Gladden dá outro passo para associar a administração ao poder, mas também ao indivíduo:

---

2 "Evidence assumulates to suggest that administration is a composite activity which gradually emerges and develops with the increasing complexity of human communities. It is essentially a problem of the division of labour, whereby activities are broken up as they spread over fields and are assigned to a number of agentes, in such a way that the efforts of the latter are co-ordinated and each carries out the work for which he is best fitted"..

> O poder é injetado pelo lado político; a dinâmica do sistema é determinada pelas funções que a ele é dado a desempenhar, mas em todos os lugares há uma rede de relações humanas e é sobre a saúde dessas relações que deve repousar a eficácia final da Administração (p. 94-95).[3]

Um texto para o Reino Unido é o que temos em mãos. Uma coletânea de artigos que certamente se moveu pelo continente europeu em busca da construção de uma área na sociedade destruída pela segunda guerra mundial. O movimento funcional terá de ser entendido num processo de comunicação humana e para tal necessariamente saudável, de bem-estar. O funcionalismo que ali se desenvolve não ignora, nem exorciza, o *wellfare state*. Seu capítulo final não deixa margem a dúvidas:

> Nunca é demais enfatizar que o administrador não é nem filósofo nem político. Seu trabalho é o de organizar, administrar, garantir que as coisas funcionem. Ele é o servidor essencial da nova era, que está se tornando tão complexa que nem a explosão do poder político nem a abundante boa vontade da multidão evitarão o colapso se, apesar da adoção de políticas corretas, forem tomadas as medidas administrativas erradas (p. 145).[4]

---

3 "Power is injected from the political side; the dynamics of the system are determined by the functions it is given to perform, but everywhere there is a network of human relationship and it is upon the healthfulness of these relationships that the ultimate effectiveness of the Administration must rest"..

4 "It cannot be too strongly emphasized that the administrator is neither a philosopher nor a politician. His job is to organize, to manage, to ensure that things work. He is the essencial servant of the new age, which is becoming so complex that neither the bluster of the power-politician nor the abundant goodwill of the multitude will avoid breakdown if, despite the adoption of righ policies, the wrong administrative steps are taken".

Os atos políticos de serviço junto ao povo dependem do servidor que faz, que toca projetos, que faz o serviço andar. Que reflete, mas não se engana sobre a exigência da performance para além do discurso político e é, portanto, capaz de se pautar pela melhor medida administrativa.

São várias as reflexões e os debates do grupo administrador do Departamento a propósito desse ponto, alguns já citados. Rubens Borba de Moraes, como se mostrou, era o mais enfático na defesa da criação intelectual em administração pública sem influências partidárias. No entanto, a correspondência entre Mário e Sérgio Milliet marca as duas faces, seja do crítico erudito e rigoroso, seja do administrador-que-serve, que veste de modo pleno a camisa do Departamento. Às páginas 301 e 303 de Duarte (1971), Mário escreve ao amigo em Paris e discute os acontecimentos da São Paulo de 1924. No rol dos discursos travados (que soavam como diálogo interior) surgem Souza Lima, Piolim, Cendrars, Oswald, o mundo em processo de "descivilização", sem cultura ou filosofia, Tarsila, a autocrítica de seu *Noturno de Belo Horizonte*, a chegada de Villa Lobos e a entrega pela gráfica da obra *A escrava que não é Isaura*. Duarte anota que a correspondência entre os dois havia cessado por 12 anos e eis que já no trabalho do Departamento o Diretor se dirige ao colega em linguagem tão íntima quanto incisiva, anota detalhes da administração, dá ordens, passa recado, justifica algumas dores e adiamento de entregas de textos, ajuda na organização de atividades para o dia da abolição e acerta a alocação de funcionários, evidentemente com generosidade salarial. Ainda no ano de 1938 (p. 306) retoma páginas difíceis de análise de um romance escrito por Milliet e outros temas de interesse do amigo. O Departamento já não existe.

Há, porém, na correspondência, quase uma carta de princípios para a construção do serviço governamental paulistano. Moraes (2011, p. 216-219) apresenta alguma memória das conversações que levaram à criação do DCR, que seria o núcleo básico de um instituto nacional de cultura com Armando de Salles Oliveira na presidência da República. O mapa mental desses intelectuais em seguida a 1930 ergue o grupo que formará o quadro educativo-cultural sob Fábio Prado. Nas quase intermináveis madrugadas, em apartamentos do hoje centro velho de São Paulo, eles tomaram algumas decisões, pedra-de-toque da *práxis*, a saber: A. Trabalhar como intelectuais e não se subordinar aos políticos. B. Tentar fazer com que a área política acompanhasse o pensamento democrático dos intelectuais. C. Agir em profundidade, sem a expectativa de resultados imediatos na ação cultural. D. Um organismo cultural a ser criado deveria incentivar o estudo e a cultura. E. A ação educativa a ser desenvolvida teria de ir além da escola. F. A direção da ação seria ditada por pesquisas – inquéritos e levantamentos – junto às várias camadas da população paulistana, com fundamento científico nos estudos sociais.

Como não identificar nessa carta de princípios os diversos itens do *Acto 861*, de 1935, em especial os objetivos e as metas trabalhadas nesta obra em capítulos anteriores? Por meio da *totalidade* e do *movimento*, o longo planejamento cultural-educativo pensado e formulado pelo grupo se transforma no *ser* da instituição paulistana. Desta feita, os instituintes do serviço ao público entendido como "revolução na rotina" residem num conjunto de princípios amadurecido, num método e numa estratégia a assumir o compromisso com a emergência da complexidade humana na urbe. Bem mais que um projeto de *welfare state*, timidamente proposto em Gladden como resultado da boa administração pública. Aqui, de fato se realiza um plano administrativo de mudança social, via cultura, no estado local sob um poder maior de centralização autoritária.

Convém destacar, neste ponto, que o pensamento comum daqueles administradores, a despeito da distinção das experiências e da violência política sofrida em 1938, é mantido, de modo a criar relações significativas entre essas ênfases de Moraes e os itens de cultura institucional apurados ao final de capítulo anterior, em seguida ao de metodologia.

A retomada dos eixos administrativos de uma organização em Weber vem a calhar. Hierarquia, Burocracia, Racionalização do trabalho, Formalização pela escritura legal, Gerência sem a ideia de posse, Seleção por competência e sabor de legalidade.

Vejam-se os alcances das leituras do sociólogo e dos nossos intelectuais.

A gerência destituída do sentido de posse se encontra no cerne da insubmissão aos políticos, pois amiúde a administração pública conhece o contrário, isto é, gerentes servem a possuidores de altos cargos e funções. Ocorre que o grupo administrador vai além de Weber, pois evita, na gerência liberada, uma história do cabresto. Ainda mais, o ato inédito busca o impossível: que o campo político-partidário se aproximasse e acompanhasse o pensamento *democrático* dos intelectuais. No fundo da proposta, que é também um desejo, reside um dos maiores desencontros da história cultural brasileira, que é a negação da liderança (e às vezes da existência) do pensamento científico e estético, saber formador entendido socialmente como guia na realização do bem-comum. A despeito de ser via-de-regra superior à política partidária dos países colonizados e enredados em cipoal de contradições, esse pensamento se realiza como parceiro, quando aceito. Quando não enjeitado, concretiza o que propõe Furtado no pequeno artigo de história e sociologia escrito em 1984, discutido nesta obra.

As relações prosseguem. Um trabalho claramente racionalizado, no qual a pesquisa fundamente os lances da administração, e as instituições urbanas, como a escola de educação e recreação, mantenham seu sentido sistemático, acrescido de um *mais* indispensável, o sabor das práticas culturais e suas interações sociais. Evidentemente a racionalidade também se projeta para o ponto anterior e vai ser fulcro da organização meticulosa destacada aqui em vários pontos da análise. Do mesmo modo, o projeto intelectual de não buscar resultados exclusivamente pragmáticos, como se costuma dizer *para ontem,* tanto azeita a burocracia quanto a hierarquia, dado que aquela teleologia de que já se tratou nesta obra supunha e exigia uma arquitetura organizacional para a permanência, para a solidificação e normalização do movimento de totalidade na vida do povo e em direção à totalidade do país. Ainda que breve e arriscada, como se mostrou.

Quanto ao texto formalizado, há pouco de Weber e muito do grupo pensante que dirigiu o DCR. Como se trata em diversos pontos desta análise, a escritura enunciadora dos setores de trabalho e suas funções é instituição da linguagem e o *Acto 861* já se faz práxis na sua elaboração, vivida e curtida pelo grupo que passa a gerir o serviço público.

Este pesquisador se recusa ao uso do termo competência, por posição pessoal, assumida pela verificação do desgaste conceitual do termo, comum nos assuntos gerenciais e depois transplantado para todas as áreas das ciências humanas e sociais. Deu-se então que as crianças de sete anos da escola periférica se viram atoladas em competências, via de regra sem a mínima leitura crítica das significações, inclusive da lição linguística que associa competência a performance, o que alteraria a mera nomenclatura... Prefere-se aqui o sentido de qualificação. Destarte, também fica evidenciado no correr da análise o difícil e perigoso trabalho de seleção dos trabalhadores e trabalhadoras do DCR. No entanto, feito segundo o projeto mentalizado.

Teste-se, em decorrência, o diálogo teoria-prática com o próprio *Acto 861*, que instituiu o DCR em 30 de maio de 1935. Ele amplia o debate do capítulo que pôs lado a lado a carta publicada por Paulo Duarte e o relato de um ano de ação cultural. Ali se viu o teste da ação, que materializou as premissas, as propostas e o governo cotidiano do grupo administrador.

É claro que a plataforma modernista, amadurecida e lúcida para outro registro de linguagem e trabalho, regeu esse processo administrativo e encontrou evidências de sua cultura institucional. Fez, também, jus ao que pensava seu líder (ainda que se contradiga nas cartas), isto é, a busca de uma verdadeira São Paulo não seria dada num fim determinado, mas no processo comovido de administração, na construção de caminhos misturados e convergentes de ação, pensamento e linguagem.

Se a ideia de movimento não fosse fundante nesse processo, essa gente que dirigiu o DCR teria aceito a proposta de Fábio Prado – em face do perigo iminente de sua destruição – de criar uma lei que efetivasse o grupo como funcionários em diferentes postos do Departamento. Como relata Duarte *(op. cit.*, p. 55), "unanimemente demos para trás na ideia generosa". A razão da negativa: o Departamento "era coisa muito grande para deixarmos cair sobre ele qualquer acusação de afilhadismo". Afilhadismo é a personificação do passado fixo, perenizado na história administrativa do Brasil, uma espécie de metáfora da morte em administração pública. O *movimento-totalidade* daquela práxis não tinha nada a ver com isso.

Qual seria o interesse em definir que tudo o que se fez no período foi uma política pública de cultura; melhor, uma política integrada educativo-cultural? Dada a intensa elaboração em torno de políticas de governo a partir das últimas décadas do século XX, e considerado o fato de haver discursos políticos em demasia e poucas políticas sólidas, o campo teórico da administração poderia se beneficiar de um vislumbre de política afastada do tempo de seu maior debate e de suas ocasionais consecuções nos vários níveis da administração pública. Se conviesse, teoricamente, seria necessário combinar administração pública e gestão social, pois a *práxis* vivenciada sob o prefeito Fábio Prado conectou setores e classes sociais, estimulou vocações ao voluntariado, colocou nas mãos de autoridades e populares poderes de promoção e decisão e superou a fixidez do funcionalismo. No entanto, não foi necessário teorizar a favor de política pública, pois a ideia viva e disseminada de serviço à coisa pública foi suficiente e capaz de revolucionar a rotina burocrática assentada antes do *Acto 861*.

Cabe considerar algumas leituras contemporâneas de políticas públicas a fim de enfrentar as questões postas.

Draibe (2007, p. 30) sugere um momento adequado para a revelação da política social, ou pública social, na ação das Nações Unidas a favor de práticas mais duradouras e robustas de desenvolvimento das sociedades. Para tanto, cria uma nota em que localiza a consecução dessa relação entre desenvolvimento e política social para o bem-comum:

> Foi Gunnar Myrdal quem explicitou originalmente tal conceito de desenvolvimento social, quando coordenou, em 1966, no Conselho Econômico e Social das Nações

> Unidas, o grupo de especialistas encarregado de elaborar o estudo sobre a estratégia unificada de desenvolvimento social e econômico, orientada por quatro princípios normativos básicos: a) que nenhum segmento da população seja deixado à margem do desenvolvimento e das transformações sociais; b) que o crescimento seja objeto da mobilização de amplas camadas da população e que se assegure sua participação no processo de desenvolvimento; c) que a equidade social seja considerada igualmente no plano ético e no da eficiência econômica e d) que se confira alta prioridade ao desenvolvimento das potencialidades humanas, especialmente das crianças, evitando-se a desnutrição precoce, ofertando-se serviços de saúde e garantindo-se igualdade de oportunidades.

Para Draibe, a pedra-de-toque da equipe de Myrdal abre para as demais manifestações multilaterais, como a Declaração Mundial sobre a Proteção das Crianças (1990), a Cúpula do Desenvolvimento Social de Copenhague (1995), as Metas do Milênio etc.

O texto seminal, que tem a ver não somente com as recentes conceituações de Política Pública/Social, mas também com o pensamento dos intelectuais aqui pensados, se encontra com o texto de Capella (2007, p. 93), para quem os estudos *pós-positivistas* do campo das políticas "procuram mostrar que o processo de formulação de políticas está mais próximo do campo das ideias, da argumentação e da discussão do que de técnicas formais de solução de problemas". Deste modo, Capella (p. 95) pode afirmar que,

> em determinadas circunstâncias, estes três fluxos-problemas, soluções e dinâmica política – são reunidos, gerando uma oportunidade de mudança na agenda (*agenda setting*, ou formulação de agenda). Nesse momento, um

> problema é reconhecido, uma solução está disponível e as condições políticas tornam o momento propício para a mudança, permitindo a convergência entre os três fluxos e possibilitando que questões ascendam à agenda.

De sua vez, Celina Souza (2007, p. 72-73) resume bem esse movimento:

> *a política pública permite distinguir entre o que o governo pretende fazer e o que de fato faz;
>
> *a política pública envolve vários atores e níveis de decisão, embora seja materializada nos governos, e não necessariamente se restringe a participantes formais, já que os informais são também importantes;
>
> *a política pública é abrangente e não se limita a leis e regras;
>
> *a política pública é uma ação intencional, com objetivos a serem alcançados;
>
> *a política pública, embora tenha impactos a curto prazo, é uma política de longo prazo;
>
> *a política pública envolve processos subsequentes após sua decisão e proposição, ou seja, implica também implementação, execução e avaliação;
>
> *estudos sobre política pública propriamente dita focalizam processos, atores e a construção de regras, distinguindo-se dos estudos sobre política social, cujo foco está nas consequências e nos resultados da política.

Draibe nos mostra que as políticas sociais são reveladas no bojo dos debates dos anos de 1960 sobre desenvolvimento. É verdade que Laswell (1936) introduziu a expressão *policy analysis* ainda durante a experiência do DCR. No entanto, como explica Souza, tratava-se de criar uma relação entre conhecimento científico e produção empírica dos governos. Quanto à política cultural, a partir da fundação da UNESCO sucedem-se conferências que fazem avançar esse conceito.

O fato é que tivemos muita política naquele governo de Fábio da Silva Prado. No entanto, o conceito posterior de política pública de cultura, que criou modos e procedimentos para as ações do governo, não constava do alinhamento daquele governo dos anos de 1930. Se uma política cultural, projetada da frente para trás no tempo, se realiza pelas marcas de uma administração fortemente transformadora, sem que o conceito tenha sido usado uma única vez pelos administradores, então ali deu-se o fenômeno, embora dispensável. Mas também é verdade que o grupo que pensou, planejou, introduziu, deu suporte e vivenciou a experiência de 1935-1938 não pôde contar com uma ou outra das características das políticas pensadas contemporaneamente. Por exemplo, um grande envolvimento da população nas várias etapas de construção e consecução da política, fato bastante valorizado nas últimas décadas, especialmente após a promulgação da Constituição de 1988. Sim, houve, pela pesquisa, pelos inquéritos, pelo diálogo e pelo cotidiano educativo-cultural-recreativo o maior envolvimento possível da gente de São Paulo, mas essa gente não pôde estar afinada com a proposta em seu primeiro momento de decisões, muito menos presente aos debates do grupo de intelectuais nas madrugadas de São Paulo. Assim também, não esteve alinhada com a perspectiva política associada à eleição de Armando de Salles Oliveira para a presidência da República. Da mesma forma, posta nos limites de um serviço integrado a partir da cultura, aquele projeto extraordinário não podia responder pela totalidade do governo, pois um governo visionário, mas impactado pelo autoritarismo do Estado Novo e por toda sorte de pressões partidárias, não pôde fazer em pouco tempo um trabalho científico, matricial, capaz de dirigir um conjunto prioritário de serviços que, aliás, a grande maioria de nossas grandes cidades contemporâneas ainda não conseguiu realizar a favor do pleno direito à cidadania.

No mais, aquele serviço ao bem-comum, via cultura, inclui atributos contemporâneos de política e honra o comentário também visionário de Antonio Candido, já posto e repetido, para quem o brilhantismo daquela ação governamental superou parte do desmonte e do ódio político daquele tempo para fazer ver, não um modelo, nem um paradigma, mas sim um processo que, no limite, pensou, instalou e vivenciou a significação melhor possível dos sentidos da ação cultural na *polis*.

Enfim, qual a melhor tradução de política? Serviço. Serviço ao bem-comum, que é valor de caráter indisputável. A ideia de totalidade também porta esse caráter, pois o DCR, na leitura total da cidade, fez o que planejou fazer e não se meteu em disputas partidárias, embora tenha alterado procedimentos da rotina e construído o sentido de prioridades da administração.

VII.1. A felicidade é um fazer total, mundivivente

achados e acúmulos

Eu sou um tupi tangendo um alaúde
(*Pauliceia desvairada*)

Uma das perguntas clássicas da história da cultura se refere à possível perenidade da obra de arte. Ao lado dessa questão, se coloca uma dimensão de eternidade, ou a superação do tempo datado – dos criadores de certa obra, cujo acúmulo cultural se alinha ao sentido do único, do singular, ou do que identifica. A pergunta antiga sobre a obra de arte tem sido bem trabalhada, de geração em geração de críticos e estudiosos, com respostas necessariamente variáveis, mas muitas vezes competentes para demonstrar novas faces e novas belezas da relação, no tempo e no espaço, das conexões entre obra, autor e público.

Do mesmo modo, as significações do fazer cultural no tempo não contêm somente a duração, mas também a intensidade do viver e do fazer que, além de outros valores, pode dar suporte à própria duração. Ao entender essa intensidade como atitude de mundivivência de certos homens e mulheres, o viver plural assumido pelo desejo de conhecer não se basta na identidade burocrática, mas sim nas identificações solidárias do cotidiano.

Os missivistas de Mário não somente se referem a seu amplo sorriso, mas também à imagem de quem juntava muita matéria dos debates e encontros, recepcionava com carinho a informação e se dedicava a pensá-la. Se cabe alguma teoria nessa atitude, talvez o movimento de significações continuadas de uma obra, fruto do trabalho, esteja na operação comunicativa que aqueles e aquelas que *mundivivem* realizam por via de uma gramática de várias linguagens. Há uma gramática, como a dizer que o aleatório não é o senhor da matéria, mas as motivações são variadas, flexíveis, inclusivas; só não caóticas.

Nesse sentido, ainda que não se submetesse um arquivo de histórias, uma prática recreativa ou uma biblioteca ambulante a um trabalho estatístico, com todas as variáveis de um bom método escolhido no campo quantitativo, alguns atos de escolha da pluralidade incluída no lugar e no tempo dessas pessoas também revelam facetas da perenidade, ainda que se tema, como Candido, que um criador extraordinário seja confundido com um nome de meteoro, que passa e se vai, talvez com chance de voltar noutra geração e com outro batismo.

No processo social de esquecimento e memória, surgem expressões estéticas e políticas que representam valores e problemas centrais e cíclicos da vida humana. No interior das Humanidades e das Ciências Aplicadas, carece perguntar se determinada administração pública – como a aqui estudada – também pode constituir memória já robustecida na cultura pessoal e/ou coletiva e projetar seus valores e propósitos por longo tempo, admitida sua apropriação por outros processos de administração. Noutras palavras, é possível comunicar-se e se fortalecer no tempo, ou tornar comum um projeto de trabalho de modo a enriquecer um diálogo sob pressão e então dialogar com a posteridade sob a base do bem-comum. No entanto, este não se realiza somente na administração direta do governo, mas também num conjunto de escolhas culturais coletivas, leituras, vivência com as artes, conversação, acúmulo documental, cooperação, tudo como um *continuum*, bem ao gosto do diretor do DCR.

Deste modo, aquele movimento de ideias e ações de governo provocou mudanças de qualidade e se realizou no ato mesmo de produzir comunicação entre o antes e o depois da obra administrativa; combina, pois, intensidade e duração. Enfim, preparou-se para muito mais do que de fato fez. Mas não fez pouco, entendido como administração popular da cultura a partir do muito pouco realizado pela parca elite cultural paulistana. Os embates documentais sobre programação de casas de espetáculos revelam o fenômeno.

São necessárias outras escolhas, de matéria distinta. O mínimo que permita pensar atitudes evidenciadas nos textos do administrador de 1935-1938 e seus diálogos temporais.

Para tanto, vale lançar mão dos guardados de Mário, que podem informar algo de sua administração e, além dela, de suas disposições de intelectual militante e cooperativo.

Os anexos 1 e 2, mais um documento da Escola Nacional de Música da Universidade do Brasil, Rio de Janeiro, ampliam ressonâncias dessas disposições e razões de sua guarda.

São dois textos argumentativos e um de orientação técnica. Apresentam-se, portanto, Aristides Lobo (1905-1968), J. Herculano Pires (1914-1979)[1] e um projeto de envio de documentação musical folclórica ao Arquivo do Congresso dos

1 Aristides foi ativista político e redator, por muitos anos, no jornal *Folha de São Paulo*. Era conhecido como "lobo da imprensa" pelo destemor. Herculano Pires foi jornalista, educador e tradutor. Dedicou-se à organização de obras e à divulgação da doutrina espírita no país.

Estados Unidos, Washington, preparado pelo jovem e depois louvado folclorista Alan Lomax.

Os dois textos-anexos não são os únicos guardados; deste modo, são escolhas. Mário não viu a publicação do resultado do I Congresso Brasileiro de Escritores (janeiro de 1945), no qual os congressistas Herculano Pires e Lobo apresentaram estudos seguidos de "teses" ou proposições, tudo sucinto (como deve ter sido exigido pela coordenação do Congresso), mas não pouco admirável em suas significações. Como a consideração deste autor assume não existir documento aleatório, ou exaurido de significação, no arquivo mariodeandradiano do IEB o trabalho com esses textos (entre outros) deve lançar significações ao pensamento do líder do modernismo já perto de sua morte.

Segundo os textos da FGV-CPDOC (vários acessos entre 2019-2020) o I Congresso foi proposto pela Associação Brasileira de Escritores, fundada em 1942 e inicialmente presidida por Otávio Tarquínio de Sousa. Do seu corpo dirigente inicial constavam Astrojildo Pereira, Paulo Emílio Sales Gomes, Érico Veríssimo, Raul Riff, Mário de Andrade, José Lins do Rego, Antonio Candido de Melo e Souza, Graciliano Ramos e Sérgio Buarque de Holanda.

O I Congresso se organizou em torno de três temas: a democratização da cultura, o escritor e a luta contra o fascismo e a criação literária e a liberdade. A par deles, várias comissões temáticas fomentaram os temas para o debate, que contou com duas centenas de intelectuais. Entre tantos, ali estavam Pierre Monbeig, Bernanos, Jaime Cortesão e Antonio Picarollo. Ao final, um documento propugnou pela legalidade democrática, eleição direta pelo sufrágio universal e soberania popular. Algumas moções aprovadas trataram da luta da FEB na Itália, da imediata recuperação das liberdades no país e da exigência de nova organização política. Um libelo, pois, ao Estado Novo, cujos informantes e censores acompanharam tudo bem de perto. Detalhes do I Congresso foram publicados depois da morte do Mário, em 25 de fevereiro de 1945. Portanto, cópias de trabalhos datilografados que se encontram no Arquivo IEB-USP foram resultado de recolha, talvez de escolha, do poeta, como membro do evento.

É necessário dizer que os dois textos aqui dispostos não foram os melhores do Congresso. Ao contrário, o de Herculano Pires foi rejeitado após parecer de Marinho Rego, segundo o qual tratava-se de tese com "termos genéricos e confusos" (LIMA, p. 113). A outra tese, de Aristides Lobo, relatada por Moacir Werneck de Castro, foi aprovada parcialmente, pois rejeitou-se a primeira parte de argumentações por não interessar ao congresso (LIMA, p. 182). De todo modo, esse autor conclui seu trabalho com o que entendeu fundamental no I Congresso: a) derrubar o regime ditatorial; b) lançar as bases de um campo intelectual autônomo com base em código de ética e função social comum (p. 222). Enquanto a autonomia do campo foi voz comum (e a ética dirigiu o pensamento do Congresso), o Estado Novo estava com dias contados. Mário não assistiu à sua queda.

A apreciação desses documentos independe da disputa interna e dos encaminhamentos do Congresso. Recolhidos e guardados, anote-se que o texto de Herculano se encontra em duplicata, com dois números no arquivo-fundo Mário de Andrade do IEB.

Ambos marcam a equidistância do trabalho do administrador já demitido há quase sete anos do DCR. Da cultura feita democracia operante à expressão do *sapiens* como irreversível frente ao fascismo, tais textos de militância política furam o cerco dos pares zelosos e vão para o arquivo como parte de um grande corpo de referências.

Seus modos de constituição como corpos textuais são distanciados das missivas, dos argumentos do administrador diante do seu prefeito e das falas durante a administração, peças sempre muito mais refinadas. Nos textos de Lobo e Herculano há dois modos de acúmulo textual, pelas oposições intermitentes no primeiro e por um carregamento de negações no segundo. Num movimento, o *sapiens* e o *stultus*, que enunciam do fim para o começo os atributos de inteligência e fascismo; noutro, o reconhecimento da degeneração da cultura a se amontoar sobre o fio de esperança, que é a educação; e por esta se reverteriam os novos direitos à cultura postos nos "escombros do poder das elites brasileiras e seus braços de mercadores".

Sem refinamentos literários, mas fortemente politizados, os dois textos medeiam os espaços fronteiriços convergentes do projeto intelectual sediado em São Paulo com olhos no país, inegavelmente bombardeado após 1938 e piorado na direção da morte do líder da administração paulistana.

O congresso de escritores não teria de ser um congresso de educação, mas o texto de Herculano evidencia temas de hoje e de 1932, sendo o mais candente aquele que lamenta ser a alfabetização um fogo fátuo na vida do homem ou da mulher que, depois das primeiras letras fica *na mão*, sem livros e sem qualquer sequência de estudos. Carece de lembrar que tal fato determinou todo o trabalho das bibliotecas, discotecas, pesquisa, debates e ação esportiva da administração 1935-1938, quer no meio da criançada, quer no universo dos jovens e adultos de São Paulo. Se é um lugar-comum, é um lugar de valor no campo da educação brasileira, pois o investimento pró alfabetização tem valido pouco sem os enunciados culturais que movem a consciência coletiva da comunidade aprendente/ensinante, ou livros, histórias, música, trabalho, participação na vida da cidade. Ademais, faz bem ao coração e à mente do poeta a um mês de sua morte que (nos termos do texto citado) todo o país fosse coberto por equipamentos e grupos sociais voltados ao fazer cultural e que todo o ensino brasileiro fosse gratuito, com discriminação e valorização de talentos.

O pensamento de Mário sobre o fascismo não se basta em discursos contraditórios. Talvez esse seja o lugar mais débil da luta contra essa sanha autoritária. Às citações de Aristides Lobo (D'Annunzio, Silone e Croce) como sinais da rebeldia ao fascismo, Mário talvez gostasse de acrescentar as famílias de operários, os funcionários do DCR e os adolescentes dos espaços de recreação em seu aprendizado de liberdade e construção de autonomia sob autoritarismo. Cultura e educação, entranhadas e gêmeas de *práxis*, são os lugares do esclarecimento do mundo e da autonomização coletiva capaz de rebeldia diante do seu contrário. Aí os dois textos se juntam na memória ainda viva e talvez sofrida do administrador expulso de seu campo de amor, quiçá paixão. Os textos escolhidos e guardados por Mário se casam com seus valores. De fato, não são mais do que teoria em face da experiência no governo de Fábio Prado.

Lutar contra o fascismo – outro tema comum – não é uma luta vã, em especial quando não somente se permanece no campo semântico e intelectual do *sapiens* contra o *stultus*. Muito mais do que isso, a atitude clara e definitiva do intelectual é a de acompanhar movimentos de cultura prenhes de atos de aprendizado e de expressividade dos muitos grupos e indivíduos que foram calados na história.

Os textos de Pires e Lobo compõem, pois, a concretização da *hexis* daquela administração ao mesmo tempo de sucesso e fracasso, informada tanto nos detalhes das folhas soltas quanto nos blocos maiores, organizados, da matéria abrigada pelo colecionador, testemunho da vida.

***

Todos os bilhetes são saborosos, quer como sinais da pedagogia de projetos a exigir pormenores, quer como ponto de inflexão a favor "dos rapazes e suas famílias" (como se lê na próxima página). As casas de cultura, projetadas como abrigo e fomento dos projetos, planos e programas de governo, serão mais tarde – na redemocratização pós 1985 – espalhadas por diferentes secretarias de cultura do Brasil. Muito provavelmente, jamais foram ou são o que pensou Mário de Andrade, mas existem. Ora, o inédito não se viabiliza necessariamente no tempo de quem deseja. Nem como foi pensado. *Eppur si muove*.

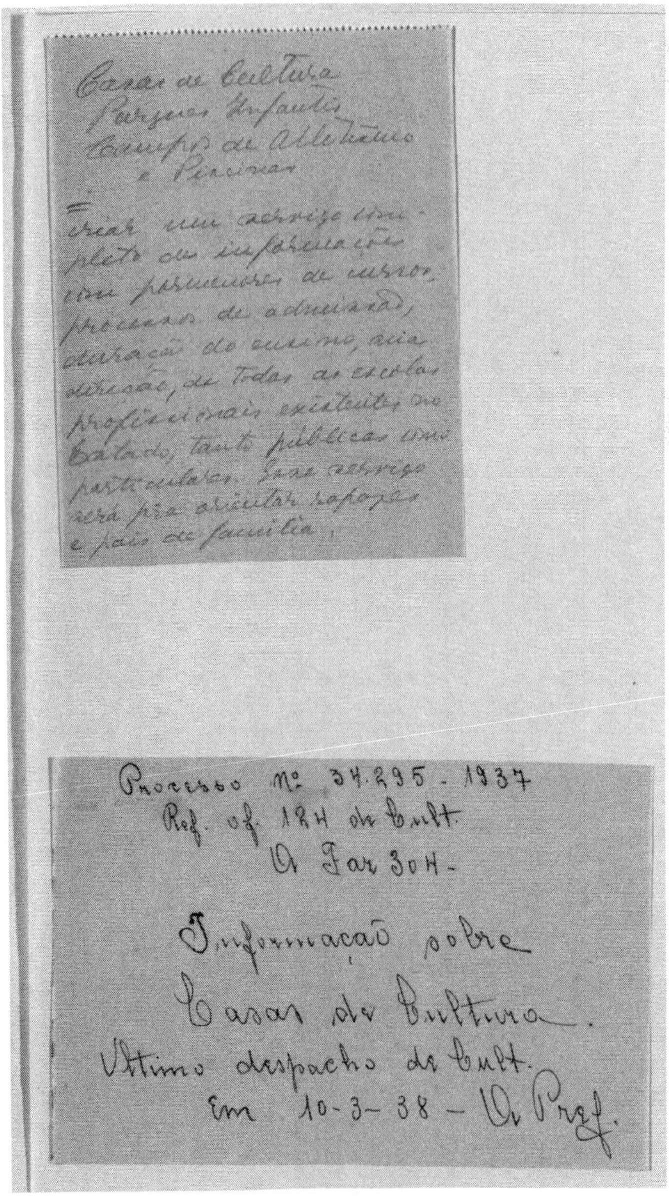

Casas de Cultura
Parques Infantis
Campos de Atletismo
e Piscinas

= Criar um serviço completo de informações com pormenores de cursos, processos de admissão, duração do ensino, sua direção, de todas as escolas profissionais existentes no Estado, tanto públicas como particulares. Esse serviço será pra orientar rapazes e pais de família.

Processo Nº 34.295 - 1937
Ref. of. 124 do Cult.
Of Far 304.

Informação sobre
Casas de Cultura.
Ultimo despacho do Cult.
Em 10-3-38 - Of Pref.

Arquivo IEB-USP

VII.2. O fazer total como aprendizado

Neste ponto de sistematização das análises ficam patentes os resultados da cultura institucional do DCR. Segue-se o esforço em ligar os pontos da ação cultural e, principalmente, tocar no nervo de uma administração pública, que é a formação de pessoas para o trabalho com e na comunidade. Ou a formação da comunidade para o incremento da governança, que excede o governo. Do mesmo modo, cabe aqui dar sequência ao tema da possível perenidade da obra administrativa em foco.

Tal processo formativo, capaz de, na sua qualidade, revelar os demais sob a direção das várias divisões do DCR, provoca o prazer de quem o lê à distância e revela a contribuição que o órgão do estado local ofereceu – a posteriori – para instituições de cultura de muitas cidades brasileiras. Poder-se-ia dizer que foram planos e programas capazes de comunicação com o futuro imediato e mediato. E não poderiam deixar de ser, pois aqueles fomentaram a pesquisa de campo, a sistematização e o compartilhamento social das culturas populares, a criação de massa crítica para a educação e a recreação na cidade de São Paulo. Nesse movimento de trabalho, os três anos foram especialmente produtivos, quer com a expedição ao interior do Brasil para gravar narrativas, cantos e danças, quer com a organização de um sistema de catalogação de documentos sonoros e gráficos e ainda a criação de relações internacionais no campo cultural-educativo. Tudo isso com a finalidade precípua de garantir âncoras de memória, marcas das manifestações dessas culturas e sinalização de seu valor civilizatório e educativo na composição do Brasil moderno.

Nessa direção, é necessário apontar o texto proposto por Alan Lomax, do setor de folclore do Arquivo do Congresso em Washington DC, o projeto de organização da área similar na Universidade do Brasil quando Mário ali ensinou e pesquisou, bem como os resultados posteriores, já nos anos de 1940, quando Lomax e Oneyda Alvarenga trabalham juntos e compõem o acervo folclórico brasileiro no prestigioso arquivo dos EUA. Antes disso, a experiência científica de Mário com Dina Dreyfus (Lévi-Strauss).Há uma correspondência entre atores diversos que informam a administração documental e toda a significação da pesquisa sobre as culturas populares no período estudado e pouco além dele. A base de conhecimento dessa administração se organiza a partir do campo da etnologia e da etnografia, no qual esteve presente o cuidado e o ensinamento de Dina Lévi-Strauss (nascida Dreyfus, 1911-1999), os estudos anteriores de Mário e a rede de colaboradores, sujeitos de pesquisa e sujeitos de interlocução nas cidades paulistas citadas.

O movimento transparece nos diversos documentos brasileiros, aqui pensados ao lado das orientações de Lomax. Entre eles não existe concomitância ou causa-efeito, mas sim acúmulo de conhecimento das culturas e esforço metódico na construção de proposta educacional e recreativa, a saber, sair do quase nada e garantir para a geração presente e quiçá para as futuras um aparato científico, um roteiro de vocações e talentos para a pesquisa e a construção de valores didático-pedagógicos para o trabalho educacional. E não é outra coisa o que consubstancia o legado do DCR e de operadores da cultura sobreviventes à destruição iniciada em 1938.

Mário viajara nos últimos anos de 1920 para coleta e aprendizado. *O turista aprendiz* (1941) resulta desse rico aprendizado e fornece *régua e compasso* para o trabalho de campo. Deste modo, o arcabouço antropológico de base e os objetivos do DCR crescem bastante no curso de etnografia que Dina ministra junto ao Departamento em 1936 e no trabalho da expedição de 1938, composta também pelo casal Lévi-Dina. Mário é responsável pelo fluxo desse extraordinário levantamento, com o apoio de Luiz Saia e outros, pois tem contatos nacionais e orientações precisas, que resultaram dos seus achados e do seu zelo.

ESCOLA NACIONAL DE MÚSICA, Universidade do Brasil, Rio de Janeiro
LIBRARY OF CONGRESS, Washington, D. C., U. S. A.

I N S T R U Ç Õ E S

PARA A COLETA DE DISCOS DE MÚSICA FOLCLÓRICA BRASILEIRA

organizadas por

ALAN LOMAX

Diretor dos Archivos of American Folk Song, Library of Congress

\- - -

A) INFORMAÇÕES GERAIS

1ª) Nome, idade, local do nascimento, cor, ocupação e classe social do informante.

2ª) Idade da melodia (na opinião do informante).

3ª) Classificação do gênero da melodia, segundo a opinião do informante.

4ª) Indagar se o assunto tratado no texto (quando este é narrativo) tem fundo de verdade ou é fictício. No primeiro caso, porque é que o informante julga a história verdadeira. Qual o valor moral atribuído a esse canto.

5ª) História local do canto. Como foi composto. Fatos que o cercam.

B) FUNÇÃO

1ª) Descrição das relações da melodia com as instituições a que está ligada (cantos religiosos, de trabalho, etc.; quando e em que circunstâncias são empregados).

2ª) Posição do cantor nessa instituição (se é um celebrante se é um membro da instituição, se está a soldo, etc.).

C) ESTÉTICA

1ª) Idéias da comunidade sobre a música (em geral)

2ª) O que é, para a comunidade, um bom músico.

3ª) O que é, para a comunidade, um bom ou um mau cantor.

4ª) Porque razão, na sua opinião, uns cantos sobrevivem e outros perecem.

5ª) Análise da comunidade, sob o ponto de vista do gosto, de acordo com: a) a idade dos indivíduos; b) sua posição social e econômica.

6ª) Quais são as expressões musicais correspondentes às diversas emoções: alegria, tristeza, religiosidade, sátira, amor, etc..

\- 1 -

Arquivo IEB-USP

MA-CUL-131

D) O CANTOR

1º) História da sua vida.

2º) História da sua carreira musical.

3º) Como aprendeu os seus cantos.

4º) Como se inspira para fazer música.

E) TÉCNICA

1º) Procurar sempre os informantes considerados os melhores pela comunidade; e não os que o pesquisador ou pessoas cultas achem os melhores.

2º) Recolher não só o canto, mas tambem a voz falada de cada cantador.

3º) Pedir o significado das palavras que não são usadas na linguagem comum.

4º) Em cada disco fazer ouvir o diapasão, afim de tornar possivel na transcrição, determinar a altura exata dos sons.

5º) Fazer ouvir em cada disco: o nome da música, o lugar e a data em que foi tomado.

6º) Gravar as diferentes partes polifônicas ou instrumentais separadamente, afim de permitir a sua fiel transcrição. Para esse fim aproximar do microfone um cantor ou instrumentista, enquanto os outros estão mais ao longe.

7º) Registrar o mesmo canto por muitos cantadores.

8º) Tomar todas as fotografias que for possivel.

9º) Danças: se possivel registrá-la cinematograficamente.

10º) Registrar sempre os cantos de trabalho <u>durante o trabalho</u>, com o ruido próprio da espécie de trabalho a que pertencem, e não por informação especial.

11º) Elaborar um diário, durante os períodos de coleta, com informação sucinta de todas as ocorrências. Guardar cópia de todas as cartas (mesmo a correspondência privada e de família).

- - - -

Arquivo IEB-USP[1]

1 Lordello (2013) informa que em 1937, quando a Universidade do Rio de Janeiro passou a ser denominada Universidade do Brasil, o Instituto Nacional de Música recebeu o nome de Escola Nacional de Música. Conforme a autora: "Em 1965, quando o Governo Militar, por força do Decreto nº 4.759, transformou a então Universidade do Brasil em Universidade Federal do Rio de Janeiro, a escola recebeu seu atual nome: Escola de Música da UFRJ" (não há indicação de página).

Ao início do curso da senhora Lévi-Strauss, Mário discursa:

> Não foi ao acaso que escolhemos a Etnografia, ela se impôs. Quem quer que, mesmo diletantemente como eu, se dedique a estudos etnográficos e procure na bibliografia brasileira o conhecimento da formação cultural do nosso povo, muitas vezes desanima, pensativo, diante da facilidade, da leviandade detestável, da ausência, muitas vezes total, de orientação científica, que domina a pseudo-etnografia brasileira [...]. E é principalmente nisto, na colheita da documentação popular que a enorme maioria dos nossos livros etnográficos é falsa [...]. Colher, colher cientificamente nossos costumes, nossas tradições populares, nossos caracteres raciais, esta deve ser a palavra de ordem dos nossos estudos etnográficos; e num sentido eminentemente prático vão se orientar os trabalhos deste Curso de Etnografia (CATÁLOGO SEF, p. 6).[2]

Há importante intercâmbio de mensagens entre o administrador e Dina, fundamento das coletas e sistematizações de material. O enriquecimento também se faz na organização do Clube de Etnografia e da Sociedade de Etnografia e Folclore, ambos criadores de vasto material publicado na *Revista do Arquivo Municipal*, em outros boletins, jornais e nos encontros internacionais de que o DCR participa. O sentido de administração pública com base científica do departamento inclui questionários de descrição pormenorizada sobre a criação popular de mais de 200 cidades paulistas. O documento do Centro Cultural São

2 O documento está sob guarda do Catálogo da Sociedade de Etnografia e Folclore. Centro Cultural São Paulo, Biblioteca Oneyda Alvarenga. Acessado em maio de 2020.

Paulo informa que foram dadas respostas a 842 questionários em 1937 (p. 44 e seguintes).

Não tardaram os compartilhamentos desses inquéritos/ questionários, os quais, ao lado das narrativas dos colaboradores da Sociedade e do Clube de Etnografia e Folclore, povoam vários números da RAM. Neles, o rigor científico, as notações das variáveis das narrativas, das danças e cantos e a busca da localização temporal e espacial tanto revelam a boa orientação quanto fazem crescer a massa crítica do campo.

Em um texto de linguagem jornalística (RAM 35, p. 276) orientado por Mário, discute-se um dos itens do questionário:

> Das dansas mais completamente nacionais, a que se espalha muito entre nós é o cateretê, especificamente caipira. Deixa de aparecer em zonas muito modernizadas, como Araraquara e mais surpreendentemente parece desconhecido por Atibaia e Tatuí, municípios no entanto ricos das dansas mais nossas. Em compensação, persevera em São José dos Campos, Rio Preto, Mogi Guassu, Descalvado, Caconde, Pirassununga, Jacanga, Birigui, em certas fazendas de Campinas e muitos outros municípios. Em Mirasol moderno, sem dansas tradicionais, o *cateretê* é chamado *catira*, como também em Novo Horizonte. Mas esta designação parece mais rara. A palavra generalizadíssima é *cateretê*.

Noutro número da RAM (número 30, 1937, p. 85-116) se encontra um precioso texto que combina narração e descrição da *dansa* de São Gonçalo. O autor, Marciano dos Santos, aluno do curso de Dina, deixa claro o seu projeto:

> Este trabalho – si é que assim póde se chamar esta simples mas honesta descrição – é o registro de um costume tra-

> dicional prestes a desaparecer tragado pela miscelânea de hábitos novos que vêm das metrópoles. Tivemos o máximo carinho no recolher os dados: não exagerámos e nem siquér fizemos qualquer alusão que não fosse baseada em informação colhida no lugar.

De fato, a narrativa é complexa, pois combina fontes eruditas e populares, bem como tradições diversas sobre o Santo de Amarante, Portugal, que perambula entre falas e cantos nada sagrados, ligados a casamento e outros interesses e necessidades das pessoas e das comunidades. No entanto, a *função* que se deseja *descrever* (e que não escapa de muitas interpolações narrativas) é de um núcleo caipira próximo a Guarulhos e nela se encontra certa fidelidade à proposta do apóstolo e fundador José de Anchieta, que usou as funções do Santo para a catequese e para a evangelização. *São Gonçalo tem grande força no arraial popular.*

Marciano, autor da análise, demonstra estar bem informado sobre as fontes da matéria estético-religiosa e sobre a diversidade narrativa, mas tem suas preferências de registro e usa o léxico comum aos trabalhos de etnografia e folclore, inclusive o verbo inquirir (pois o que o DCR buscou fazer nas centenas de cidades paulistas foram *inquéritos* a respeito das danças, rezas, rituais e cantigas, via de regra realizadas por atos de inclusão no movimento da *função*, isto é, no exercício da cantiga e da poética).

A dança de Guarulhos trabalhada por Marciano se realizou em 26 de setembro de 1936 e se fundamentou em uma *premessa* realizada. Importante, porém, é que os caipiras do entorno de São Paulo conhecem uma narrativa, entre variações, profundamente distinta daquela portuguesa, do Gonçalo rico e eremita. Nos espaços rurais paulistas ele é um pobre, que vivia no pau a pique com suas irmãs Marta e Madalena, encarnação da dupla constituinte da história temporal de Jesus. Depois de um milagre vivenciado pelos três no meio de uma tempestade, que se amaina, o próprio caipira Gonçalo se transformou em santo milagroso. Trata-se de um Gonçalo que vem do povo, portanto um tipo messiânico e, como tal, não mítico, pois compõe a história do calendário comunitário das gentes e é presente em suas vidas. Esta afinidade enseja uma devoção séria, religiosa, pia e se associa a um bem recebido e testemunhado. Decorre da afinidade a função (a atividade comunitária, a festa), operada pelas óticas da regulação e da adaptação do fenômeno às possibilidades comunitárias. O Gonçalo tornado comunidade local, regula com limites a liberdade das ações dos violeiros e folgazões (dançarinos), induz a propostas criativas de distintos grupos sociais e não define funcionalidades a serviço de regras superiores, mas sim ao cultivo da boa memória coletiva e da solidariedade em torno dos bens que os pobres possuem e que podem compartilhar. As distâncias sociais também estimulam regulações e adaptações comunitárias e mesmo individuais, dadas na criação de versos, na construção dos ritmos e na organização da festa. Nesta *função* a divisão do trabalho não tem preço e sim causa, ou objetivo comunitário. Obedece ao primado superior da *parceria*. É comum, pois, que toda a comunidade ajude no preparo de um animal oferecido pelo festeiro, segundo suas posses e, especialmente, que coma também em comum. A *função* de São Gonçalo ainda é instituinte dos valores das parcerias (como sociedade semirrural), a despeito da condição periférica dos núcleos humanos próximos à metrópole ser regulada pela modernização imobiliária e pela anomia das relações de trabalho.

No preparo para testemunhar a função, o narrador informa que São Gonçalo não é representado por uma efígie somente, pois há o São Gonçalo-violeiro e o São Gonçalo-padre. São Gonçalo paulista é uma imanência, a metáfora da ajuda e da necessidade, em cujo interior semiótico todos e todas são iguais na recepção e distintos na doação. A graça já é dada. O cristianismo evangélico dos pobres se realiza integralmente nesta narrativa paulista.

Em seguida, Marciano dos Santos (p. 94) escreve que as imagens ligadas às atividades foram doadas a Mário de Andrade. O criador, Antonio Luzia, era afamado na região que ia de São Miguel a "Mogy" e Santa Isabel. Seu trabalho consistia no uso de canivete e "pau de leite", concluído por coloração marrom e vermelha.

Segue-se uma minuciosa narração/descrição do trabalho de organização e performance da festa, entre rezas e o banquete de um boi. Por suposto, o trabalho do pesquisador segue o roteiro científico aprendido e busca entender os modos de dançar que estão diante dos olhos, incluídas maquetes feitas à mão para indicar os movimentos dos violeiros e dos *folgazões*, todos homens. Não menos que uma boa caderneta de campo e demais instrumentos à mão, não informados, permitiriam organizar o inquérito, vivenciado por muitas horas de acompanhamento da função. O autor não deixa de apresentar certas estrofes menos austeras, que correm de boca em boca, mas afirma que elas não seriam aceitas em Guarulhos, cuja descrição era a sua incumbência.

A RAM trouxe várias narrativas, resultado do aprendizado que se transformou em um grande grupo de colaboradores paulistas. O que isso significou?

Em primeiro lugar, que as discussões de Candido (*op. cit.*) sobre a criação intelectual modernista se alarga e produz muitos sujeitos de discurso, antes personagens da poesia e da prosa do movimento nos anos de 1920. A própria vocação do sociólogo na memorável construção de *Os parceiros do Rio Bonito* (2ª.ed., 1971) tem alguma relação com esse campo de empenhos no mundo caipira. A obra iniciada alguns anos após a morte de Mário, centrada na região de Bofete, SP, busca demonstrar, entre outros fenômenos da Antropologia e da Sociologia, a adaptação dos caipiras ao "mínimo inevitável de civilização, procurando doutro lado preservar o máximo possível das formas tradicionais de equilíbrio" (p. 218). Aceitam padrões impostos pela cultura urbana, preço da sobrevivência, e rejeitam propostas que venham a dizimar a integração grupal. A função de São Gonçalo integra, cria memória, faz-se emblema grupal, notadamente pela escolha da variante do Gonçalo pobre, amigo, parceiro.

Aquele alargamento de narrativas, empreendido a partir do curso de Etnografia de Dina Dreyfus, não encontra os novos narradores como reprodutores de discursos e sim como analistas de falas, gestos, danças, cantigas, dramas populares, ritmos do trabalho dos pobres nas antigas periferias e no mundo rural. É bem verdade que há um dado de reprodução, isto é, as instruções técnicas de etnografia, que nascem com as leituras de Mário nos anos de 1920 e se completam por via de colaboradores, especialmente a professora Dina.

Mas o aprendizado de instruções, que se reproduz amplamente no grupo de curiosos, interessados e funcionários é matriz não somente para orientar a atenção e construir foco narrativo, mas também uma linha de comportamento diante do real. Ocorre que, como visto na narração-descrição da dança de São Gonçalo de Guarulhos (com similaridades em vários outros municípios de São Paulo), surgem momentos em que a memória do narrador promove comparações, forçada que é pelas variações criadas pelos caipiras folgazões e violeiros, em atendimento às nuances de sua vida e de sua relação especial com São Gonçalo.

Dado que o santo é polivalente, como outros também o são, o processo de construção cultural em torno de São Gonçalo pode levar a múltiplas narrativas, o que constitui não somente a diversidade textual, mas a diversidade dos *experts* iniciados no trabalho de coleta e sistematização.

No ato de registrar, de fazer o inquérito, a técnica se transforma em *téchñe*, em arte, apreciação estética de movimentos similares no gênero, mas desiguais nas performances. Por isso, no próprio ato de apreciar, forma-se o narrador como parte da coisa narrada e, nessa hora, ele entende o que converge e o que diverge na vida concreta desses caipiras e na imanência de Gonçalo. No entanto, ocorre mais que isso, o que quase inverte a situação vivida no cenário narrativo da festa de São Gonçalo. A narração é múltipla. Violeiros e folgazões do mundo caipira são de fato os empreendedores da longa narrativa e o suposto narrador é o codificador, que com prazer imagina anotar e mesmo tenta anotar tudo. Também o conhecimento é compartilhado, pois um não afasta os olhos e as mãos do seu ofício de codificação e o grupo que se deixa codificar sabe que tem um conhecimento sedimentado a merecer codificação. Efetivamente, eles se enriquecem no mundo da experiência, como foi sugerido o bom processo narrativo em Walter Benjamin (1985):

> A experiência que passa de pessoa a pessoa é a fonte a que recorreram todos os narradores. E, entre as narrativas escritas, as melhores são as que menos se distinguem das histórias orais contadas pelos inúmeros narradores anônimos. Entre estes, existem dois grupos que se interpenetraram de múltiplas maneiras. A figura do narrador só se torna plenamente tangível se temos presentes esses dois

> grupos. "Quem viaja tem muito o que contar" diz o povo, e com isso imagina o narrador como alguém que vem de longe. Mas também escutamos com prazer o homem que ganhou honestamente sua vida sem sair do seu país e que conhece suas histórias e tradições. Se quisermos concretizar esses dois grupos através de seus representantes arcaicos, podemos dizer que um é exemplificado pelo camponês sedentário e o outro pelo marinheiro comerciante. Na realidade, esses dois estilos de vida produziram de certo modo suas respectivas famílias de narradores. Cada uma delas conservou, no decorrer dos séculos, suas características próprias (198-199).

Os caipiras da futura Grande São Paulo interagiram com o aprendiz de etnografia (que era distinto no papel de codificador e igual no projeto de vida) e sua produção conjunta deu vigor a todo o projeto de cultura, educação e recreação do DCR. Faltou o processo narrativo de Gonçalo o marinheiro, mas não se poderia esperar nesse espaço social aqueles que vêm de longe e sim os que vêm de um lugar mais ou menos distante de 10 ou 14 quilômetros, o que já é uma boa marcha que o narrador-codificador destacou em suas anotações. São Gonçalo trabalha com o que tem nas mãos dos pobres da terra.

Esse universo de relações de trabalho entre os dirigentes do DCR e o grupo de educadores que compôs o projeto da USP nos anos de 1930 – de que decorre zelosa amizade e cumplicidade – sinaliza o aprendizado advindo dos anos de 1920 e as perspectivas que São Paulo antevia para o Brasil democrático fundado em cultura e educação. Cabe, pois, compreender a leitura deste trabalho localizado a par do compêndio amplo e esclarecedor trabalhado por Calil e Penteado. À sua página 21 (*op. cit.*) temos:

> A Missão[3] representou a institucionalização da experiência de Mário de Andrade como turista aprendiz que, no final dos anos de 1920, realizara duas viagens vincadas pela perspectiva etnográfica, na esfera das manifestações musicais e nas danças dramáticas. Na primeira, ao Norte, a pesquisa se esboçava, mas na permanência no Nordeste, entre dezembro de 1928 e fevereiro de 1929, a investigação muito bem planejada logrou resultados expressivos, apesar das limitações de ordem técnica. Na organização da Missão de Pesquisas Folclóricas, em 1938, Mário de Andrade incluiu o preparo teórico e metodológico dos participantes e os mais modernos recursos da técnica para o registro fonográfico, fotográfico e cinematográfico das manifestações.

Portanto, o trabalho de orientação para a pesquisa, que foi a menina dos olhos da equipe dirigida por Mário, revela o que de mais contemporâneo se criou no processo de administração pública e que desmente o próprio autor das missivas que se julgou incapaz de "normalizar" o equipamento público na vida de São Paulo. Ora, a riqueza da pesquisa na composição da cultura da instituição é um projeto ainda não concretizado hoje no trabalho empírico das organizações civis e públicas, pois mal substituídos por ações de *coaching*, *surveys* e consultorias. Muito diferentemente disso, a construção de narradores faz de cada um o marco de produções e não de reproduções, visto que os objetos de sua ação estão em plena vida associativa e grupal, tanto mais complexa quanto mais a memória puxa por elementos comparáveis no tempo e no espaço. O narrador, de algum modo, em vez de se amparar nos serviços "dos outros" que o pautam, tem a obrigação de alargar seu corpus descritivo-narrativo, e assim se

3 Viagens de estudos e pesquisas ao interior do Brasil já referidas neste trabalho.

perde (pois vive!) na história do gênero de dança, para então se encontrar na própria riqueza do que conseguiu narrar e descrever, o que certamente ainda mais rico será no acompanhamento dos novos textos, seus e de colegas de aprendizado da narração. O caso aqui estudado remete a toda a documentação similar presente no Centro Cultural São Paulo, na Biblioteca Mário de Andrade e no Instituto de Estudos Brasileiros da USP.

Ato contínuo, esse mundo vivo de textos e demais formas movidas pela vida percorre os demais espaços da administração: da gravação aos folguedos infantis, da educação de crianças aos espetáculos populares, da produção de livros e materiais pedagógicos para a ação educativa. Esse círculo comunicacional da pesquisa nos espaços rurais e urbanos também é um círculo hermenêutico, o qual, ao não prescindir do real vivido, percorre as relações de conhecimento que induzem a esta análise, suas autorias, suas expressões, sua carga de mensagens, seus destinatários e suas funções poéticas, informativas e fáticas mediadoras das relações de linguagem a serviço da sociedade urbana, especialmente dos seus bens-comuns.

Nenhum ponto do processo é prescindível. Daí que durante os três anos da administração estudada (mais que renovadora, como já se afirmou), no universo do possível e em tempo sombrio o trabalho dos administradores criou normas e balizas tão abertas quantas devem ser as criações dos vários gêneros da cultura e das várias orientações da educação e da recreação, desde que portem no seu interior valores capazes de garantir autonomia e emancipação aos que fruem e se educam.

O círculo comunicacional referido também é um processo de compreensão da sociedade de um modo que integra saberes e processos, os quais sempre foram objeto da Antropologia. Eunice

Ribeiro Durham (1986, p. 21), ao tratar do estudo antropológico de comunidades urbanas, mostra essas relações:

> Os estudos de comunidades permitiram um desenvolvimento particularmente fértil da antropologia, que encontrava correspondência muito próxima com a investigação de sociedades primitivas. Investigando esses "pedaços da sociedade", as comunidades, como se fossem aldeias indígenas, era possível utilizar os métodos de observação participante, documentação censitária, histórias de vida, entrevistas dirigidas etc., formulando um retrato multidimensional da vida social e integrando o estudo das manifestações culturais à análise de seu substrato social e econômico.

Todo acúmulo metaboliza cultura nas mãos pródigas daquela liderança. Todos os processos de recepção se transformam em complexidade, a fim de perfazer um círculo comunicacional com tempo-espaço dotado de peso e fluidez.

O que vem do aprendizado anterior ganha substância pelo saber acadêmico e este, imediatamente, se recria em linguagens acessíveis a funcionários e populares interessados e então comprometidos, fenômeno que se completa num movimento comunicacional de vários caracteres: o informativo, o poético, o persuasivo, o fático. E então, do movimento pleno da comunicação (que lembra as funções da linguagem de Roman Jakobson), surgem os textos, cuja linguagem *per-forma* instituições e essas se sucedem no processo criativo. Sociedades, clubes e demais associações também são linguagens, como sugere Smircich. São mensagens que não se definem nunca como fim, mas como processo. E aí reside o prodígio dessa linguagem-DCR no fluxo da administração pública.

Entre as primeiras viagens de 1927 e o ano de 1941, quando Oneyda amplia o diálogo com o setor de folclore da Biblioteca do Congresso dos EUA, esse movimento constituiu uma rede científica de estudos das culturas obliteradas e marginalizadas. Biancamaria Binazzi (2019, p. 79 e seguintes) mostra o investimento de Oneyda junto à biblioteca americana e seus bons resultados, com significativo intercâmbio de materiais coletados em distintos pontos do país, bem como a recepção de gravações estrangeiras. Alan Lomax, Harold Spivacke do lado americano, Oneyda, Mário e Luiz Heitor Corrêa de Azevedo do lado brasileiro constroem as conexões. A partir de 1943, aquela administração eficiente Mário-Oneyda garante não somente essa relação de trabalho como muitas outras.

Evidentemente o administrador meticuloso, ainda no Rio de Janeiro, questiona os termos do intercâmbio com o *Archives of American Folk Song* e tudo isso está presente na correspondência entre ele e Oneyda. Acrescente-se a tristeza evidente em face da falta de recursos pós-1938 para disponibilizar o excelente material aos pesquisadores.

O que interessa para este trabalho de administração do bem público é que, entre exigências e intercâmbios, garantiu-se para a posteridade, em várias frentes de trabalho e diversas mediações tecnológicas, a existência e a presença física dos gestos e sons transversais a incontáveis festas, ritmos de trabalho, rituais, cantorias, danças e demais formas de representação estético-artística populares. Em consequência, de matéria-prima para a educação da criança e da juventude.

O DCR tocou fundo na vida paulistana e moveu talentos. Como fora pensado longamente, respeitou o erudito e o popular e os buscou e documentou pelos distintos instrumentos tecnológicos de que dispunha. Aquela administração não mediu esforços para construir, no tempo autoritário, o que pode ser mais livre, a expressão estético-artística. Sem que seja necessário rotular de projeto nacionalista ou nacional-popular (tais rótulos também podem encabrestar e truncar belos projetos culturais), afirme-se que o país de então foi "inspirado" (ou respirado) no fazer do DCR e se aprendeu de Brasil o que foi impossível até então e que perigava se eternizar no esquecimento. Daí a importância da administração pública e suas relações sociais, que Mário trabalhava como processo, movimento. Binazzi (p. 71) cita dois músicos que viveram o momento:[4]

> Mais do que nunca, o nosso desenvolvimento musical está fadado agora às mais belas concretizações. Graças a criação do Departamento Municipal de Cultura, por um pugilo de homens que sabem querer. Veio ele incentivar, entusiasmar e impulsionar num vasto programa que se movimenta em todos os sentidos, o estudo da música e de outras manifestações de arte...
> [...] Música brasileira. Sim! De qualquer forma e por todas as formas temos que trabalhar uma música de caráter nacional. É uma questão de honestidade; é sobretudo uma questão de integridade. O músico não é um ser diletante que cria pelo prazer de brincar ou inventa pelo egoísmo deserto de se representar a si mesmo.

Melhor pluralizar o que se criou, se difundiu e se fez educação, recreação, cultura, ato político. A totalidade é buscada a cada passo da administração. As artes, abertas e diversas, pelas quais Mário se batia nos textos enviados a Fábio Prado, em opo-

---

4 A autora trabalha com documentos do Centro Cultural São Paulo, Discoteca Oneyda Alvarenga.

sição àquela arte que servia de escudo e ostentação à pequena elite paulistana, de fato adquirem caracteres nacionais, regionais, locais. Provavelmente confluam, mas não se identificam pela nomenclatura ou pela força ideológica. Continuam abetas às leituras de suas significações em tempos e espaços também diversos. E é precisamente aí que reside a grandeza do DCR sob Mário e toda a equipe. Uma administração contemporânea (para além da sua contemporaneidade) é necessariamente plural e dificulta a rotulação, ainda que de boa-fé ou pela assunção de uma teoria com lastro histórico.

De tudo fica um pouco.

VIII. Um administrador completo, no sonho e na frustração

"O terreno era todo grande, e havia bancos para a gente sentar no meio das flores. Era lindo! O parque tinha poucas salas. Era só o lugar onde serviam o lanche e a salinha onde Dona Ida ensinava os trabalhos manuais" (Depoimento de ex-usuário do Parque Infantil, Escola Municipal, 1985, p. 29).

Uma das mais contundentes cartas de Mário de Andrade é a de 3 de abril de 1938, já em meio à saída, certamente dirigida ao querido Paulo Duarte. Nela se julga um diretor *bêsta e fraco*, que passa a viver um deserto e que está disposto a deixar o Departamento. Argumentou, não com muita razão, que o Congresso da Língua Nacional Cantada (meados de 1937) lhe "chupou os restos do prazer da vida (p. 157)". Avança para se agarrar a uma condição não respondida na objetividade, isto é, que não foi viável o que de fato viável foi. Assim, tem-se:

> Vou fazer 45 anos. Sacrifiquei por completo três anos de minha vida começada tarde, dirigindo o D.C. Digo *por completo* porque não consegui fazer a única coisa que, em minha consciência justificaria o sacrifício: não consegui impor e normalizar o D.C. na vida paulistana. Sim, é claro que prá uns seis ou oito, não mais, paulistas, o D.C. é uma necessidade prá São Paulo e talvez pro Brasil. Não é cer-

> to (sic) que fizemos várias coisas muito importantes ou bem bonitas. [...] Que bem me importa argumentar que o tempo era pouco, que as dificuldades eram muitas [...]. Essas coisas explicam, mas não provam. [...]logicamente quem falhou fui eu. [...] Por que falhei? É engraçado dizer e bastante trágico: falhei porque sou um fraco, que não sei prevalecer as minhas razões, quando elas não são ouvidas, não cedendo pela força, brigando, estourando. Ditaduras... Não sei se é sarcástico orgulho ou irrespirável, bolorento espírito democrático: acredito na possibilidade de razão dos outros contra as minhas razões; estúpida feminilidade, cedo, me calo, aceito. E falho (158-159).

O sujeito do enunciado, diretor, não deve ser idolatrado, visto que, ao fugir da mera louvação garante um valor mais adequadamente dimensionado. Resvalar no autoritarismo, e no meio desta análise insinuar um sinal: "Ditaduras..." para imaginar-se aquele que cede, que cala, que faz papel estupidamente feminino é a contraparte de si, daquele que não foi fraco (escreveu e mostrou que não pela força extraordinária dos argumentos),[1]

1 Em carta de 19 de agosto de 1938, também a Duarte, Mário afirma que não é homem de arrependimentos, porque ele os considera fraqueza. Nem de remorsos. Em relação ao Departamento, ele não tem nenhum dos dois. De outra parte, em longa nota de rodapé na mesma obra (p. 163-164) Nino Galo, companheiro de habitação e de trabalho, relata como passou a admirar Mário, depois de ter por ele evidente antipatia. Mostra, em artigo não publicado por *O Estado de S. Paulo* (1950), que tudo começou em um intervalo de apresentação de Verdi no Teatro Municipal de São Paulo, quando ele louvou a apresentação e Mário redarguiu: "Horrível, meu caro, horrível". Mais tarde, em torno de uma bebida, Nino ficou convencido dos sentidos daquele adjetivo expresso pelo poeta e teve sua leitura musical profundamente abalada, bem como Verdi "reduzido às suas justas proporções". Iniciava-se aí uma nova amizade. Mais, uma profunda admiração. Nilo não tem dúvidas em afirmar "Tudo nele fugia à vulgaridade das coisas

do que não falhou, tanto pelas coisas bonitas feitas como pelo círculo de comunicação em torno do feito, capaz de estimular tanto permanências como novas vontades em novos territórios do país e novas estruturas culturais. Assim também, foi competente para dar início ao inédito viável, um serviço público de cultura integrada no estado local, microcosmo do projeto maior, fraudado no interior do Estado Novo.

Com razão o missivista coloca sua suposta fraqueza no campo da tragédia, intuída ou não como fenômeno que excede o humano. O Departamento, no entanto, foi coisa de pessoas concretas, ora fortes, ora enfraquecidas, a viver entre argumentos, cessão e garantia de realizações. Noutra carta a Paulo Duarte em que faz sugestões sobre patrimônio, o Mário administrador anuncia algo já normalizado:

> São Paulo entrou ultimamente numa corrida que, por felicidade não é armamentista, é cultural. Agora não pode mais parar, porque seria o fracionamento brusco numa orientação que não é mais uma experiência, é já uma necessidade normal da nossa vida pública (p. 74 da republicação da RAM/2016).

O administrador sabia que já se *normalizara* na vida do povo a instituição dos parques infantis, o conhecimento das necessidades dos cidadãos e cidadãs, o trabalho com o livro, o disco, o teatro, o patrimônio. Não na medida de sua extraordinária expectativa, mas certamente como nunca antes se fizera.

---

comuns para se aninhar no seu mundo, que era dos eleitos e dos precursores da evolução espiritual da humanidade".

Entre a atitude presente nas missivas e persistente na conferência de 1942 sobre o Movimento Modernista, fica a exigência crítica de superar, na leitura de conjunto, o sistema de culpas do administrador que recorda, que joga sobre os próprios ombros o que supostamente não se realizou. Desta forma, ganha relevo a integração da ação política nucleada pela ação cultural, a despeito do incipiente cabedal de conceitos de administração integrada, do tempo limitado para tantos projetos desejados e encaminhados e dos percucientes obstáculos políticos.

Não se realizou em termos. De fato, a feitura foi plena no possível da história política do Brasil. O movimento dos textos aqui trabalhados sinaliza a grandeza do pensamento desses intelectuais a serviço do fazer cultural, para eles uma *totalidade em movimento* num país fragmentado e quantas vezes politicamente estraçalhado. Estimulados pelos contatos com outras cidades de São Paulo, busca-se conhecer para além da pequena metrópole e integrar processos de trabalho. Nada mais atual do que a leitura que se faz do processo comunicativo, de fato uma possível proto-política de bem-comum que não discrimina, mas inclui e deseja ver a figura completa das ações. Ora, os organogramas do departamento sinalizam, como visto, a marcha do futuro instituto paulista de cultura e mais tarde, na vitória de Armando Salles, do instituto nacional, pensado apaixonadamente nos encontros desses intelectuais nos perímetros do centro paulistano, necessariamente regados a bom vinho.

Nesse ponto, outras memórias do processo histórico pedem para intervir. Raramente o estado brasileiro, ou algum governo, alinhavou políticas nacionais ou regionais de cultura, o que dificultou conhecer e construir as demais políticas. Conheceu um variado e assimétrico mapa de ações locais. Os tempos considerados mais democráticos não constituíram programas orgânicos e exequíveis de cultura, o que pode ajudar a compreender a precariedade da educação, do turismo, da saúde, dos transportes e do lazer. Do mesmo modo, teve grande dificuldade em reconhecer que os momentos decisivos para a constituição de políticas das maiorias foram sinalizados por movimentos histórico-estéticos ora mais amplos, ora localizados regionalmente, mas sempre fortes o bastante para comporem as premissas, os objetivos, os conteúdos, métodos, práticas e avaliações de serviço público, a partir da cultura. No entanto, a ocorrência de repressões, esquecimentos, ausência de priorização sociopolítica ou classificação de exotismo e folclore determinou o não-aproveitamento dessas ideias-forças, bem como não ocorreram as políticas culturais como processo orgânico e minimamente equânime. De fato, foi persistente e politicamente produtiva no meio das elites dirigentes a atitude de reforçar a visão dicotômica de cultura como patrimônio imanente e identificador dos produtos elevados da criação nos centros estrangeiros, cabendo a grupos sociais periféricos e destituídos do poder, embora persistentes e atuantes, criar as múltiplas expressões do popular, do *folklor*. Felizmente, na experiência aqui trabalhada, a narrativa de São Gonçalo não é folclore, é apreciação de uma totalidade de vida grupal em busca de seu equilíbrio nas periferias urbanas. Se fora chamado de ato folclórico, seria idêntico o seu valor. No entanto, a orientação de Dina Dreyfus e as pesquisas decorrentes de seus estudantes quis marcar uma atitude epistemológica elucidativa do ato de narrar, da precisão de registrar, do prazer de entender e do conhecimento de como se equilibrava a vida caipira imersa na urbe. A pluralidade etnográfica inclui formas narrativas, ato folclórico, decisões comunitárias, integração social de grupos, debate religioso, memória cultural e aprendizado de ciência. O que Mário chamou de totalidade em movimento.

Os dados que se seguem não compõem a administração do DCR e aqui figuram como elementos de conexão no movimento de ideias e práticas formadoras daqueles administradores da cultura. Enquanto dirigente do setor de cultura, Mário já prepara o roteiro do desejado projeto do patrimônio público brasileiro, a pedido do ministro de Educação e Saúde Gustavo Capanema. Mário pensava em construir um Serviço do Patrimônio Artístico e a criação federal o alterou para Serviço de Patrimônio Histórico e Artístico Nacional, com sede no Rio de Janeiro. O SPHAN nasce em 1937. O documento ministerial de 13 de abril de 1936, de Gustavo Capanema, também segundo Duarte (*op. cit.*, p. 23) trata da proteção dos monumentos de valor histórico ou artístico, cuja "obra deve ser empreendida desde já, tomando-se por base e roteiro o trabalho do Sr. Mário de Andrade". Ora, o projeto de construção da nação ao modo do Estado Novo certamente exigiria a mudança e buscaria diminuir a presença das expressões folclóricas e populares no interior do serviço. No entanto, entre as normas do projeto tem-se que para significar patrimônio, as obras deveriam estar inscritas em livros de tombo especialmente destinados ao registro. Aqui o conceito culturalista de arte como gênio da raça, ou o que for memorável ou tiver excepcional valor arqueológico. A Constituição de 1934 consagra esses princípios nas suas seções de arte e cultura.

Vê-se, pois, na arte da burocracia ideologizada o acordo entre o projeto do intelectual e os desdobramentos partidários e de poder. Fica claro que o decreto do Sphan estabelece identidade entre nação e propriedade, pois estabelece os bens como "móveis e imóveis", com sugestões para estudo da oralidade, mas ainda pendentes de aprovação (SALA Jr., 1988). Há claro privilégio pelo monumento arquitetônico, especialmente os imóveis eclesiásticos e aqueles pertencentes às oligarquias. Na solidez dos móveis e imóveis, metáfora da propriedade econômico-financeira, entendeu-se a busca da unidade da cultura nacional.

Mário de Andrade e o grupo de intelectuais que o acompanha movem-se no interior do patrimonialismo nacionalista para subvertê-lo. Propugnam por leis que garantam a pesquisa sobre os bens imateriais, insistem no estudo das falas populares, metem-se pelo Brasil a favor dos rituais, crenças e ritmos. Sua obra supera e sucede o estadonovismo e ainda hoje anima os jovens pesquisadores das culturas brasileiras, lido que é no interior dos cursos de produção, organização e performance em artes, estética, biblioteconomia, folclore, documentação, patrimônio etc. Sem aquelas pesquisas, apoiadas pelas leituras da melhor etnografia da época, seria possível comparar e valorizar tantos museus e compêndios dedicados às culturas populares no Brasil? Ou acumular o pensar sociológico que explicou categorias como povo, poder, política, valores, mestiçagem?

Este é o ponto em que a administração pública se encontra com as gestões sociais, que estão nos cursos, no fazer comunitário, na construção de valores sociais, visto que o pensamento dos administradores, que sedimenta projetos, planos e programas de trabalho encontra solidez nas diversas formas de pesquisa implementadas e, em consequência, produz aquele feixe de significações na organização e na instituição, como propôs Smircich. É neste feixe de significações, nessa unidade pluralizada (que foi planejada) que as identificações do DCR na prática cultural respondem a seu projeto de subversão/revolução de qualquer ordem unida na rotina administrativa ou quaisquer rótulos fora da teleologia orientada pelas palavras-chave do léxico mariodeandradiano para a administração, movimento e totalidade. Administrar a cidade por uma sucessão de movimentos (ações da máquina pública e ações dos grupos sociais atendidos) em direção a uma totalidade (a *mundivivida* no território local e a visada no território e no tempo maiores e mais longos) foi o processo de decisão que tanto legitimou aquela administração pública quanto garante às reflexões de Antonio Cndido e Gilda de Mello e Souza a marca de sua posteridade.

Convém lembrar, para operar alguma dialética, que quando o DCR foi criado, ouviram-se alguns elogios e muito xingamento, precisamente pela atitude profissional do diretor e seus principais quadros, expoentes da pesquisa e da divulgação de ideias no Brasil, entre eles Rubens Borba de Moraes, Sérgio Milliet, Oneyda Alvarenga. Paulo Duarte fora o estruturador do projeto e mediador entre o Prefeito Fábio Prado e o Governador Armando de Salles Oliveira. A proposta foi passada por dezenas de mãos, que ofereceram sugestões de organização: Alcântara Machado, Júlio de Mesquita Filho, Fernando de Azevedo, Antonio de Almeida Prado. Dezenas de correligionários políticos se candidataram e, por não responderem às exigências do pensamento e do projeto de cultura, foram recusados. Ato contínuo, acusaram a entrada de desafetos e até perrepistas. Ficaram furiosos os não-nomeados, mas buscou-se introduzir os melhores, vindos de espaços de estudo e trabalho (acadêmicos e não-acadêmicos) que poderiam responder não somente ao organograma das divisões dispostas como, especialmente, à sua *práxis* na vida pública de São Paulo.

O Departamento, ligado diretamente ao gabinete do prefeito – e não a uma secretaria – se organizou em áreas com clareza política: Expansão Cultural, Bibliotecas, Educação e Recreio, Documentação Histórica e Social, Turismo e Divertimentos Públicos. A estes serviços se agregaram projetos, planos e programas, encarnados em seus respectivos departamentos. Circular do Mário sugeria aos funcionários que levassem seus apontamentos, observações e estudos para as colunas da *Revista do Arquivo*. Tratava-se de fazer dos quadros funcionais um grupo de pesquisa e divulgação científica e artística. Duarte observa também que Mario tinha vários ângulos de luta pelo melhor serviço público. Como exemplo, a disputa em face da mediocridade dos produtores e mediadores de óperas. O Diretor exigia que se apresentasse Wagner em vez de pequenas, surradas e repetidas óperas. De outro lado, criou-se a seção de cinema educativo, com muitas sessões em escolas de bairros e espaços adaptados de vilas periféricas. O setor de Parques Infantis alcançou grande êxito e sua modernidade era evidente pelo esforço em garantir ações culturais e recreativas para as crianças, especialmente as empobrecidas, prevenir delinquência, promover a saúde infantil popular e, acima de tudo, construir sentidos amplos de educação na cidade. O texto brilhante de Ana Lúcia Fraga, que amplia sentidos desta obra, vê no trabalho do DCR junto aos Parques Infantis (PI) um alto valor a serviço da cultura da infância, via transversalidades de educação-além-da-escola, cultura, ludicidade e saúde. Acompanha mesmo as críticas de Mário à educação demasiadamente escolar, feita de lições e de pouco espaço para a criação cultural. Seria impossível não citá-la:

> Assim, a criança para Mário de Andrade é portadora da cultura de sua classe e o PI é um local privilegiado para conhecê-la. Portanto, baseado na produção cultural, o PI foi criado como uma alternativa às pré-escolas existentes, assim como uma alternativa para os espaços filantrópi-

> cos existentes na época para as crianças pobres. Dessa forma, Mário de Andrade não só fez a coisa pública ser de fato pública, como qualificou o serviço público, promovendo melhores condições de vida para uma clientela pouco atendida: os filhos dos operários, contemplados, portanto, já sob a responsabilidade do município, com o direito à infância, isto é, com o direito ao não-trabalho, com o direito de brincar e de criar a cultura infantil, permanecendo crianças pelo menos enquanto estivessem no parque (p. 67-68).

Por que negar que no DCR e na *práxis* de Mário e sua equipe a criança e o adolescente já eram os sujeitos-históricos do ECA, a se consolidar no longínquo 1990? E para a tristeza do pesquisador, entrado o país na terceira década do século XXI, as práticas educacionais ainda devem algo para os parques infantis e para a ação cultural daquela experiência no segundo tempo modernista.

Acresçam-se detalhes ao trabalho cultural-educativo junto às crianças. Pesquisas e investigações da Divisão de Documentação do DCR foram levadas à universidade para mostrar os modos de aprendizado das crianças, sua sociabilidade, amizade, ludicidade e funções neuromusculares. Em 1937, houve a disposição de abrir um restaurante para experimentar os diversos gêneros alimentícios nacionais. O ato informa o pesquisador de culturas populares, que viajou pelo país na recolha de variada documentação das culturas populares. Duarte afirma que os bajuladores e ignorantes riram-se muito, porque o governo municipal desceria de sua dignidade para abrir um restaurante na capital. De fato, o artigo de criação do restaurante foi revogado. Eugene Wessinger, especialista suíço, já tinha sido contatado para ser um dos especialistas para o laboratório da culinária brasileira. Criava-se aí associação entre a alimentação infantil dos parques e a experimentação na cultura gastronômica, caminho transformador para algo não resolvido, hoje, a merenda escolar, lugar ainda tomado pela desqualificação política e pela corrupção. Na dinâmica administrativa, nos espaços de saber integrados e na atitude de pesquisa e revelação davam-se as categorias organizacionais capazes de produzir as necessárias interfaces da administração: educação, saúde, gastronomia, lazer e infraestrutura urbana a partir das referências culturais.

Quem visitou, em 2010, o pavilhão contíguo ao Museu Afro-Brasil, no parque Ibirapuera, apreciou a exposição *Puras Misturas,* do Departamento de Patrimônio Histórico da Prefeitura de São Paulo, originado na administração do poeta. Ali estão Mário, seus pesquisadores de cultura e seus equipamentos a visitar o Brasil, como Lévi-Strauss na mesma época, a fim de recolher documentos da música, da dança, do folclore e da vida cotidiana do interior do Brasil. Era uma espécie de missão etnográfica. Trata-se do panorama dos vários "Brasis", o qual interessava como acessório à política nacionalista da era getulista, mas jamais entrava como algo fundamental, pois este deveria ser constituído de ações "transformadoras" junto às massas populares, como as leis trabalhistas, e elaborações patrimoniais da elite, como se depreende da leitura da própria Constituição de 1934. Em cultura institucional costuma-se discutir a ideia de missão das organizações. Muitas vezes sua constituição não passa do ideário dos donos da empresa ou dos chefes do executivo. Na experiência aqui trabalhada a missão mentalizada se alimenta de levantamentos das linguagens dos sujeitos da interação, cidadãos paulistanos. Deste modo, o poder indutor do estado local se realiza por novas formas de linguagem e procedimento. De fato, pela ótica do líder da administração o poder indutor do estado somente inicia o processo de mudança social, que passa a ser feita pela sociedade sensibilizada. Daí os conselhos e o voluntariado imersos nos planos e programa do DCR, de que Mário trata em suas cartas a amigos e amigas.

Entende-se, pois, que o organograma da Secretaria de Cultura da capital de São Paulo e de várias cidades do Brasil reflete, como base memorial, o processo de trabalho dos anos de 1930. Novos organogramas mantêm nomes e funções muito próximos àquela origem transformadora: as áreas de formação, documentação, divulgação, expansão, casas de cultura e instituições similares, a par de subdivisões e formas nucleares de trabalho com música, parques e teatro, discotecas, revistas, documentos, tipografia e encadernação. Na prestação de contas do primeiro aniversário de criação do DCR (*op. cit.*), Mário de Andrade justifica a estrutura, mostra suas conexões, destaca seus valores no cotidiano da vida da cidade e anota mudanças competentes para maior eficácia da administração. Sugere, ainda, algo que passaria a ser tradição: os concursos sinfônicos, de quartetos de cordas, de livro popular, de livro para crianças, de estudos históricos e de biografias. Evidentemente, Mário, Sérgio Milliet, Paulo Duarte, Oneyda Alvarenga e Rubens Borba de Moraes, diretores e pesquisadores, conheciam os campos da cultura europeia e ali desenvolveram ideias e procedimentos. No entanto, deu-se também o contrário, pois as pesquisas folclóricas e o acompanhamento etnográfico das famílias migrantes e imigrantes que viviam nos quarteirões de trabalhadores paulistanos e nos sertões encantaram os europeus. França e Holanda, entre outros países, enviaram missões a São Paulo para aprender métodos e técnicas e estimular a cooperação em administração da cultura.

O trabalho comparativo entre o antigo DCR e a atualidade da Secretaria de Cultura do Município de São Paulo não causa dificuldade para melhor compreensão, pois a cada nome e a cada função do novo organograma insinuam-se as mãos do antigo administrador e do seu grupo de trabalho. Hoje a Secretaria é composta por cinco divisões e o Centro Cultural São Paulo, e a biblioteca Mário de Andrade, hoje, faz parte de um Departamento. Mesmo assim, resulta do velho desejo de aglutinar experiências culturais nos bairros paulistanos. As demais divisões remanescem: Teatros, Patrimônio, Biblioteca Geral e Bibliotecas Infanto-Juvenis. O grande número de funções e subdivisões também lembra os objetivos de 1935 e o esquema de trabalho sugerido a Fábio Prado e constante no Ato 861, de 1935: o sistema móvel de leitura, a biblioteca circulante, a videoteca, os seminários e cursos, o setor de obras raras e especiais (criado por Rubens Borba em 1946) e o serviço de informação ao cidadão.

Projeto similar do administrador se verifica em seu trabalho junto ao SPHAN, subordinado a Rodrigo Mello Franco de Andrade, auxiliar do ministro Gustavo Capanema. Contratado por 1.500 (um conto e quinhentos) de uma verba de "pessoal variável", Mário não se contenta em levantar o patrimônio imaterial de São Paulo e cidades do interior, mas busca levantar os falares, as rezas, o canto, base para os estudos de linguagem, música e dança e veículo de preservação de memória da diversidade. No entanto, espera durante meses aprovação legislativa para trabalhar com a cultura imaterial. O que era assente e claro para o poder da elite civil e religiosa residia no levantamento dos edifícios de valor histórico-patrimonial e dos lugares de extraordinária beleza, muitas vezes em terras de proprietários influentes. Uma proposição fundamental que demorou a dar-se na maioria das bibliotecas tornou-se regra na biblioteca pública paulistana. Uma portaria do diretor estabelece que todas as obras devem estar à vista do público, ao alcance rápido e fácil. O poeta-administrador comunicava ao futuro o projeto legal e democrático da transparência na coisa pública como fenômeno de determinada cultura administrativa.

Entre os documentos do IEB-USP encontram-se missivas nas quais Mário constrói planos, sugere visitas e oferece ideias a bibliotecários de cidades do interior. Entre as mais saborosas estão os textos trocados com agentes públicos de São Luís do Paraitinga e Araraquara, cidades com reconhecida tradição na organização da cultura. Da primeira nada sobrou após a inundação de 31 de dezembro de 2009, especialmente seu material bibliográfico.

Ora, Mário foi posto fora do DCR pelas intrigas do poder local e sua sombra, a ditadura, em 1938. Mudando-se para o Rio de Janeiro, sob proteção de Capanema, além de seu posto no Serviço de Patrimônio foi professor de estética na Universidade do Distrito Federal (Universidade do Brasil) e depois chefe de Seção do Instituto do Livro.

***

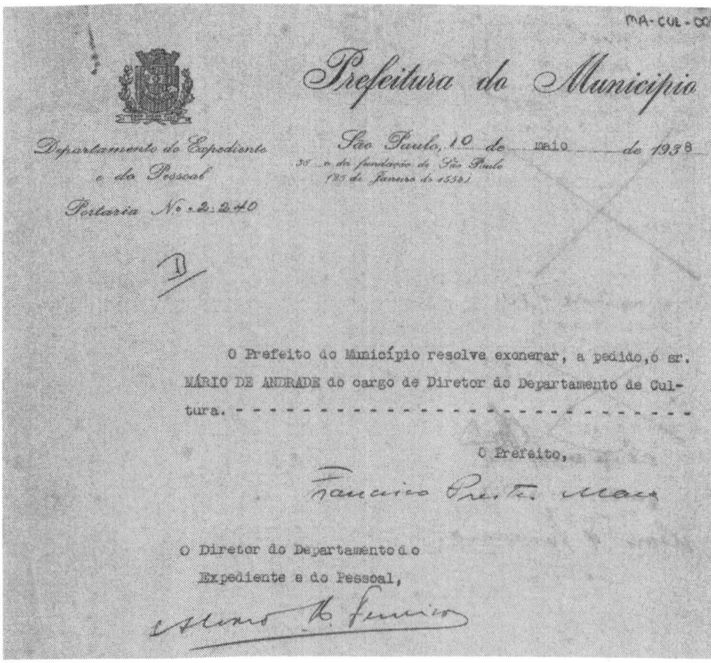

MA-CUL-009

Prefeitura do Município

Departamento do Expediente e do Pessoal

São Paulo, 10 de maio de 1938

Portaria Nº 2.240

O Prefeito do Município resolve exonerar, a pedido, o sr. MÁRIO DE ANDRADE do cargo de Diretor do Departamento de Cultura. -

O Prefeito,

O Diretor do Departamento do Expediente e do Pessoal,

Arquivo IEB-USP

Demissão a pedido (ver o documento acima)? Ora, não são suficientes as cartas de Mário para explicar o velho e sempre atualizado processo da área de recursos humanos das administrações, que é o *pedido* para ser exonerado, valhacouto dos governos de plantão e sua especial capacidade de reprimir, pressionar e promover devassas. O melhor entendimento, embora não definitivo, que sugere tal comportamento administrativo é o da linguagem falsamente performática, posta para encobrir o não-dito e não-escrito. De fato, tal procedimento administrativo porta um discurso indutor de uma "verdade" envergonhada, que se realiza no metabolismo de uma doutrina formal que dilacera o real para manter uma imagem confortável, a despeito de não-verdadeira.

Os governos que se seguiram a Fábio Prado foram os de Prestes Maia e Abraão Ribeiro. Na obra citada, Paulo Duarte pergunta: "Como explicar essa teratologia administrativa? O fim que se tinha em vista não era o serviço público. Era muito outro, o do interesse particular". Daí essa "febre de transformar cargos de carreira em cargos isolados de livre provimento e de se criarem outros a fim de com eles serem satisfeitos pedidos de palácio e as necessidades da própria Prefeitura de dar vazão a protegidos, parentes, amigos e afilhados dos Campos Elíseos" (idem).

Para Duarte, Armando Salles e Fabio Prado significaram a negação do favor e da clientela em política. Que ruiu em Abraão Ribeiro, com início em Prestes Maia (p. 114-115). Cabe lembrar que os serviços de difusão cultural, a área de fonografia/discografia e a rede de bibliotecas da capital paulista são obra dos auxiliares diretos de Mário de Andrade, Oneyda Alvarenga, Sérgio Milliet e Rubens Borba, que resistiram às devassas, perseguições e desmontes do serviço público e mantiveram a capacidade de propor e superar a mediocridade do poder instituído avesso à centralidade da cultura.

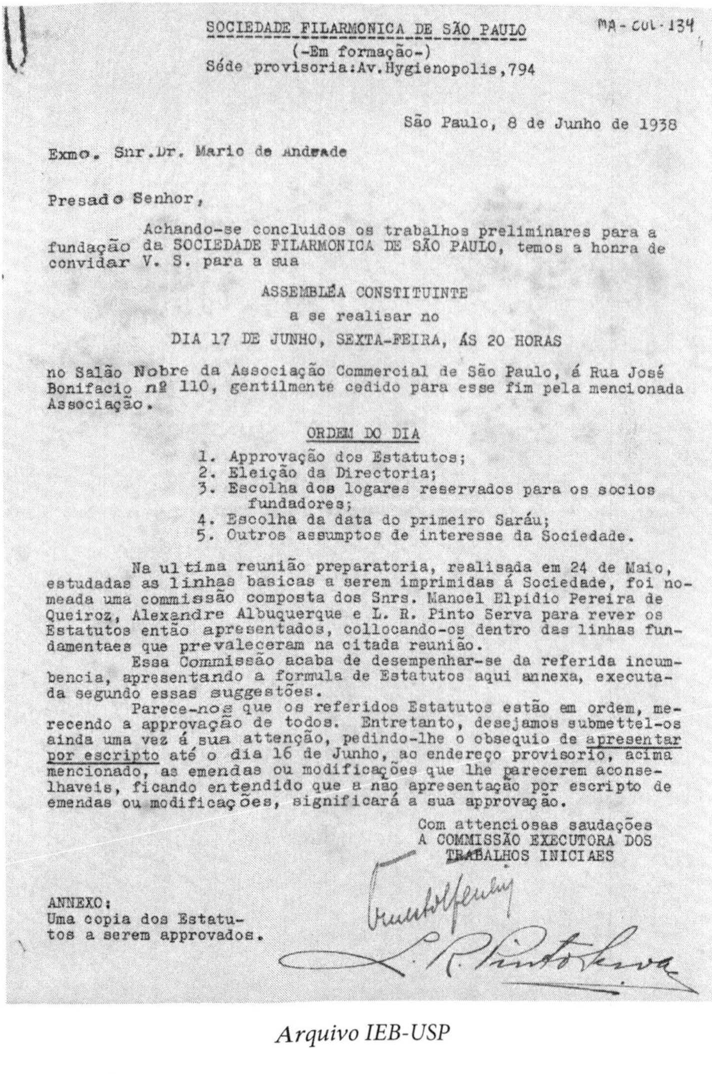

SOCIEDADE FILARMONICA DE SÃO PAULO MA-CUL-134
(-Em formação-)
Séde provisoria:Av.Hygienopolis,794

São Paulo, 8 de Junho de 1938

Exmo. Snr.Dr. Mario de Andrade

Presado Senhor,

Achando-se concluidos os trabalhos preliminares para a fundação da SOCIEDADE FILARMONICA DE SÃO PAULO, temos a honra de convidar V. S. para a sua

ASSEMBLÉA CONSTITUINTE
a se realisar no
DIA 17 DE JUNHO, SEXTA-FEIRA, ÁS 20 HORAS

no Salão Nobre da Associação Commercial de São Paulo, á Rua José Bonifacio nº 110, gentilmente cedido para esse fim pela mencionada Associação.

ORDEM DO DIA

1. Approvação dos Estatutos;
2. Eleição da Directoria;
3. Escolha dos logares reservados para os socios fundadores;
4. Escolha da data do primeiro Saráu;
5. Outros assumptos de interesse da Sociedade.

Na ultima reunião preparatoria, realisada em 24 de Maio, estudadas as linhas basicas a serem imprimidas á Sociedade, foi nomeada uma commissão composta dos Snrs. Manoel Elpidio Pereira de Queiroz, Alexandre Albuquerque e L. R. Pinto Serva para rever os Estatutos então apresentados, collocando-os dentro das linhas fundamentaes que prevaleceram na citada reunião.

Essa Commissão acaba de desempenhar-se da referida incumbencia, apresentando a formula de Estatutos aqui annexa, executada segundo essas suggestões.

Parece-nos que os referidos Estatutos estão em ordem, merecendo a approvação de todos. Entretanto, desejamos submettel-os ainda uma vez á sua attenção, pedindo-lhe o obsequio de apresentar por escripto até o dia 16 de Junho, ao endereço provisorio, acima mencionado, as emendas ou modificações que lhe parecerem aconselhaveis, ficando entendido que a não apresentação por escripto de emendas ou modificações, significará a sua approvação.

Com attenciosas saudações
A COMMISSÃO EXECUTORA DOS
TRABALHOS INICIAES

ANNEXO:
Uma copia dos Estatutos a serem approvados.

Arquivo IEB-USP

Na ocorrência da construção da Sociedade Filarmônica de São Paulo, Mário estava praticamente fora do Departamento. Não foi, pois, a mera utilidade pública que o move a apoiar mais essa associação cultural. O militante da cultura, já violentado no sonho do futuro Instituto Brasileiro de Cultura, continua a dar a mão a favor da organização social da cultura.

No entanto, a partir de 1938, pedindo emprego aqui e ali para jornais, continua a estudar e publicar. Nos tempos da guerra, quando morava no Rio de Janeiro, torna-se ainda mais ansioso e angustiado: Em carta a Sérgio Milliet afirma: "Se arranjar um empreguinho de conto de réis, juro que fujo daqui no mesmo dia" (*op. cit.*, p. 43). Ainda às voltas com dificuldades financeiras, 1942, em carta a Paulo Duarte: "Lhe respondo já porque não tenho Money prá mandar carta por avião" (*op. cit.*, p. 43).

Mário morre em 1945 na casa da rua Lopes Chaves. De antes vinha um poema, lembrado pelo amigo de sempre, Paulo Duarte: "Quando eu morrer, quero ficar/ Não contem aos meus inimigos/ Sepultado em minha cidade/ Saudade" (p. 47).

O amigo não perde a ocasião, em face dos fatos posteriores a 1938, de citar um trecho da altura do Inferno em Dante Alighieri: "gente attuffata in uno sterco/ Che da li uman privadi parea mosso" (p. 120). O excerto completo no Canto XVIII, Inferno, linhas 112-114, reza: "Quivi venimmo; e quindi giù nel fosso/ vidi gente attuffata in uno sterco/che da li uman privadi parea mosso...". Uma entre tantas traduções: "Ali chegamos; e lá no fosso/ vi gente chafurdada em tal esterco/ que parecia provir de privadas humanas".[2]

Na passagem, rufiões, sedutores e aduladores são os alvos do discurso.

2 Domingos van Erven, no sítio eletrônico Curtindo a Divina Comérdia, cita as diversas edições da obra em língua portuguesa e faz comentários. Acesso em 24.05.2020.

Eles continuam a merecer melhor análise dos críticos da administração pública. Duarte ajuda a montar um discurso necessariamente dialético para tal propósito.

O autor de *Macunaíma* é um administrador que não convém rotular. Não se traveste, nem se transforma ao sabor das circunstâncias, mas tais atitudes não autorizam a considerá-lo anti ou não-macunaímico. Aquele recalque destacado por Candido ao tratar da obra está superado no enfrentamento cotidiano de uma administração que excede partidarismos. Mas o campo das contradições fica aberto na polissemia dos pensamentos e textos do líder da administração pública. A honestidade que o leva a pedir demissão na ocorrência de um erro como gestor tem rebatimento nas muitas "recaídas" textuais das missivas, também obra do engenho, da comoção e da arte mariodeandradiana. Felizmente, a análise da administração exige afastar-se do debate sobre o Mário isso ou o Mário aquilo. Administração é o trabalho de governança e o que interessa é a entrega social dos direitos ao bem-comum e aos munícipes comuns.

O que se viu nessa análise foi um modernismo comprometido e não mais do arroubo ou do estouro. No entanto, agigantado no movimento de administração da coisa pública. Tão compenetrado de suas obrigações éticas que não pode admitir um erro pessoal. Tal atitude se projeta para a luta estética e política, viva no processo de integração política que o DCR construiu. De fato, pesquisa o cotidiano, o etnográfico, os falares e as criações populares. Se cabe associar o empírico à leitura universal das vanguardas modernistas, via iconoclastia poética, futurismo, cubismo e regionalismos, essa ação não escandaliza, não se distancia das gentes, pois o conjunto da ação da cultura favorece diferentes necessidades e desejos, inclui equipes de trabalho que sabem fazer leituras da sociedade em que vive, como se depreende dos documentos originais trabalhados. Tais leituras de palavra e mundo partilham da melhor compreensão da teoria das organizações, visto que os determinantes individuais e coletivos de Mário de Andrade compõem uma motivação educada no processo simbólico de mudanças, tidas pelos modernistas como indispensáveis. O primeiro sistema industrial da sociedade livre, as "novas" tecnologias, o liberalismo capitalista em sua sanha imobiliária, o discurso científico em processo de ramificação, a animação econômica das pequenas metrópoles e, contrariamente, a pobreza sistêmica das maiorias populares produzem a educação e o aprendizado dos novos atores sociais, os jovens artistas, cuja lógica de ação organizacional informa uma liderança comprometida não com o poder das elites dominantes, mas com o serviço a favor da mudança social.

A observação de Antonio Candido sobre o que piorou depois da administração de Mário de Andrade na antiga Pauliceia Desvairada e o que se desdobrou estimula ao ato comparativo. Os organogramas mediados por mais de 70 anos são muito próximos, embora o atual se distancie de uma visão integrada da educação das crianças e dos adolescentes. Naquele momento a sociedade era quantitativamente diminuta, mas complexa. Deste modo, o projeto dos intelectuais paulistas busca conectar educação a cultura, alimentação, lazer, infraestrutura urbana, saúde, esporte e participação social, o que hoje se chamaria matricialidade, parte decisiva numa política pública integrada. A abrangência interdisciplinar da administração torna-se o caminho para a integração, sob olhar antropológico, que não divide o cidadão em pedaços, como as políticas clientelistas. O que se deu na sequência, depois de Prestes Maia, não foi somente o aumento da complexidade metropolitana, mas a divisão de interesses e, portanto, a confusão entre o serviço ao público e os interesses de áreas de ação do governo: fracionam-se as áreas no interior da nomenclatura das supostas políticas e o que é educacional restringe-se ao exercício do saber formal, assim como o esportivo e o cultural vão atrás de sua suposta ontologia. No final dos anos de 1930 sinalizava-se outra direção: a diversidade da presença humana no centro e nas periferias de São Paulo desafiava à criação de projetos integrados. Uma criança que partilha de três horas de educação infantil (filha de mãe empregada na indústria têxtil ou doméstica) carece de uma alimentação mediadora do lazer, da educação, do trabalho esportivo e do prazer cultural. Por isso, mais tarde, o conceito de política pública banalizou-se, visto que cada secretaria de governo alardeia realizar dezenas ou centenas de políticas públicas, quase sempre desconectadas ou pálidas asserções de princípio ou desejo. A compreensão antropológico-sociológica do cidadão é desconhecida.

Ao contrário, a experiência administrativa de Fábio Prado busca superar a retórica liberal-positivista e o faz em parte, pois descentraliza planos e ações e desloca suas referências da nação e das elites para o mundo do trabalho e das crianças e jovens.

Quanto ao presente dos governos municipais, não se pode afirmar que foi vencida a retórica do favor e da clientela, especialmente por obra da fragmentação de ações de governo. Ocorre que naquele tempo histórico, a cultura era tida como o centro nervoso da construção da sociedade, notadamente em país diverso e desigual. Poemas e narrativas do tempo fazem a metalinguagem da vida social brasileira. Nessa ação, transparecia que um novo projeto político seria encabeçado por novas linguagens e estas são o cerne da cultura. Se integradas, representariam um ideal do homem íntegro, tão desejado pelos educadores de vanguarda.

A questão da cultura burocrática, especialmente a pública, ainda merece alguma reflexão. Como se depreende das teorias administrativas, os atos de governança devem ter princípios: a impessoalidade, o regramento, as normas de clareza pública e as esperadas prioridades na ação. Como vimos, até a Constituição de 1934 nada disso compunha o discurso administrativo. E mesmo depois, foi necessário o advento da administração Fábio Prado e, especialmente, a *vita ativa* do DCR para que novos valores compusessem o painel de uma administração avançada.

Ocorre que no interior desse processo, a determinação se refaz em condicionamento, como sugere Paulo Freire para o processo educacional: somos condicionados, mas não determinados. Daí, mudar é possível... A determinação é fenômeno do enunciado, coisa acabada. O condicionamento é enunciação, projeto em movimento. A ocorrência de alguma sensibilidade política no serviço público e mesmo as utopias de governo (Fábio Prado e Armando Salles Oliveira as tinham) recompõem regras e normas. A reação de São Paulo ao getulismo era o gatilho desse processo, acrescido do espírito público da intelectualidade envolvida nos órgãos governamentais. Segue-se a criatividade e o esforço integrador de políticas a favor especialmente da criança e dos moradores das periferias paulistanas, por via do carro-chefe, a cultura. Mesmo no interior do projeto do Estado Novo, Rodrigo Mello Franco, Gustavo Capanema, Villa Lobos e Mário de Andrade trabalham no cravo e na ferradura, ao fio da navalha. O projeto nacionalista autoritário vê brechas para a pesquisa das culturas imateriais (a despeito da preferência dos bens imóveis e propriedades), do discurso das gentes (em face da linguagem culta), da educação para a sensibilidade (apesar do acúmulo do que era chamado ou imposto como *pátrio*), da incorporação cultural de negros e índios (a despeito da violência estrutural dos preconceitos, estereótipos, proibições e atos persecutórios).

A experiência de administração cultural paulistana buscou a superação do atraso político e a melhor conceituação do que seria *moderno:* a cultura como enriquecimento dos sentidos do trabalho, a incorporação tecnológica como direito social, o exercício da cidadania na *urbe*, o progresso técnico-científico como fator declarado de novos patamares de cultura coletiva, a inclusão e o respeito às diferenças, a estruturação das organizações como lugar dinâmico e aberto ao serviço público. Relidas as antigas histórias da administração pública brasileira, não lhes faltava razão em discutir o processo econômico, a retórica das tribunas e o elenco das leis, pois havia pouco lugar para as experiências, visto que o arcabouço político estava dado e sucedia sob pequenas variações. A experiência humana e social posterior à primeira grande guerra do século XX, no mundo e no Brasil, induz a atos ousados de repensar a cultura das organizações, de refazer leituras urbanas que tornam visíveis novos sujeitos e grupos sociais e produz qualificação no implicar lideranças políticas sensíveis em práticas de mudança social.

Numa leitura que começa com Wittgenstein, passa por Bakhtin e chega a Habermas, Peter Kevin Spink ajuda a compreender, na experiência aqui estudada, que a fé no valor constante da cultura, ao associar-se a situações dinâmicas em conflito, produz interações que se encarnam em construções sociais, de que resultam disputas simbólicas. Nelas, as pessoas sensibilizadas pela cultura produzem mobilização, ação comunicativa capaz de revelar novas significações. Aí pode legitimar-se a esfera pública, pois as novas significações resultantes do difícil trabalho cultural educam pessoas e comunidades, capazes, pois, de produzir renovada comunicabilidade e novos valores a serviço do público. Pode-se afirmar, portanto, que o Modernismo brasileiro se desdobrou em projeto de organização da administração pública. O que fica é bem mais que um pouco, para lembrar Drummond, já citado. Para isso, basta que se embrenhe na documentação.

Decorre, pois, que certas asserções, adequadas para uma leitura sincrética, são superadas em leitura analítica. Como em Botelho e Hoelz (2018, sem indicação de página):

> Se no DCR de São Paulo parecia que o projeto cultural e a mudança social poderiam caminhar juntos, no contexto autoritário do Estado Novo, diante da interrupção da formação de uma sociedade civil e em face de um novo controle autoritário da mudança, que altera fundamentalmente o sentido de uma série de políticas públicas postas em curso, suas ações institucionais buscam ao menos preservar um sentido mais aberto, inclusivo e dinâmico de cultura. Mais do que isso, buscam manter o reconhecimento não apenas da cultura popular como dos seus portadores sociais, que permaneceram subordinados às hierarquias sociais e políticas do Estado Novo, cujas políticas públicas ficaram mesmo praticamente restritas às emergentes classes médias urbanas – como, aliás, ocorreria por muito tempo ainda na sociedade brasileira – lembrando que foram justamente esses os mesmos grupos privilegiados pelas políticas "desenvolvimentistas" da ditadura seguinte, a civil-militar de 1964. [...] A cultura torna-se, assim, o meio possível que Mário encontrou, mais uma vez, para incorporar diversidade cultural sem perder de vista suas interseções com as desigualdades sociais.

O que é forçoso acrescentar a esse pensamento senão que preservar sentidos da cultura é pouco para mudanças efetivas que a documentação inscreve e fundamenta no interior do trabalho analítico.

Há uma revolução na rotina paulistana por três anos e há movimentos criativos de organizações para além de São Paulo até fevereiro de 1945, como se discutiu neste trabalho. Ademais, se é verdade que a documentação e o trabalho de Mário fazem ver interseções de diversidade cultural e desigualdades sociais, tais interseções se afirmaram como alavancas para um novo aprendizado de cultura com base na pesquisa, segundo o qual já não se admite o sofisma comum à sociedade brasileira do diverso tido como desigual. Independentemente do movimento de gangorra da frágil democracia brasileira na História, ali, naquela experiência, o diverso acumula e sinaliza o inédito viável (em Paulo Freire), que poderia ser, pela força catalisadora da cultura, a superação das desigualdades sociais. Tal fenômeno, no campo do saber administrativo, implica realizar a revolução da rotina como força simbólica das disposições de mudança. No movimento, o inédito – que muitas vezes paira no lusco-fusco – se faz, viabiliza-se.

Sr. Dr. Francisco Pati

Tenho o maior prazer e honra em entregar nas mãos de V. S. a direção do Departamento de Cultura. Faço-o com verdadeira e intensa comoção. Esta comoção deriva exclusivamente do amor, da verdadeira paixão admiravel que tenho e todos nós temos, funcionários do Departamento de Cultura, por esta instituição magnífica, criada pelo espírito de Fabio Prado. A elevação de V.S. ao cargo é bem para nós motivo de satisfação e tranquilidade. Ela prova, pelos dotes de V.S., pelo seu passado, e pela decisão do sr. prefeito Prestes Maia, a utilidade, a importancia do Departamento de Cultura, e é uma garantia de sua vitalidade.

Por outro lado, sr. Francisco Pati, V.S. irá encontrar um denodado grupo de funcionários, que não hesitam diante de qualquer dedicação, que tudo fazem para bem servir á nossa terra e ao nosso Departamento.

Ao depôr nas mãos de V.S. a direção dêste instituto, eu exprimo com lealdade a minha satisfação por vê-lo em mãos mais habeis e mais dignas.

Ao mesmo tempo, sr. Francisco Pati, V.S. ha-de me permitir ~~agradeça~~ exprima a todos os funcionários presentes e por êles aos que se conservaram por obrigação em seus postos, a minha gratidão mais sincera pela maneira realmente generosa com que serviram a meu lado.

E que a minha derradeira palavra pessoal seja ainda uma lembrança grata a Fabio Prado, o criador deste instituto que agora, nas mãos de V.S., sr. Francisco Pati, ha-de viver por certo vida mais ~~certa~~ firme e mais larga.

Arquivo IEB-USP

São Paulo! Comoção de minha vida...
Os meus amores são flores feitas de original... Arlequinal!...
Trajes de losangos...cinza e ouro...
Luz e bruma...Forno e inverno morno
[...]
São Paulo! Comoção de minha vida...
Galicismo a berrar nos desertos da América!
(*Pauliceia desvairada*)

CIDSP 161-1, Arquivo IEB-USP.

A paixão e o legado como reflexão final

Há uma gota de sangue em cada lance do serviço ao público. Essa imagem justificou o foco deste texto na proposta de trabalho privilegiada pelo prefeito Fábio da Silva Prado e confiado aos intelectuais pertencentes ao movimento modernista, isto é, uma administração da cultura impensada na experiência republicana até então. Uma ação cultural-educativa que compreende a efervescência cultural e a trabalha à luz da nova dinâmica socioeconômica da sociedade paulista.

Este livro tomou um caminho novo na pesquisa sobre aquela experiência, como justificado na premissa e na introdução deste trabalho. Tal caminho nasce da grandeza documental do Fundo Mário de Andrade, IEB e da *Revista do Arquivo Municipal*, RAM, e se realiza por um dos caminhos das teorias e do trabalho empírico em Administração Pública.

Lidas as obras sobre Mário, amigos, companheiros e trabalhadores da cultura, o pesquisador-autor não teve dúvida em trabalhar a partir de sua experiência de administrador cultural em cidades paulistas e pesquisador de experiências cultural-educativas local-regionais no Brasil, na Itália e na Alemanha, onde investigou com a honrosa bolsa Erasmus Mundus da Comunidade Europeia. Então nasceu o presente trabalho sobre aquela administração pública.

O autor não teve dúvidas de que a equipe diretora do DCR transmutou sonhos, desejos e experiências intelectuais em um novo diapasão para o serviço público, que passa a ser um móvel de transformação social equilibrado entre insumos técnicocientíficos e uma aura de *poiesis*. Mário se entregou à *physis* diuturnamente porque já lhe era garantida a mediação poética, aqui entendida como valor na construção da cultura institucional do DCR. Uma boa cultura institucional é formada da intensidade da *physis* e da aura da *poiesis*. Nasce a *hexis*.

Os movimentos do pensamento, da pena e dos corpos dos dirigentes do Departamento representam o aprendizado revolucionário - embora contido - no campo da cultura, ainda que aquele momento histórico sombrio não permitisse comunicação duradoura entre esses valores. Tanto o movimento técnico-científico, quanto o da aura, produtores da totalidade experimentada, foram aprendizados de uma corajosa cultura do espírito, cuja linguagem instituiu certa *práxis* no mundo da cidade, aqui demonstrada.

Este trabalho viu, como consequência, um conjunto de atos políticos, via cultura, sob Estado Novo, no estado local de Piratininga. Com base em textos escritos e textos de falas, anotações, excertos, decretos, leis, planos e lembranças, buscou demonstrar o exercício da administração pública na maior cidade do país. Em razão da grandeza do projeto cumprido, abriu suas antenas para o eventual rebatimento desse modo-de-fazer cultura, educação e recreação no segundo tempo modernista. Como se viu, tanto naquele período quanto nos momentos mais democráticos do país, alargaram-se territórios em que operações culturais assumiram definir-se como serviço ao bem-comum das cidades com abordagem matricial e integradora, por via de equipamentos plenamente conectados e administração dotada de cultura institucional; portanto, conhecedora de sua missão.

Diversos capítulos deste livro demonstraram a precariedade teórica do saber administrativo nos anos de 1930, o que levou o autor a se mover entre décadas, inclusive posteriores, para encontrar algum lastro porventura emulador da nova proposta de administração. Por certo havia uma leitura crítica e eficiente do serviço público em Guerreiro Ramos, pouco depois, mas não há como negar a extraordinária elaboração do grupo que se forma nos anos de 1920, banhado de história, de arte, de pesquisa de linguagens, de política como trabalho, de revoltas e de experiências em diversos campos do saber e do talento especializado, o que permitiu a totalidade daquela ação.

Este texto aprendeu e quis demonstrar que aquela equipe dirigida por Mário não escolheu São Paulo de modo abrupto para construir nova significação do serviço ao público, mas sim encontrou-se com São Paulo desde vários anos antes e a antiga comoção modernista lapidou, no curso dos anos, uma categoria revolucionária de trabalho cultural, a qual se realizou por textos e práticas instituintes do que não se conhecia em Piratininga.

Essa revolução de rotinas e procedimentos, instituída em linguagem planejada na vivência intelectual, se realiza como superação da política partidária republicana, sempre atenta para o recomeço vaidoso da individualidade, o horror ao efetivamente novo e a aversão ao que se planta no coração de crianças, jovens e adultos anônimos da cidade e que tenha chance de subverter privilégios e heranças coloniais. Precisamente por isso o trabalho foi revolucionário, pois foi de um lado francamente opositivo a continuidades da operação partidária entre Democráticos e Republicanos paulistas e de outro partiu de um vazio administrativo, entendida a cultura como direito amplamente coletivo.

A coerência experimentada pelo poeta-administrador, já mostrada em pedacinhos de papel ou em documentos longos e preparados, se mantém quando deve ir embora do lugar objeto do seu amor-feito-trabalho. Nos termos do texto aqui exposto, Mário transmite o cargo ao Sr. Pati embalado por duas repetições textuais: Fábio Prado e comoção. Move-se, pois, no primeiro parágrafo, para a elevação plena de significado do DCR antes de botar nas mãos do sucessor um equipamento que exala amor e dedicação. E que então Pati e Prestes Maia o conduzam como ele merece, isto é, com a "garantia de sua vitalidade". No terceiro e no último parágrafos produz dois reforços retóricos, que lhe garantirão a dor emitida em missivas: as mãos do Sr. Pati são "mais hábeis e mais dignas". Mário foi o político-intelectual de algum modo desenhado por Max Weber, como se viu.

Do mesmo modo, o "instituto" então entregue ao indicado do novo prefeito "há de viver por certo vida mais firme e mais larga". O termo firme substitui "certa", leitura entrevista no texto e que, felizmente, é trocada por Mário. Fábio Prado é posto no início e no final da fala, o que denota a cumplicidade do diretor frente ao administrador de São Paulo, mas também ao fechamento de um ciclo por conta do golpe estadonovista. Mário não tinha dúvidas do ocaso da revolução educativo-cultural; por isso, bota nas costas de Pati e Prestes Maia o peso do trabalho já feito e ainda vivo nas práticas dos diversos serviços do DCR.

Por isso, escrever instituto em lugar de diretoria não é ato falho. O administrador sabe o que quer. O equipamento que entregava – ainda que para a destruição total ou parcial – era uma totalidade nacional já pensada na eleição de Armando de Salles

Oliveira. Também o instituto se desfazia sob a força getulista. Mas vivia no desejo e na memória. E mais: realizado como protótipo de esperança no espaço menor e no tempo limitado dos três anos, 1935-1938. Ainda assim, total. Instituto/Instituição/Instituinte. Nesse documento final, Mário ainda movia a sua totalidade discursiva, embora soubesse muito bem o que se aproximava. Mário teria de ser o primeiro diretor demitido da Prefeitura. Entende-se como o mais perigoso em razão do ato imediato de Maia.

O futuro Instituto Nacional de Cultura teria de ser mencionado na hora da partida. Dizê-lo, pois, significou instituí-lo e garantir que, se fosse feito, sua grandeza já teria sinais claros na aura e na totalidade da obra recém-finda. Ora, toda a cultura institucional desenvolvida pelo grupo diretor do DCR e seu prefeito, disposta em momentos-chave desta obra, levava à assunção de algumas utopias, ou alguma *poiesis*.

O pequeno discurso não é, pois, estranho e revela o poeta que faz política ao oferecer a miragem da continuidade. A elevação máxima do valor do equipamento estatal então perdido é um ato político diante dos sinais que o diretor já tem, a sanha destrutiva de Prestes Maia e a acomodação de Pati. A começar pela sua queda sem ao menos um *obrigado* e, ato contínuo, pela busca das suas mazelas administrativas, nunca encontradas. O zelo para com os recursos públicos e o cumprimento orçamentário foram também marcas daquela cultura institucional. Ora, a destruição só é possível a partir do construído, do elevado, do realizado.

Justifica-se nessa leitura de administração pública o sentido que parece exagerado: a comoção. Administração pública sem poesia implica em administração de dono único, usurário e obsessivo com seu poder absoluto e desejados lucros políticos.

Os estudos de administração conhecem bem esse suposto líder, especialmente nas empresas familiares e nas firmas limitadas a sociedades que soam a compadrio.

A recusa desta obra em denominar política pública o trabalho transformador demonstrado talvez não careça de outras justificativas. A citação de Souza (2007, p. 69) esclarece a sua recuperação histórica e propõe uma definição operacional do:

> campo do conhecimento que busca, ao mesmo tempo, colocar o "governo em ação" e/ou analisar essa ação (variável independente) e, quando necessário, propor mudanças no rumo ou curso dessas ações (variável dependente). A formulação de políticas públicas constitui-se no estágio em que governos democráticos traduzem seus propósitos e plataformas eleitorais em programas e ações, que produzirão resultados ou mudanças no mundo real.

Aqui não se tratou de algum projeto de campanha ou da assunção de uma política nascida na oitiva popular. Não como compensação, mas como superação do rotineiro fazer administrativo, o que aconteceu em São Paulo foi um movimento de talentos políticos, munidos de alvos e metodologia de trabalho a garantir uma administração para o efetivamente novo e limitado, mas em parceria de novos sujeitos de direitos cultural-educativos.

A documentação trabalhada revelou o intelectual brasileiro que liderou a busca de um conhecimento dos territórios físicos e simbólicos do país. Assim, transformou esse conhecimento em ação educativo-cultural quando administrador.

Repita-se nesta conclusão o que foi posto noutros momentos da análise: cabe lembrar que no prefácio que Antonio Candido escreve ao livro-documento de Duarte (1985, p. XIV) têm-se os objetivos modernistas transformados em administração pública: "Não apenas a rotinização da cultura, mas a tentativa consciente de arrancá-la dos grupos privilegiados para transformá-la em fator de humanização da maioria, através de instituições planejadas". Refere-se também ao intercâmbio de correspondência já trabalhado entre Mário de Andrade e Paulo Duarte, no qual as diretrizes de um DCR ficaram patentes: "fazer da arte e do saber um bem comum; para incorporar as conquistas do Moderno à tradição que ele veio atualizar e fecundar: para extrair dos grandes ideais do decênio de 1920 as consequências no terreno da educação e da pesquisa". Candido não deixa por menos e arremata: "E até hoje [texto escrito em 1977] na cidade de São Paulo, a cultura assim concebida não encontrou manifestações semelhantes; o que existe é ruína ou desenvolvimento do que então se fez". Candido labora numa pedagogia da administração pública.

Se o trabalho planejado e efetivado como administração da cultura em São Paulo tivesse feito pouco, já seria de grande valor saber que os seus planos, pesquisas e programas de ação se dirigiram para a reversão da República voltada quase que exclusivamente a abrir estradas, manter grandes estruturas fundiárias, expulsar trabalhadores do campo e alternar elites liberais nos espaços de poder. O movimento estético-artístico (por isso, político) que vigorou entre 1917 e a queda do Estado Novo trabalhou para compartilhar expressões culturais pesquisadas, expandir linguagens, estimular a criação de consciência crítica e passar a ler, coletivamente, o mundo migrante, dos trabalhadores/as, da escola, do lazer urbano. Isso está patente na poética, na música, no trabalho etnográfico, no trato dos livros, nas várias formas de divulgação cultural, na literatura em suas fases e gêneros.

O acúmulo da prática cultural junto ao povo, cultivada que foi na organização do serviço público, se realiza também nos termos propostos depois por Mário na conferência de 1942 sobre o Movimento Modernista (vide biblio). À página 53 do texto publicado pela Casa dos Estudantes do Brasil lê-se um esforço de síntese:

> Não cabe neste discurso de caracter polêmico, o processo analítico do movimento modernista. Embora se integrassem nele figuras e grupos preocupados de construir, o espírito modernista que avassalou o Brasil, que deu o sentido histórico da Inteligência nacional desse período, foi destruidor. Mas esta destruição não apenas continha todos os germes da atualidade, como era uma convulsão profundíssima da realidade brasileira. O que caracteriza esta realidade que o movimento modernista impôs, é, a meu ver, a fusão de três princípios fundamentais: o direito permanente à pesquisa estética; a atualização da inteligência artística brasileira; e a estabilização de uma consciência criadora nacional.

Como cabe num movimento discursivo coerente, embora necessariamente polêmico, encontram-se as bases da cultura institucional do DCR, demonstradas ao final do capítulo 2 desta obra, com os princípios exarados por Mário a três anos de sua morte. Reconheça-se que bases da cultura e princípios foram construídos no processo de trabalho artístico-estético e administrativo. Não poucas vezes, como visto, surgiram nos diversos textos do diretor, tanto no cotidiano dos escritos a Fábio Prado quanto em ocasiões comemorativas e cartas. E não somente dele, como de Moraes, Duarte e Milliet. Deste modo, anima o pesquisador ter na conferência magna de 1942 a formulação feliz de uma totalidade em movimento, o modernismo-criação, o modernismo-trabalho, o modernismo-administração.

Mário teve suas razões para criticar os arroubos e estouros de momentos que ele conheceu bem, pois os viveu. Mas os três princípios foram muito além destes momentos. Dirigiram-se a um tempo maior e retornam aqui à guisa de significações componentes da cultura institucional sedimentada e, necessariamente, a superam. A ver.

O *direito permanente à pesquisa* (estética, política, laboral, científica, educativa, recreacional etc.) está na base das exigências dos dirigentes do DCR quanto à compreensão do povo paulistano com quem se trabalhava. Tal direito se projeta na contínua fiscalização do uso do dinheiro público, na intensa relação entre o Departamento e a jovem academia que disponibilizava seus pesquisadores e na equalização de um protótipo de trabalho cultural que viesse a envolver todo o país. O direito como liberdade tanto se configurou no acúmulo das criações literárias quanto na criação e no desenvolvimento da obra administrativa entre 1935 e 1938.

A *atualização da inteligência artística* também significou, no interior do aprendizado daqueles intelectuais-administradores, o movimento da inteligência plural, aberta às novas relações entre arte e ciência, cultura e poder administrativo, orçamento e direitos sociais. Destarte, o DCR foi um local de discurso sobre a história das artes e seus sentidos sociais, a história da administração dos bens públicos, suas precariedades e suas novas possibilidades, bem como a história do desenvolvimento do trabalho e do funcionário em face de novas necessidades e novos desejos. Criava-se, deste modo, uma refinada experiência sobre cultura e sua melhor expressão de serviço à população.

O terceiro princípio parece digladiar no interior do líder da administração e se expressar na dinâmica de suas missivas. O *estabelecimento de uma consciência criadora* também significa que o trabalho realizado e acumulado tem o caráter normalizador, assentador, eficiente, pois criativo e criador. Nas refregas da administração, Mário demonstrou certeza e dúvida, mais do que se tivesse continuado a criar literatura e crítica e negasse o chamado percuciente de Paulo Duarte e a expectativa de Fábio Prado. A pragmática e as tentações do cotidiano administrativo na *cidade-concentração* questionam os fundamentos do artista. No entanto, a própria energia despendida pelo diretor do DCR em negar as injunções, os privatismos e os oportunismos comuns às administrações públicas terminou por garantir a administração normalizada e possuidora de bases constituídas, seja como organização de relações de trabalho, seja como instituição de serviço. A rigor, a normalização de uma consciência criadora foi forte a ponto de exigir dos novos governantes afastar imediatamente a liderança da ação cultural em 1938.

Também na direção das escolhas e determinações da administração pública, Monteiro (2012) analisa a correspondência entre Mário e Sérgio Buarque. Mostra como não foi pouco mergulhar nas culturas populares mestiças da cidade, na criação da discoteca municipal, no desenvolvimento dos parques infantis, nas missões folclóricas e nas bibliotecas ambulantes.

Há conexões entre passado e futuro nesse extraordinário aprendizado político que, como ensinou Paulo Freire, só se realiza, a rigor, via confrontos entre palavra apreendida e mundo vivido. Mas o patrono da educação brasileira também andarilhou pelo mundo a dizer que "só se aprende em comunhão"; noutras palavras, quando o encontro do eu e do tu cria a dinâmica do nós, curioso, científico, estético, cheio de boniteza.

Como antigo educador, também de crianças e adolescentes da escola pública, o autor deste trabalho quer destacar contribuições daquele serviço ao público, lançadas para o futuro e que vão bem além do desgosto mariodeandradiano e de parte de sua equipe, quer no corte brutal de 1938, quer na ausência física prematura do poeta em 1945. Não sendo as conexões distintas do que, de algum modo, já está contido nos textos analíticos, vale repô-las à guisa de memória final e projeção da cultura institucional que geriu aquela prática política:

– A primeira considera o robustecimento das significações em torno das chamadas políticas públicas de cultura, movidas no calor da hora também autoritária pós-1960. O acúmulo de ciência e consciência na concepção, realização, acompanhamento e avaliação do serviço público vai encontrar serviços públicos de um número razoável de cidades brasileiras mais preparados para os laços entre teoria e prática, quer no campo do patrimônio, dos serviços bibliográficos, da entrada das mídias, da solidariedade para com grupos de jovens periféricos e seus ritmos, das interações entre saúde, higiene, recreação, expansão cultural e educação, bem como da busca de conhecimento sobre o que pensam e o que querem os munícipes, a par de mais ampla divulgação dos aparelhos públicos como lugar de estudos, oficinas, debates e instalações, para não citar tudo.

Foi assim que o autor deste texto, administrador público de duas cidades populosas do Grande ABC paulista, antes e depois do ano 2000, presidiu um conselho estadual de secretários de cultura e encontrou enorme proximidade organizacional de cidades como Araraquara, Santo André, Ribeirão Preto, Presidente Prudente, São Paulo, São Bernardo do Campo, Marília e mesmo alguns municípios menores, como Araçatuba e Assis. Outros encontros com cidades mineiras e fluminenses revelaram novas proximidades em cultura institucional.

De tudo fica um pouco. Via de regra, as ações fundantes dessas secretarias estavam no valor do patrimônio cultural (incluindo aí a retomada de casas e edifícios privatizados pelas elites locais); a abertura para ações que resultaram de "inquéritos" com setores da sociedade local, especialmente adolescentes e jovens; o esforço em fazer a área de cultura apoiar o trabalho educacional da cidade em suas várias frentes e níveis de ensino e a abertura de novos espaços cultural-recreativos a favor da "moçada" das periferias urbanas, como se deu com o grande movimento *rap* e *hip-hop*. Tudo isso jamais evitou o sofrimento diante das mudanças de administradores, cada qual recriando Adão e Eva no seu paraíso de poder local-regional. Muitas vezes isso significou o progresso do atraso.

Novamente, aquelas conexões realizadas entre a São Paulo de Mário e muitas cidades rebatem na contemporaneidade, não por experiência, mas por correspondência, reflexão sociológica, histórica e política. Deu-se um movimento de comunicação social, de leitura de experiências, de difusão de teses e dissertações, de criação de novas plataformas difusoras de textos e expressões de mídia audiovisual. Assim, administradores da cultura em vários pontos do país descobriram, releram e curtiram a administração limitada e intensa sob Estado Novo. E aproveitaram muito dela em novos tempos, antes e depois da Constituição de 1988.

– A segunda conexão incide sobre o valor das transversalidades em toda a administração pública da cultura, o que exige um pensamento conceitual, isto é, que se ultrapasse o senso comum culturalista (e sabidamente elitista) ainda vigente, segundo o qual o fenômeno artístico é um processo estético em si mesmo, portador de linguagem exclusivista e muitas vezes encerrado em caixas de saberes com pouca correspondência entre si. Ao contrário, o que se viu nos processos de transformação e interação da administração paulistana foram estímulos para que se sucedessem estudos, pesquisas e experiências capazes de ver as construções estéticas como linguagens sociais, circulantes e comunicantes, nas quais há sinergia entre a criação artística e o fazer sociopolítico. Destarte, as significações das linguagens instituintes de práxis política revelam toda a sua eficiência e efetividade como linguagens da *polis;* assim sendo, nunca estranhas a ela. As instalações apresentadas no Centro Cultural São Paulo (cit.) sobre a obra do Mário administrador e sua equipe criaram forte correspondência com essa leitura, a despeito de este pesquisador anunciá-la aqui como sua leitura e seu risco analítico.

– A terceira, não menos importante, trata de didática e pedagogia e se baseia no amor que Mário nutriu pela nascente Universidade de São Paulo. No lugar da USP poderíamos imaginar na cabeça do gênio todas as universidades do Brasil, especialmente as públicas, pois ele depositava confiança inabalável na escola superior aberta, pesquisadora, referência de conhecimento e colaboradora, que aprendia no encontro de saberes e trabalhava para aperfeiçoar a sociedade democrática. Portanto, ainda estamos a desejar que o estudo das relações entre textos documentais e organizações públicas e sociais das cidades brasileiras fecunde as matrizes curriculares dos cursos de graduação e pós-graduação em Ciências Humanas, Letras, Linguagens Artísticas e Comunicação Social, Ciências Sociais, teóricas e aplicadas, Design e Arquitetura, projetando para a tríade ensino, pesquisa e extensão tanto insumos metodológicos quanto novas atitudes diante dos processos políticos sempre em risco de atrasos e fracassos. O *ser dinâmico* da cultura é o que melhor pode abrir possibilidades de diálogo entre universidade e cidade, bem como entre sistemas educacionais, dentro dos quais diferentes atores possam realizar os debates necessários a favor de lugares sustentados e sustentáveis de vida e espaços de prática do bem-público. A cultura é lugar insubstituível para a construção e o movimento de saberes que sustentem seu *core* sistemático, a educação; ato contínuo, sustenta o valor dela dependente, o progresso social, ícone de alguma totalidade e quem sabe capaz de integralizar a vida no mundo.

Enfim, ou *em começo*, Pessoa dialoga com Mário:

Matar o sonho é matarmo-nos. É
Mutilar a nossa alma. O sonho é o
que temos de realmente nosso, de
impenetravelmente e inexpugnavelmente nosso.
(*Livro do Desassossego*)

Rio, meu rio... mas porém há-de haver com certeza
Outra vida melhor do outro lado de lá
Da serra! E hei-de guardar silêncio
Deste amor mais perfeito do que os homens?...
("A meditação sobre o Tietê", *Lira Paulistana*)

Referências

ACTO número 861, de 30 de maio de 1935. Organiza o DCR e Recreação. *Revista do Arquivo Municipal*. São Paulo: Departamento do Expediente e do Pessoal, ano l, vol. XII, 1935, pp. 229-241.

ACTO número 862, de 30 de maio de 1935. Dispõe sobre o pessoal do DCR e Recreação. Revista do Arquivo Municipal. São Paulo: Departamento do Expediente e do Pessoal, ano 1, vol. XI, 1935, pp. 241-244.

ALVARENGA, Oneyda. *Mário de Andrade, um pouco*. Rio de Janeiro: José Olympio/SCET/CET, 1974.

ANDRADE, Mário de. *Cartas de Trabalho. Correspondência com Rodrigo Mello Franco de Andrade (1936-1945)*. Brasília: Fundação Pró-Memória. Secretaria do Patrimônio Histórico e Artístico Nacional, Ministério da Educação e Cultura, 1981.

______*Correspondente contumaz*. Cartas de Mário de Andrade a Pedro Nava, 1925-1944. Rio de Janeiro: Nova Fronteira, 1982.

______*De São Paulo, cinco crônicas*. (Organização, introdução e notas de Telê Ancona Lopes). São Paulo: SESC - SENAC: 2004.

_______ALVARENGA, Oneyda. *Correspondência*. São Paulo: Duas Cidades, 1983.

_______*O Movimento Modernista*. Rio de Janeiro: Casa do Estudante do Brasil, 1942.

ASSIS, Leonardo da Silva de. *Bibliotecas públicas e políticas cultu-*

rais: a Divisão de Bibliotecas do DCR e Recreação da Prefeitura de São Paulo (1935).

AZEVEDO, Fernando de. *A cultura brasileira.* Introdução ao estudo da cultura no Brasil. 4.ed. Brasília: Editora Universidade de Brasília, 1963.

BARBATO JR., Roberto. *Missionários de uma utopia nacional-popular*: os intelectuais e o DCR de São Paulo. São Paulo: Annablume, 2004.

BAUER, Martin W. e GASKELL, George. *Pesquisa qualitativa com texto, imagem e som*. Petrópolis: Editora Vozes, 2002.

BÉLANGER, Laurent e MERCIER Jean. *Auteurs et textes classiques.* Québec: Les Presses de l'Université Laval, 2006.

BENJAMIN, Walter. *Magia e técnica, arte e política*. São Paulo, Editora Brasiliense, 1985.

BERNOUX, Philippe. *La sociologie des organisations*. Paris: Editions Du Seuil, 1985.

BINAZZI, Biancamaria. *Fonografia em trânsito:* o intercâmbio de discos entre a Biblioteca Pública de São Paulo e a Biblioteca do Congresso em Washington (1939-1943). Dissertação. Universidade de São Paulo. Instituto de Estudos Brasileiros. Programa de Pós-Graduação em Culturas e Identidades Brasileiras, 2019.

BOMENY, Helena. *Um poeta na política* – Mário de Andrade, paixão e compromisso. São Paulo: Casa da palavra, 2012.

BOTELHO, André e HOELZ, Maurício. Macunaíma contra o Estado Novo: Mario de Andrade e a Democracia. *Novos Estudos Cebrap*, vol. 37, nº 2, São Paulo, maio/agosto 2018. Acesso em 06.05.2020.

CALIL, Carlos Augusto e PENTEADO, Flávio Rodrigo. *Me esqueci completamente de mim, sou um departamento de cultura*. São Paulo: Imprensa Oficial do Estado de São Paulo, 2015.

CANDIDO, Antonio. *Literatura e Sociedade*. 5ª ed. revista. São Paulo: Editora Nacional, 1976.

______. *Os Parceiros do Rio Bonito.* Estudos sobre os caipiras paulistas e a transformação dos seus meios de vida. 2ª ed. São Paulo: Livraria Duas Cidades, 1971.

CARDOSO, Ruth. *A aventura antropológica.* Teoria e Pesquisa. Rio de Janeiro: Paz e Terra, 1986.

CAVALCANTI, Bianor Scelza, RUEDIGER, Marco Aurélio, SOBREIRA, Rogério (orgs). *Desenvolvimento e construção nacional: políticas públicas.* Rio de Janeiro: Editora FGV, 2005.

CHAGAS, Mário de Souza. Há uma gota de sangue em cada museu: a ótica museológica de Mário de Andrade. Dissertação de Mestrado defendida na UNIRIO. Publicada em *Cadernos de Sociomuseologia.* Lisboa: Universidade Lusófona de Humanidades e Tecnologias, 1999.

CHARTIER, Roger. *A história cultural* entre práticas e representações. Lisboa: Difel, 1990.

CRESWELL, John W. *Projeto de pesquisa.* Métodos qualitativo, quantitativo e misto. Porto Alegre: Artmed, 2010.

DASSIN, Joan. *Política e poesia em Mário de Andrade.* São Paulo: Livraria Duas Cidades, 1978

DEAN, Warren. *A industrialização em São Paulo (1880-1945).* São Paulo: Difel, s.d.

DUARTE, Paulo. *Mário de Andrade por Ele mesmo.* São Paulo: EDART - São Paulo Livraria Editora Ltda., 1971.

DURHAM, Eunice R. A pesquisa antropológica com populações urbanas: problemas e perspectivas. Em CARDOSO, Ruth. *A aventura antropológica.* Teoria e Pesquisa. Rio de Janeiro: Paz e Terra, 1986.

DUPAS, Gilberto. *Economia global e exclusão social.* Pobreza, emprego, estado e o futuro do capitalismo. São Paulo, Editora Paz e Terra, 1999.

FAIRCLOUGH, Norman. *Discurso e mudança social.* Brasília, Editora da UnB, 2008.

FAUSTO, Boris. *História do Brasil.* 12ª ed. São Paulo: Editora da Universidade de São Paulo, 2004.

FAVARETTO, Celso. Modernité et nationalisme: l'art moderne au Brésil. *Ruptures.* Paris: Louvre, École Nationale Supérieure des Beaux-Arts, 2002.

FERNANDES, Florestan. *Educação e Sociedade no Brasil.* São Paulo: Dominus Editora, Editora da Universidade de São Paulo, 1966.

FLEIUSS, Max. *História Administrativa do Brasili.* 2ª ed. São Paulo: Melhoramentos, 1925 [1922].

FRAGA, Ana Lúcia Goulart de. A contribuição dos parques infantis de Mário de Andrade para a construção de uma pedagogia da educação infantil. Em *Educação & Sociedade*, ano XX, nº 69, dezembro 1999.

FREIRE, Paulo. *Pedagogia da indignação. Cartas pedagógicas e outros escritos.* São Paulo: Unesp, 2000.

FURTADO, Celso. Que somos? Sete teses sobre a cultura brasileira. *Revista do Brasil.* Rio de Janeiro: Governo do Estado do Rio de Janeiro, Secretaria de Ciência e Cultura, ano 1, nº 2, 1984.

______. *Formação econômica do Brasil.* Edição Comemorativa. São Paulo: Companhia das Letras, 2009.

GILL, Rosalind. A Análise de Discurso. Pesquisa Qualitativa com Texto, Imagem e Som. Petrópolis, RJ, Editora Vozes, 2002.

GLADDEN, Edgar Norman. *An introduction to public administration.* London: Staples Pres Limited, 1949.

GUERREIRO RAMOS, Alberto. *Uma introdução ao histórico da organização racional do trabalho.* Rio de Janeiro: Departamento de Imprensa Nacional, 1950.

______. Mito e verdade da revolução brasileira. Rio de Janeiro: Zahar Editores, 1963.

HOCHMAN, Gilberto, ARRETCHE, Marta, MARQUES, Eduardo.

Políticas públicas no Brasil. Rio de Janeiro: Editora Fiocruz, 2007.

LAFETÁ, João Luiz M. A representação da cidade de São Paulo em dois momentos da poesia de Mário de Andrade. *Mário Universal Paulista: algumas polaridades.* São Paulo: SMC, Departamento de Bibliotecas Públicas, 1997.

LEFEBVRE, Henri, *Introdução à modernidade.* Rio de Janeiro: Editora Paz e Terra, 1969.

LIMA, Felipe Victor. *I Congresso Brasileiro de Escritores*: movimento intelectual contra o Estado Novo (1945). Dissertação. São Paulo: FFLCH – USP, Departamento de História Social, 2010.

LOPES, Edward. *Discurso, texto e significação.* Uma teoria do Interpretante. São Paulo: Cultrix, Secretaria de Cultura, Ciência e Tecnologia do Estado de São Paulo.

LOPEZ, Telê Porto Lopes. *Mário de Andrade: ramais e caminhos.* São Paulo: Livraria Duas Cidades, 1972.

LORDELLO, Eliane. A Escola de Música da UFRJ. Uma musa contemplando o Passeio Público. *Arquitextos.* 153.02. Ano 13, fevereiro de 2013.

MACHADO, Henry Alexandre Durante. *O bibliotecário Mário de Andrade:* análise das políticas culturais da Divisão de Bibliotecas do DCR e seu reflexo nas políticas governamentais para as bibliotecas públicas pós década de 30. São Paulo: ECA-USP, 2001.

MANIFESTO dos Pioneiros da Educação Nova (1932). *Revista Brasileira de Estudos Pedagógicos.* Rio de Janeiro, v. 65. n. 150, p. 407-425, mai./ago. 1984.

MELO, Ana Amélia de Moura Cavalcante de. ABDE: dinâmica de uma disputa. *Vária história.* Belo Horizonte: vol. 27, nº 46, julho/dez. 2011.

MICELI, Sérgio. *Estado e cultura no Brasil.* São Paulo: Difel, 1984.

MONTEIRO, Pedro Meira. *Mário de Andrade e Sérgio Buarque de Holanda*: Correspondência. 1ª ed. São Paulo: Companhia das

Letras, Edusp, 2012.

MORAES, Marcos Antonio de. *Orgulho de jamais aconselhar*. A epistolografia de Mário de Andrade. São Paulo: Editora da USP, Fapesp, 2007.

MORAES, Rubens Borba de. *Testemunha ocular* (recordações). Brasília: Briquet de Lemos/Livros, 2011.

MOTTA, F. C. P.; CALDAS, M. P. (Org.) Cultura Organizacional e Cultura Brasileira. São Paulo: Atlas, 1997.

NUDELMAN, Clea (org.) *Revista Escola Municipal*. (Dedicada aos 50 anos da rede municipal de educação infantil de São Paulo), Secretaria Municipal de Educação, 1985.

ORLANDI, Eni Pulcinelli. *Discurso e texto*. Formulação e circulação dos sentidos. 3ª ed. Campinas: Pontes Editores, 2008.

PFIFFNER, John McDonald and PRESTHUS, Robert Vance. *Public Administration*. Fourth Edition. New York: The Ronald Press Company, 1960. First edition 1935.

PORTARIA 1342, de 16 de março de 1935. Fábio Prado, a pedido do Ministério da Educação e Saúde Pública, põe Mário de Andrade à disposição sem prejuízo dos vencimentos na PMSP, para o cargo de Diretor de Cultura e Recreação.

PORTARIA 2.240, de 10 de maio de 1938. Francisco Prestes Maia exonera, a pedido, Mário de Andrade do cargo de Diretor do DCR e Recreação.

PORTARIA 3.224, de 13 de julho de 1938. Prestes Maia põe Mário à disposição da prefeitura do Distrito Federal. Passa a Chefe da Divisão de Expressão Cultural do DCR.

PRADO JR. Caio. *Evolução Política do Brasil e outros trabalhos*. 5ª ed. São Paulo: Editora Brasiliense, 1966.

PREFEITURA DO MUNICIPIO DE SÃO PAULO. Secretaria Municipal de Cultura. História e Organização. www.cultura.prefeitura.sp.gov.br (Várias inserções).

Researching Society and Culture. (Ed. by Clive Seale). London: Thousand Oaks, New Delhi: 1998.

RODRIGUES, Leandro Garcia. *Correspondência Mário de Andrade & Alceu Amoroso Lima.* São Paulo: Edusp; Rio de Janeiro: Ed. PUC-Rio, 2018.

SADER, Eder e PAOLI, Maria Célia. Sobre "classes populares" no pensamento sociológico brasileiro. (Notas de leitura sobre acontecimentos recentes. Em CARDOSO, Ruth. *A aventura antropológica.* Teoria e Pesquisa. Rio de Janeiro: Paz e Terra, 1986.

SANDRONI, Carlos. *Mário contra Macunaíma.* Rio de Janeiro: Instituto Universitário de Pesquisas; Edições Vértice e Iuperj. Com apoio do Ministério da Educação, Sesu, 1988.

SCHEIN, Edgar H. Playdoyer pour une conscience renouvelée de ce qu'est la culture organisationnelle. Em BÉLANGER, Laurent e MERCIER Jean. *Auteurs et textes classiques.* Québec: Les Presses de l'Université Laval, 2006.

SILVERMAN, David. Research and social theory. *Researching Society and Culture.* London, Thousand Oaks, New Delhi: Sage Publications, 1998.

SMIRCICH, Linda. L'étude des organisations envisages sous l'angle d'une culture. BÉLANGER, Laurent e MERCIER Jean. *Auteurs et textes classiques.* Québec: Les Presses de l'Université Laval, 2006.

SOUZA, Celina. Estado da Arte da Pesquisa em Políticas públicas. *Políticas Públicas no Brasil.* Rio de Janeiro: Editora FIOCRUZ, 2007.

TAUNAY, Alfredo D'Escragnolle. *História Administrativa e Econômica do Brasil.* Organização Simões, 1962.

TONKISS, F. Analysing Discourse. C. Seale (ed.) *Researching Society and Culture.* London: Sage Publication, 1998.

VELLOSO, Monica. História & Modernismo. Belo Horizonte, Editora Autêntica, 2010.

VERÓN, Eliseo. *A produção de sentido.* São Paulo : Cultrix, Editora da USP, 1980.

VIANNA, Hélio. *História Administrativa e Econômica do Brasil*. São Paulo: Companhia Editora Nacional (s.d.).

VIEIRA, Marcelo Milano Falcão e ZOUAIN, Deborah Moraes. *Pesquisa qualitativa em administração.* Rio de Janeiro: Editora FGV, 2004.

WEBER, Max. *Ensaios de sociologia*. Rio de Janeiro: Zahar Editores, 1963.

WILLIAMS, Raymond. *Cultura*. São Paulo, Editora Paz e Terra, 1992.

Anexos

DA INCOMPATIBILIDADE ENTRE OS REGIMES FASCISTAS E A INTELIGÊNCIA
ARISTIDES LOBO

M [illegible] A-CUL-163

1. O estudo comparativo das espécies inspirou a Lineu, no século XVIII, [illegible] a colo-
cação do homem no ápice da escala zoológica sob o título de <u>homo sapiens</u>, [illegible] o qual,
apesar de tudo, ainda podemos orgulhar-nos. Pouco importa que, no primeiro quartel
do século em curso, o genial fisiologista que se chamou Charles Richet tenha lança-
do, entre céptico e divertido, a idéia de rebaixar-nos ao nível dos animais menos
prudentes e perspicazes. A despeito das curiosas observações pessimistas do desco-
bridor da anafilaxia, permanece válido o conceito de que a inteligência constitui o
traço fundamental da personalidade humana. Se, como define Paul Guillaume, "o com-
portamento inteligente se caracteriza pela adaptação técnica de meios a fins", sen-
do neste sentido bastante esclarecedoras as experiências de Yerkes e Koehler sôbre
os antropóides, é indiscutível a superioridade intelectual do homem, cujo poder
criador se revela a cada instante no domínio técnico da natureza.

É verdade, conforme justamente observa o biologista Uexkuell, que "já há muito
tempo perdemos a pretensão e o orgulho de sermos o centro do universo". Mas, em com-
pensação, como diz Franz Alexander em seu notável trabalho sôbre a personalidade in-
tegral, "à ferida narcísica aberta por Copérnico quanto ao sentimento de si mesmo,
responde o homem culto por um quadro de reações: pelo conhecimento e domínio mais
absoluto da natureza física". É ainda o mesmo Alexander quem, citando o pensamento
de Freud, assim se exprime a respeito do extraordinário poder de adaptação do homem
em duas outras circunstâncias excepcionais de sua vida psíquica: "Encontramos res-
ção idêntica na descoberta de Darwin: o desenvolvimento da medicina sôbre as bases
da Biologia. Darwin molestou o homem na estima do próprio corpo, rebaixando-o ao ní-
vel dos animais: o homem responde a isso com o domínio médico sôbre o corpo. Do mes-
mo modo, a descoberta da vida psíquica inconsciente conduz ao desejo de dominar o
inconsciente com o consciente, a uma técnica da alma, à técnica da psicanálise".

Considerada, pois, como um processo biológico, a inteligência manifesta-se incom-
paràvelmente mais desenvolvida no homem, que não sòmente a aplica para dominar e mo-
dificar a natureza, mas ainda para resolver os complexos problemas da vida social.
Falando aos estudantes dinamarqueses em fins de novembro de 1932, Trotsky profere
êste julgamento lapidar sôbre a capacidade criadora do homem moderno:

"O homem designa-se como o coroamento da criação. Tem alguns direitos a isso.
Mas, quem afirma que o homem atual seja o último representante, o mais alto, da es-
pécie <u>homo sapiens</u>? Não, física como espiritualmente, êle está longe da perfeição,
êsse aborto biológico, de pensamento enfêrmo e que não criou para si nenhum novo
equilíbrio orgânico.

"É verdade que a humanidade, mais de uma vez, produziu gigantes do pensamento e
da ação, que ultrapassaram seus contemporâneos como os ápices nas cadeias de monta-
nhas. O gênero humano tem o direito de orgulhar-se de seus Aristóteles, Shakespeare,
Darwin, Beethoven, Goethe, Marx, Edison, Lenine. Mas, porque são êstes tão raros?
Antes de tudo, porque saíram quase todos das classes mais altas e médias. Salvo ra-
ras exceções, as centelhas do gênio são abafadas nas profundezas oprimidas do povo,
antes mesmo de poder jorrar. Mas também porque o processo da geração, do desenvol-
vimento e da educação do homem ficou e continua em essência o produto do acaso; não
esclarecido pela teoria e a prática, não submetido à consciência e à vontade.

"A antropologia, a biologia, a fisiologia, a psicologia reuniram montanhas de ma-
teriais para erigir diante do homem, em tôda a sua amplitude, as tarefas do seu pró-
prio aperfeiçoamento corporal e espiritual e do seu desenvolvimento ulterior. Pela
mão genial de Siegmund Freud, a psicanálise levantou a tampa do poço poèticamente
chamado "a alma" do homem. E que apareceu? Nosso pensamento consciente constitui [illegible]
nas uma pequena parte no trabalho das fôrças psíquicas obscuras. Mergulhadores pe-
tos descem ao fundo do Oceano e fotografam peixes misteriosos. Para que o pensamen-
to humano desça ao fundo do seu próprio poço psicológico, tem de aclarar as fôrças
motrizes misteriosas da alma e submetê-las à razão e à vontade.

"Quando tiver acabado com as fôrças anárquicas de sua própria sociedade, o homem
se integrará nos morteiros, nas retortas dos químicos. Pela primeira vez, a humani-
dade se considerará a si mesma como uma matéria-prima e, na melhor das hipóteses,
como uma semi-fabricação física e psíquica. O socialismo significará um salto do
reino da necessidade para o da liberdade, também no sentido de que o homem de hoje,
cheio de contradições e sem harmonia, abrirá caminho para uma nova raça mais feliz.

2. A condição humana pode ser definida, antes de tudo, como inteligência, não [illegible]
vendo aqui divergências fundamentais entre os filósofos. São do espiritualista Pas-
cal êstes conceitos, quando em sua apologia da religião cristã estuda a grandeza [illegible]
homem: "<u>Je ne puis concevoir l'homme sans pensée.. Toute notre dignité consiste [illegible]</u>
<u>en la pensée.. L'homme est visiblement fait pour penser... Toute la dignité de l'[illegible]</u>
<u>me est en la pensée...</u>" Para Descartes, o pensamento é o princípio básico da filoso-
fia, a única prova decisiva da existência do homem sôbre a terra: "<u>Cogito, ergo sum</u>"
Spinoza, ao tratar da natureza e da origem da alma, inclui entre os axiomas de sua

Da incompatibilidade entre os regimes fascistas e a inteligência – *Aristides Lobo*
Arquivo IEB-USP